二十一世纪普通高等院校实用规划教材 经济管理系列

国 家 税 收
(第 2 版)

孙世强　梁丽萍　主　编

张胜民　豆晓利　袁　宁　副主编

清华大学出版社
北 京

内 容 简 介

国家依法征税和纳税人依法纳税是现代社会的必然要求，也是一个国家是否成为法制国家的根本标志。人们应当了解我国税收的基础知识，掌握如何计算税收及缴纳等基本技能，应当深入领会税法精神，提升税法的严肃性。我们本着基础性、前瞻性、最新性和实用性基础，将税收内容分成税收基础理论、现行税制和税收管理三部分。本书是最大限度地总结税收理论与实践的最新成果，并依据截至 2016 年年初的税收法律及实践修订的。本书的修订汇集了长期从事国家税收课程的多名教师的教学经验，非常适宜作为高校经济类各专业学习的教材和社会同仁自学、研究的参考资料。

图书在版编目(CIP)数据

国家税收/孙世强，梁丽萍主编. —2 版. —北京：清华大学出版社，2016（2024.2重印）
(二十一世纪普通高等院校实用规划教材　经济管理系列)
ISBN 978-7-302-43713-0

Ⅰ. ①国… Ⅱ. ①孙… ②梁… Ⅲ. ①国家税收—中国—高等学校—教材 Ⅳ. ①F812.42

中国版本图书馆 CIP 数据核字(2016)第 084836 号

责任编辑：桑任松
装帧设计：刘孝琼
责任校对：周剑云
责任印制：宋 林

出版发行：清华大学出版社
　　　　网　　　址：https://www.tup.com.cn，https://www.wqxuetang.com
　　　　地　　　址：北京清华大学学研大厦 A 座　　　　邮　　编：100084
　　　　社 总 机：010-83470000　　　　　　　　　　邮　　购：010-62786544
　　　　投稿与读者服务：010-62776969，c-service@tup.tsinghua.edu.cn
　　　　质量反馈：010-62772015，zhiliang@tup.tsinghua.edu.cn
　　　　课件下载：https://www.tup.com.cn，010-62791865
印 装 者：三河市铭诚印务有限公司
经　　销：全国新华书店
开　　本：185mm×230mm　　印　张：16　　字　数：345 千字
版　　次：2011 年 2 月第 1 版　2016 年 8 月第 2 版　印　次：2024 年 2 月第 10 次印刷
定　　价：48.00 元

产品编号：067264-03

第 2 版前言

本书是在第一版的基础上修订而成。本次修订原因基于以下三个方面：一是税收制度环境发生了变化。2013 年 11 月党的第十八届中央委员会第三次全体会议明确提出改革税制、稳定税负等完善税收制度的改革思路，2014 年 7 月中共中央政治局审议通过的《深化财税体制改革总体方案》为完善现代税收制度作了具体落实。二是税收实践变化较大。截至 2016 年年初，随着"营改增"、个人所得税调整、房产税试点改革、资源税改革与调整、小微企业的特殊税收政策及三证合一登记制度实施，中国税制目标导向、内容和结构都发生了很大变化。三是出于国家教指委委员和老教师的责任。作为国家教指委委员，清楚地了解中国税制产生和发展过程，能够宏观把握中外税制差异和现实中存在的税制问题。出于这些背景，尽快更新教材内容，力图实现税收"三基内容"的完善，提升学习者的税收政策水平，更好地满足教学、科研和指导实践所用，不仅是读者的热切期盼，更是从事该学科教学近 30 年的教学工作者的责任。

本次修订体现的一个重要特点是成果的最新性：基础理论最新、数据最新、案例最新、体现与时俱进。

本教材附送教学 PPT，课后复习思考题答案。

参加本书编写与修订的人员有：福建武夷学院梁丽萍老师(第一、四和十一章)、河南大学经济学院财政系张胜民(第二、三章)、河南大学经济学院财政系袁宁博士(第六章)、苏州大学东吴商学院孙俊芳副教授(博士)(第七、八章)、黄河科技学院豆晓利副教授(第十二、十五章)、河南大学财会处马乾明老师(第十三、十四章)、国家教指委财政学科教指委委员、中国税收学会理事孙世强教授(博士)(第五、九、十章)，并进行最后总纂工作。

河南大学经济学院财政专业朱文华、丁恩超、雷铭和时玉婷四位研究生进行了大量的资料搜集和外文翻译工作。

在修订过程中定会有一些错误与疏漏之处，还望同仁不吝赐教。

编　者

前　言

本书的最大特点是注重理论的前瞻性和实务的及时性。税收理论部分最大限度地体现了经济学研究方法同社会主义市场经济条件下的税收理论的结合。税收实体法部分是以截止 2010 年底正在实施的税收相关法律、条例、实施细则为依据编制的。本书重在普及国家税收基础知识、基本理论，重在锻炼和提升应用税法的基本技能，同时在有争议和分歧的知识点上也留有了想象和研究的空间。

全书内容分税收基础理论、现行税制和税收管理三部分十五章内容。税收理论部分包括税收的产生与发展，税收要素与分类，税收原则、税收职能与税收效应，税收负担与税负转嫁四章内容；现行税制部分详细地介绍了中国现行税种的理论和计算。对纳税人科学运用税法，准确计算与缴纳应纳税额具有重要作用；税收管理部分包括税收征收管理、税务行政法制两章内容。在加强纳税人的基础管理意识和法律意识的同时，可极大地提升税法的严肃性。

在教材体例方面，为了更好地提升教学效果，每章前总结了知识要点，每章后列有多种形式的复习思考题，在形式上体现了新颖的同时，也明确了学习的针对性和目的性。

本教材适用于经济学专业、财政专业、金融保险专业、工商管理专业、公共管理专业和法学专业的学生，也可作为财税工作者和对税收问题感兴趣的学者自学、研究的必要参考资料。

本书是由河南大学经济学院孙世强教授(博士)主编，由全国多所大学和机关的税收学同仁共同合作的集体成果。具体分工如下(以章为顺序)：

第一、四章　　　河南大学经济学院　　孙世强教授、博士
第二、十四章　　河南省商丘师范学院　韩东京博士
第三章　　　　　河南大学经济学院　　邵明伟副教授
第五章　　　　　河南大学经济学院　　尚会永博士、许可博士
第六章　　　　　长春大学　张晓辉教授、博士
第七章　　　　　河南财经政法大学　史自立教授、博士
第八章　　　　　吉林省税务局　王文汇博士
第九章　　　　　河南大学经济学院　　张胜民博士
第十、十一章　　河南大学经济学院　　陈家涛博士
第十二章　　　　河南大学经济学院　　尚永珍副教授

第十三章　　　福建省武夷学院　　梁丽萍副教授

第十五章　　　河南大学经济学院　　郭小丽副教授

在本教材编写过程中，借鉴了国内外同行专家、学者的一些科研成果，在此表示真诚的感谢！在我们编写教材过程中，吉林大学、吉林财经大学、上海立信会计学院、郑州大学商学院许多同仁给予了大力的支持，尤其是河南大学经济学院赵治法教授、宋丙涛博士、徐全红博士在本书编写过程中提出了诸多宝贵意见。同时，吉林大学财政系研究生赵娜、刘铭、张倩、孙卫红、刘莉、李璐、王水含和河南大学财政系研究生罗姗姗、李敬、王咏、张明召、参与了书稿的通读与校对工作，在此一并表示感谢。

由于我们水平有限，教材中的疏漏和错误在所难免，真诚地希望读者和专家赐教。

编　者

2010 年 12 月 1 日

目　　录

第一章 税收的演化、特点与经济效应

【知识要点】

税收的概念、特点及经济效应是税收的基础理论，是正确认识税收地位、作用及其本质的关键，是重点掌握的内容。思考逻辑上，要从要素构成角度掌握税收概念，从表现形式角度分析税收的三大特点，基于微观与宏观视角掌握税收的经济效应，立足于税收的过程演化掌握不同时期的税收含义、特点及税收的经济效应。

第一节 税收的产生与发展

一、税收的产生

税收是人类为文明所付出的代价。这一观点已为社会所共识。但探寻其产生环境，同任何事物一样，只有具备一定的条件，税收才能产生。

(一)税收产生的社会条件

税收产生的社会条件是国家公共权力的建立，即国家的产生。从税收和国家的关系来看，首先，税收是实现国家职能的物质基础，只有出现了国家，才存在为满足国家政权行使其职能的客观需要。国家为了行使其职能，必须建立军队、警察、法庭、监狱等专政机构，构筑管理国家公共事务的行政管理机构，并要动用社会力量，征用自然和社会资源，兴办公共设施和公共事业等以满足公共需求。这些需求的满足要耗用一定的自然和社会资源。而国家并不直接生产这些资源，尤其是不直接生产社会资源。为了满足这些需要，就需要向社会成员征税。其次，税收是以国家为主体，以国家权力为依据参与社会产品分配的一种分配方式。任何私人对社会产品的分配显然不具备这样的权力和依据。只有产生了国家和国家权力，才有了各社会成员认可的征税主体和依据，使税收的产生成为可能。历史已经证明，国家是在氏族公社制度的废墟上建立起来的。它与氏族组织的重要区别在于为适应和满足社会的公共需要而设立了公共权力，而为了维持这种公共权力，就需要公民缴纳费用——捐税。所以，捐税是较为古老的税收形式。

只有出现了国家，才出现了满足国家行使其公共权力的客观要求。只有产生了国家和公共权力，税收的产生才成为可能。

(二)税收产生的经济条件

税收产生的经济条件是私有制的产生。在私有制条件下，社会产品的分配是以生产资料私人占有为依据，即按照财产权力进行分配。国家参与社会产品分配则有两种权力，即财产所有权和政治权力。国家凭借其自身的财产所有权参与社会产品分配而形成的收入，是国家的公产收入，而不是税收。税收是国家凭借政治权力而不是财产权力的分配。这种分配只有对那些不属于国家所有或者国家不能直接支配使用的社会产品才是必要的。也就是说，当社会存在着私有制，国家将一部分属于私人所有的社会产品转变为国家所有的时候，国家便动用政治权力，而税收这种分配形式就产生了。因此，国家征税实际上是对私有财产行使支配权，是对私有财产的一种"侵犯"，即所谓的"超经济的强制"。

综上所述，税收是人类社会发展到一定阶段的产物。税收的产生，取决于相互制约的两个前提条件。税收是国家公共权力与私有制存在的必然产物。所以说，税收是一个古老的经济范畴和历史范畴，同时又属于政治范畴，因为它是随着国家的形成而产生的，并且随着国家的发展而不断发展着。税收是国家为了满足社会公共需求，凭借政治权力，按照法律规定，强制、无偿地参与社会产品分配而取得财政收入的一种分配形式。

二、税收的发展

从不同角度看，税收发展过程也不一样。从税收名称演化角度、税收法制程度、税收结构等方面，能够较充分地反映税收的发展情况。

(一)从税收名称演化角度，税收主要有贡、赋、租、税、捐等

税收在历史上曾经有过许多名称，特别是在我国，由于税收历史悠久，名称尤为繁多，使用较广的主要有贡、赋、租、税、捐等几种。其中，贡和赋是税收最早的名称。贡是向王室进献的珍贵物品或农产品，赋则是为军事需要而征收的军用物品。税这个名称始于"初税亩"，是指对耕种土地征收的农产物，即所谓"税以足食，赋以足兵"。但在我国历史上长期将对土地征收的赋税称为租，租与税互相混用，统称为租税，直至唐代后期，才将对官田的课征称为租，对私田的课征称为税。捐这个名称早在战国时代就已经出现，但长期都是为特定用途筹集财源的，带有自愿性。当时，实际上还不是税收。明朝起，捐纳盛行，带有强制性，成为政府经常性财政收入，致使捐与税难以划分，故统称为捐税。总之，税收的名称在一定程度上反映了当时税收的经济内容，从一个侧面体现了税收的演变。

(二)从税收法制程度演化角度，税收经历了自由纳贡时期、税收承诺时期、专制课征时期、立宪课税时期

1. 自由纳贡时期

在氏族社会末期和奴隶制社会初期，国王因公产收入难以满足公共费用的支出增加，逐渐开始依赖人民自由贡献的劳力和物品。那时，税收在人们的观念上含有捐赠、馈赠的意思。

2. 税收承诺时期

随着国家的发展、君权的扩大，以及公共费用和王室费用的急剧增加，国家收入愈感不足，这时，单靠人民的自由纳贡已难以满足需要，特别是一些临时性的财政急需，这就需要开征一些有承诺条件的税收。在当时领地经济处于主导地位的时期，对王权有一定的限制，课征新税或开征临时税，需要得到由封建贵族、教士及上层市民组成的民会组织的承诺。

3. 专制课征时期

随着社会经济的逐步发展，封建国家实行了中央集权制度和常备军制度。君权扩张和军费膨胀，使得国君不得不实行专制课征。一方面笼络贵族和教士，尊重免税特权，以减少统治阶级内部的阻力；另一方面则废除往日的民会承诺制度，不受约束地任意增加税收。税收的专制色彩日益增强。

4. 立宪课税时期

现代资本主义国家，不论是采取君主立宪制，还是采取议会共和制，都要制定宪法和法律。国家征收任何税收都必须经过立法程序，依据法律手续，经过由选举产生的议会制定。君主、国家、元首或行政首脑不得擅自征税。同时人人都有依法纳税义务，税收的普遍原则得到广泛的承认，公众有了必须依照法定标准评定课征的观念。

(三)从税收制度结构演化角度，大体上可以划分为四个阶段

第一阶段，以古老的直接税(人头税)为主的税收制度。在奴隶社会和封建社会，由于自然经济占统治地位，商品货币经济不发达，国家统治者只采取直接对人或对土地征收的直接税，如人头税，按人口课征；土地税，按土地面积或土地生产物课征。在当时虽然也有对各种财产征收的财产税，如房屋税；对城市商业、手工业及进出口贸易征收营业税、物产税、关税，但都为数很少，在税收中不占重要地位。马克思指出，直接税，作为一种最简单的征税形式，同时也是一种最原始古老的形式，是以土地私有制为基础的那个社会制

度的时代产物。

第二阶段，以间接税(商品税)为主的税收制度。进入资本主义社会以后，商品经济日益发达，对商品和流通行为课征间接税成为必然，从而形成了以间接税为主的税收制度。以间接税(商品税)为主的税收制度取代了以古老的直接税(人头税)为主的税收制度。因为征收间接税既可将税收转嫁给消费者负担，又有利于增加财政收入。所以，马克思曾说，消费税是对那些只知消费的封建贵族们的轻浮、逸乐而挥霍的财富进行剥削的一种手段。

第三阶段，以现代直接税(所得税)为主的税收制度。随着资本主义市场经济发展和收入水平的提高，以间接税(商品税)为主的税收制度已不适应社会发展需要。首先，课征的间接税，在商品到达消费者手中之前，往往要经过多次流转过程，每次流转都要征税，流转次数越多，征税额越大，商品的价格也越高。这种情况很不利于企业的市场竞争和扩大再生产。其次，课征间接税，相应地也提高了消费品价格，这就迫使资本家必须提高工人的名义工资。而提高工资又会提高生产成本，从而影响资本家的经济利益。资产阶级为了维护本阶级的根本利益、增加财政收入、适应国家财政需要，不得不考虑税制改革。因此，18世纪末，英国首创所得税，时征时停，直至1842年开始确定所得税为永久税。之后各国纷纷仿效，逐渐使所得税在各国税收收入中占据了主要地位。现在美国和日本等发达国家都采取这种税收制度体系。

第四阶段，所得税和间接税并重的税收制度。这种税收制度，在发展中国家使用得比较普遍，少数发达国家间接税也占一定比重，如法国，自20世纪50年代以来，增值税一直是主要税种。自1986年美国里根政府税制改革以后，发达国家鉴于过高的累进所得税率，不但影响投资者的投资积极性，而且还影响脑力劳动者的劳动积极性，因而普遍降低个人所得税及公司所得税税率。但因政府的财政支出又不能随之减少，所以一方面需要扩大所得税税基，另一方面又只能有选择地增加间接税的征收。于是，一些国家出现间接税有所发展的趋势。

(四)从税收征纳形式演变角度，税收经历了力役、实物和货币等的发展演变

在奴隶社会和封建社会初期，自然经济占统治地位，物物交换是其主要特征，税收的征收和缴纳形式基本上以力役和实物为主。在自然经济向商品货币经济过渡的漫长的封建社会中，对土地课征的田赋长期都是以农产品为主。尽管对商业、手工业征收的商税和物产税，以及对财产或经营行为征收的各种杂税，有以货币形式征收的，但货币征收形式在当时还不占主要地位。直到商品经济发达的资本主义社会，货币经济才逐渐占据统治地位，货币不但是一切商品和劳务的交换媒介，而且税收的征收缴纳形式也都以货币为主。其他实体的征收形式逐渐减少，有的只在个别税种中采用。

(五)从税收征税权力演化角度，税收经历了从地域管辖权阶段到地域管辖权和居民或公民管辖权并用的发展阶段

税收征税权力的发展变化，体现在国家税收管辖权范围的演变方面。在奴隶社会和封建社会以及资本主义社会初期，由于国家之间经济往来较少，征税对象一般不发生跨国转移，因此，国家税收管辖权只局限于一国领土之内，称为地域管辖权阶段。到了资本主义社会中期之后，国际交往日益增多，跨国经营逐步发展。这种生产经营的国际化必然带来纳税人收入的国际化。一些国家为维护本国的利益，开始对本国纳税人在国外的收入征税和对外籍人员在本国的收入征税。这实际等于征税权力超过了领土范围，而主要以人的身份和收入来源确定是否属于一国的税收管辖权范围之内。这种被扩大了的税收管辖权等于延伸了税收征收权力，即从地域范围扩大到人员范围。现在以人员为确定标准的管辖权即居民或公民管辖权，已在各国广泛应用了。

第二节　税收的特点

税收是国家对部分社会产品法定进行的一种分配。也就是说，税收是国家按照法律规定，对经济单位和个人无偿征收实物或货币的一种特殊分配。税收具有强制性、无偿性和固定性。

一、强制性

税收的强制性，是指国家凭借国家政治权力，通过法律、法规等形式对社会产品进行强制性分配。税收的强制性有三层含义：首先，税收分配关系是一种国家和社会成员必须遵守的权利义务关系。执行社会职能，提供共同需要的生产条件和生活设施，是国家的职责。税收的强制性是由客观规律所产生的强制性权利义务关系。其次，税收分配关系是国家凭借政治权力进行的，而不是依据生产资料所有权进行的。税收是国家不受生产资料所有权归属的限制，超越一切生产资料所有权而取得的社会产品。最后，税收关系是一种由国家法律加以规范和保护的分配关系，具有法律的约束力和强制作用。就征税者而言，法律规范是国家征税权力的后盾，当出现税务违法行为时，国家就可以依法进行制裁；就纳税人而言，一方面要依法纳税，另一方面纳税人的合法权益得到法律的保护。总之，强制性是税收的固有特征，宣传这一特征有利于培养公民纳税意识，控制偷税、逃税、骗税和抗税行为。

二、无偿性

税收的无偿性，主要是指国家征税后，税款即成为财政收入，不再归还纳税人，也不支付任何报酬。税收的无偿性是由社会费用补偿的性质决定的。税收的无偿性有两层含义：一是税收的无偿性是就国家(征税人)和具体纳税人对社会产品的占有关系而言的，而不是就国家与全体纳税人的利益归宿关系而言的。就国家与全体纳税人的利益归宿关系而言，税收是有偿的，即税收整体的有偿性。国家征税使纳税人失去部分剩余产品所有权，国家为全体纳税人提供社会秩序、公共安全、共同的生活和生产条件等，纳税人整体则享受了这种服务。从这个意义上说，税收对全体纳税人而言是有偿的。但税收整体的有偿性是税收深层次的本质问题，不是税收的基本特征。二是国家税收收入不能直接偿还。国家征税是为了实现其职能，满足社会公共需要，每年征收的税款用于国家预算支出。从这个意义上说，如果国家征收的税款在征收时或征收后直接以相等的代价返还给纳税人，国家税收也就失去了其存在的意义。无偿性是税收的关键特征，它使税收明显地区别于国债等财政收入形式，决定了税收是国家筹集财政收入的主要手段，并成为调节经济和矫正社会分配不公的有力工具。

三、固定性

税收的固定性，是指国家征税前，税法就预先规定了征税的对象以及统一的比例或数额。税法所规定的这些征收标准，国家和纳税人双方都必须遵守。税收的固定性有两层含义：一是国家税收制度要素是以法律形式事先规定的。二是征税对象与征税额度之间量的关系是有固定限度的。这既保证国家财政收入的稳定可靠，又防止国家侵害纳税人的合法权益。

税收的上述三个特征是相互联系的。税收的无偿性取决于税收的强制性，因为如果是有偿的，就不需也不能强制征收。而税收的强制性和无偿性又决定征收的固定性。否则，如果可以随意征收，那就会侵犯现存的财产关系，使正常的经济活动无法维持下去，从而危及国家的稳定和存在。可见，税收的强制性、无偿性和固定性是统一的，缺一不可。一种财政收入形式是否为税收，决定于它是否同时具备上述三个特征，只有同时具备三个特征的财政收入才可称为税收。

第三节　税收的经济效应

税收的经济效应是指政府课税所引起的各种经济反应，具体包括微观经济效应和宏观经济效应两个方面。税收的微观经济效应是指税收对劳动供给、生产、消费、储蓄、投资等个体行为的影响；宏观经济效应是指政府课税所产生的对国民收入、经济增长和经济稳定等各方面的影响，具体包括税收乘数效应、税收经济增长效应和税收稳定效应等。

一、税收的微观经济效应

通过税收的收入效应和替代效应这两种机制可分析税收对劳动供给、生产、消费、储蓄、投资等的微观经济效应。

(一)税收对劳动供给的影响

市场经济中的劳动者对劳动和收入的选择包括是否工作，是否努力工作，即通常所说的人们对工作以取得收入或是享受闲暇之间进行的选择。选择取决于许多因素，不仅取决于个人的偏好、工资率的高低(即闲暇的机会成本)、其他收入水平的高低等，还取决于政府征税的因素。

通常我们用收入表示人们拥有产品或服务的数量和份额，用休闲表示人们拥有的空闲时间。当然，工作时间越多和工作质量越高，收入就越多，生活就越富裕，但要取得收入就要放弃闲暇，要取得更多的收入就得放弃更多的闲暇。在各税种中，个人所得税对劳动供给影响较大。在个人收入主要来源于工资收入，且工资水平基本不变的前提下，通过征收个人所得税对人们实际收入的影响，改变人们对工作和闲暇的选择。

以是否征收个人所得税为例，说明税收对劳动供给的总效应，如图 1-1 所示。

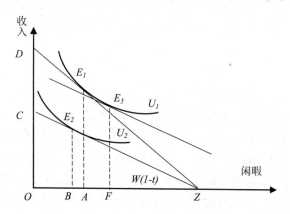

图 1-1　税收对劳动供给的总效应

在不征收个人所得税条件下，个人收入线是 DZ，其斜率是由放弃 1 小时的闲暇而增加的净收入决定的，即所谓净工资率(以 W 表示)，假定它是既定的。数量 Z 是个人所能占有的最大的闲暇量，即完全不工作，也就没有任何收入。在这个无差别曲线中，个人的最大化效用点是无差别曲线 U_1 与收入线 DZ 的相切点 E_1，该点所决定的闲暇时间是 OA 单位。既然工作就等于没有闲暇，这表明劳动供给的数量等于 AZ。假定对全部劳动所得按比例征收个人所得税,税率为 t,实际工资率为 $W(1-t)$。

(1) 税收对劳动供给的替代效应。税收对劳动的替代效应指的是政府征税会使闲暇与劳动的相对价格发生变化,如果税率高,闲暇价格相对降低,引起个人以闲暇代替劳动,这种效应可用图 1-1 中的 E_3 点来说明。该点是平行于收入线 CZ 的补偿收入线与原无差别曲线 U_1 相切的点。由于闲暇价格下降了,个人会享用更多的闲暇时间。从图 1-1 中可以看出,多出的闲暇时间或劳动供给减少是 AF,产生了闲暇对劳动供给的替代。另外,若税率较低,也会产生劳动供给对闲暇的替代。因征税,收入线向内转移到 CZ,其斜率为 $W(1-t)$,新的收入线与新的无差别曲线 U_2 相切于 E_2 点,该点所决定的工作时间为 ZB。与 E_1 点相比,E_2 点表明劳动供给增加了,增加的数量为 BA(即 $ZB-ZA$),这是按比例征收所得税对劳动供给对闲暇的替代效应。

(2) 税收对劳动供给的收入效应。税收对劳动供给的收入效应是指政府征税会直接减少个人的可支配收入,从而促使纳税人为维持既定的收入水平而增加工作时间,减少闲暇时间。它表明只是减少了个人收入,而并未改变闲暇与劳动的相对价格。由于征税,收入降低,总体效应降低,无差别曲线 U_1 向下平行移至 U_2,即从 E_3 点移至 E_2 点。可见,收入效应使闲暇减少或劳动供给增加的数量为 FB。

由此可见,收入效应与替代效应呈反方向运动,前者刺激人们更加努力工作,后者促使人们减少劳动供给。税收对劳动供给的影响取决于两种效应的对比,如果收入效应大于替代效应,征税对劳动供给主要是激励作用,它促使人们增加工作;如果收入效应小于替代效应,征税就会减少劳动供给,人们可能会选择闲暇替代劳动。

(二)税收对生产的影响

税收作为一种相对独立的分配形式,并不只是消极被动地适应生产的需要,它对生产的各个方面产生着重要影响。主要表现在以下几个方面。

(1) 国家税收规模影响社会扩大再生产的规模。进行社会扩大再生产必须依靠国民收入分配中形成的积累基金,税收是国民收入分配的一种方式,国家税收总额在国民收入分配中所占比例的大小,对积累基金的大小有着直接影响。国家征税规模的大小,不仅直接关系着国家集中财力的多少,同时对生产者来说,直接影响生产者扩大再生产的投资。税收对生产者的扩大再生产的影响,可以通过收入效应和替代效应来分析,例如,国家征税规模大,生产者扩大投资的能力减小,而生产者以其他消费方式进行替代,就发生了税收对扩大再生产投资的替代效应。另一方面,如果国家进行征税或增加税收额,减少了生产者的税后净利益,生产者为了维持过去的收益水平则会对生产进行扩大投资,就发生了税收对扩大再生产投资的收入效应。

(2) 税收收入来源结构影响社会经济结构。税收是国家对一部分国民收入集中进行的无偿分配。国家向纳税人征税，不仅改变国家与纳税人之间的分配关系，而且涉及纳税人之间的分配关系，改变纳税人之间占有国民收入的比例，引起各类纳税人经济力量的消长变化，影响各类纳税人的生产经营活动，进而影响社会经济结构。

(3) 税收影响国家对外贸易关系。任何国家都需要通过开展对外贸易促进本国经济的发展。税收是国家在对外经济贸易往来中维护本国主权和经济利益、发展对外经济关系的重要手段。税收通过对进出口商品和对不同形式的经济技术往来，实行不同的税率或各种税收优惠形式，可以直接影响各种商品进出口的规模和结构，影响引进技术、利用外资的投资方向、规模和效益，保护本国市场，保护本国企业的生存和发展。

(三)税收对消费的影响

首先，税收分配影响积累与消费的比例关系。一个国家在一定时期内的消费水平，取决于国民收入分配中积累和消费的比例关系。而影响积累与消费比例关系的一个重要的直接因素就是一定时期内税收分配规模的大小。

其次，税收分配直接或间接地制约着个人消费基金的形成。税收是国家对劳动者个人消费基金的直接扣除，税收的每一增加或减少，都直接或间接影响劳动者个人的消费，即体现在税收的收入效应，将纳税人的一部分收入转移到政府手里，纳税人的收入将减少，从而降低了商品的购买量和消费水平。个人消费基金中相当大的一部分是通过税收集中到国家预算，再通过国家预算的分配而形成的。其中非生产领域的职工个人消费基金，如公务员工资收入、教师工资收入等和用于社会公共需要的社会消费基金，绝大部分是通过税收和预算进行分配的。市场各主体的个人消费基金，虽然不直接通过税收和预算形成，但该个人消费基金的多少也受制于税收因素。所以税收分配对这一部分消费基金的形成具有直接或间接影响。另外，税收对消费结构等都会有直接影响，这体现在税收的替代效应方面，即当政府对不同的商品实行是否征税、重税或轻税的区别对待时，会影响商品的相对价格，纳税人从自身的利益考虑，将会改变消费结构，增加无税或轻税的商品购买量，减少有税或重税的商品购买量。

(四)税收对居民储蓄的影响

影响居民储蓄行为的两个主要因素是个人收入总水平和储蓄利率水平。个人收入总水平越高，储蓄的边际倾向越大，储蓄率越高；储蓄利率水平越高，对人们储蓄的吸引力越大，个人储蓄意愿就越强。税收对居民储蓄的影响，主要是通过个人所得税、利息税影响居民的储蓄倾向及全社会的储蓄率的。

对个人所得是否征税及征税多少，会影响个人实际可支配收入，并最终影响个人储蓄率。对储蓄的利息所得不征税，征收个人所得税对居民储蓄只有收入效应，即征收个人所得税会减少纳税人的可支配收入，迫使纳税人降低当前的消费和储蓄水平。由于征收个人所得税，个人的消费与储蓄水平同时下降了；对储蓄利息征利息税，会减少储蓄人的收益，降低储蓄报酬率，影响个人的储蓄和消费倾向。也就是说，若对储蓄利息征税，当前消费与未来消费的相对价格发生变化，于是产生了收入效应和替代效应。收入效应体现在对利息征税降低了个人可支配收入，而替代效应是指在对利息所得征税后，减少了纳税人的实际税后收益率，使未来的消费价格变得昂贵了，降低了人们储蓄的意愿，从而引起纳税人以消费代替储蓄。

总之，税收对储蓄收入效应的大小取决于所得税的平均税率水平，而替代效应的大小取决于所得税的边际税率高低。所得税的累进程度越高，对个人储蓄行为的抑制作用越大。高收入者的边际储蓄倾向一般较高，对高收入者征税有碍于储蓄增加。减征或免征利息所得税将提高储蓄收益率，有利于储蓄。

税收是影响储蓄的一个重要因素，但并不是唯一因素，影响储蓄的因素还包括居民未来消费预期、风险程度、投资选择等。因此，如何在综合考虑各种影响因素下适当地运用税收杠杆盘活储蓄余额，使之向消费、投资转化是推动经济增长的关键。

(五)税收对投资的影响

投资是经济增长的重要决定因素，而投资决策取决于投资的收益和投资的成本。税收对投资的影响，主要是通过征收企业所得税的税率、税前抵扣和税收优惠等措施影响纳税人的投资收益和投资成本。

税收对投资的影响，同样是通过替代效应和收入效应来实现的，可以采取同样的分析方法。课征企业所得税，会压低纳税人的投资收益率，因此降低了投资对纳税人的吸引力，导致投资者减少投资而以消费替代投资，就发生了税收对投资的替代效应。如果征税和提高税率减少了投资者的税后净收益，而投资者为了维持过去的收益水平趋向于增加投资，这就是税收对投资的收入效应。

(六)税收对个人收入的影响

个人所得税是调节收入分配的最有力工具。在各种收入来源既定情况下，个人间收入分配的结果及其差距在很大程度上取决于个人所得税因素。税收对个人收入分配的影响主要是通过征收个人所得税、税式支出、社会保险税和所得税指数化等实现的。

二、税收的宏观经济效应

(一)税收的乘数效应

乘数，即倍数。税收乘数是用来反映税收变动与其引起的国民收入变动倍数关系的指标，是指因政府增加或减少税收而引起的国民生产总值或国民收入减少或增加的倍数。税收乘数效应指的是税收的增加或减少对国民收入减少或增加的程度。税收乘数效应产生的机理在于：某行业、企业税收增加，其收入下降，相应的消费需求和投资需求就会下降。而该行业或企业的收入下降又会引起另一个相关行业及企业收入及相应的消费需求、投资需求的下降，如此循环下去，国民收入就会以税收增加额的倍数下降。相反，因减少税收，也会使私人消费和投资需求增加，从而通过连带机制促进国民收入增加更多。税收的增加或减少会带来国民收入的加倍减少或增加。

(二)税收的经济增长效应

从宏观角度看，税收可促进经济增长，也可阻碍经济增长，主要是通过宏观税负水平和税制结构等方面实现的。

宏观税负水平是指一国税收收入总额占 GDP 的比例。宏观税负水平的高低反映出政府在国民经济总量中集中程度的大小，对社会经济增长具有很大影响。

供给学派认为，从政府税收来看，决定税收收入总额的因素，不只是税率的高低，还要看税基(国民收入)的大小。提高税率不一定都会使税收收入增加，有时反而会减少税收收入。因为，税率过高，税收负担加重，经济主体的活动受到限制，削弱工作和投资的积极性，会造成生产下降趋势。供给学派这一思想可用"拉弗曲线"来解释。

"拉弗曲线"说明了税率与税收收入和经济增长之间的函数关系。在图 1-2 中，横轴代表税率，纵轴代表税收收入。税率从原点开始为 0，然后逐级增加至 B 点时为 100%；税收收入从原点向上计算，随着税率的变化而变化。税收收入与税率的函数关系呈曲线 OAB 状态(抛物线形)，当税率逐级提高时，税收收入也随之增加。税率提高至 OC 时，税收收入达到最大，即 OA'；税率一旦超过 OC，税收收入反而减少；当税率上升到 OB 时，税收收入将因无人愿意从事工作和投资而降为 0。供给学派把 CAB 部分，即图中的阴影部分称为"禁区"。税率进入"禁区"后，税率提高，税收收入减少；税率降低，税收收入反而会增加。

世界银行经济学家凯思·马斯顿选择了具有可比性的 20 个国家的经验数据，总结出了税率的高低与经济增长率的关联，得出的基本结论是：一国的低税率对提高本国的经济增长率具有积极的促进作用。从选择的 20 个样本国家来看，低税负国家的国内生产总值的实际增长率高于高税负国家。低税样本国家的国内生产总值非加权平均年增长率为 7.3%，而高税样本国家仅为 1.1%。低税样本国家中的每一个成员国，其经济增长都超过了高税样本国家中经济发展最快的国家。马斯顿将税收比率作为一种政策变量，就 20 世纪 70 年代 20 个样本国家的平均税收比率进行了回归分析。结果表明：低收入国家的税收变量系数是 -0.57，考虑到投资和劳动力增长后的税收变量系数是-0.30；而高收入国家的税收系数，分别为-0.34和-0.08。这表明,税收比率提高对经济增长的消极影响,在低收入国家比在高收入国家要严重得多。

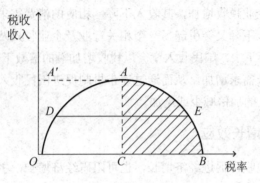

图1-2 税率与税收收入的关系

从上述分析可以看出,低税率促进经济增长,主要通过两个机制实现:第一,较低的税率可以导致较高的要素收益率,而较高的收益率会刺激这些生产要素的总供给,从而提高总产出水平;第二,低税率国家的各种税收刺激,将使资源从低生产率部门和活动转移到高生产率部门和活动,从而提高资源使用的整体效率。

(三)税收的经济稳定效应

税收的经济稳定效应是通过税收的自动稳定效应、相机抉择效应及其通货紧缩效应实现的。

1. 税收的自动稳定效应和相机抉择效应

税收是调节社会总供给与总需求,调节收入分配等关系的重要手段。税收调节社会总供求关系是通过两种效应实现的:一是自动稳定效应;二是相机抉择效应。前者是在既定税收制度和政策下,受经济的内在发展规律支配,税收自发地调节供求的影响。累进税率是典型的自发发挥调节供求功能的重要机制。在经济繁荣时期,国民收入增加,税率提升,以国民收入为源泉的税收收入会随之自动增加,相对地减少了个人的可支配收入,在一定程度上减轻了需求过旺的压力。在经济萧条时期,税收收入会因累进税率降低而自动减少,相对地增加了个人的可支配收入,在一定程度上缓解了有效需求不足的矛盾,有利于经济复苏。后者是政府根据经济形势的发展变化,有目的地调整税收制度和政策,以人为有意识地调节供求而产生的影响。税收自发地调节供求后,如果总需求与总供给的缺口仍然很大,政府则要采取必要的税收政策,或扩大(减少)税基,或增加(减少)税种,或提高(降低)税率,或(增加)减少税收优惠等,以展示税收的经济调节功能。

2. 税收的通货紧缩效应

税收的通货紧缩效应是通过税收政策的需求效应和供给效应体现并通过增税或减税政策来实现的。通常情况下，抑制总需求过旺的税收政策，主要通过所得税增税政策，减少民间部门的可支配收入，从而使社会总需求与总供给相均衡，防止或减轻一般物价水平上涨。推动供给增长的税收政策，主要通过个人所得税和企业所得税的减税政策，刺激劳动投入和资本投入增加，从而使社会总供给与总需求相匹配，抑制通货膨胀。

从税收对货币需求的影响机理来看，增税政策将产生流动性效应，包括替代效应、收入再分配效应、逃税效应以及通货替代效应等，进而实现通货紧缩作用。另一方面，在增税的同时，若采用一次总额付税法，将提高对货币的需求，从而有降低价格水平的可能。在以流转税为主体税种的国家，流转税的反通货膨胀作用不容忽视。流转税容易发生转嫁，会提高课税商品价格，降低经济中商品和劳务的总需求，反通货膨胀效应显著。

税收政策本身内存一种反通货膨胀的能力，但要合理使用才能真正体现反通货膨胀效果。在实施增税政策以抑制总需求膨胀时，从长远看可能会影响劳动供给和资本供给，造成失业或产出下降，反通货膨胀的目标难以实现。如果采用减税政策以增加总供给，又有可能刺激了总需求，加大通货膨胀缺口。因此，政府在选择利用税收政策作为反通货膨胀的工具时，必须认清造成通货膨胀的主要原因，权衡各种政策工具的利弊。

复习思考题

一、名词解释

税收　税收收入效应　税收替代效应　拉弗曲线　税收乘数效应　税收通货紧缩效应

二、问答题

1. 税收产生的条件有哪些？
2. 简要说明在不同标准下税收的发展演变过程。
3. 正确理解税收对劳动供给的影响。
4. 正确理解税收对生产的影响。
5. 正确理解税收对消费的影响。
6. 正确理解税收对居民储蓄的影响。
7. 正确理解税收对投资的影响。
8. 简要说明税收的宏观经济效应。
9. 简要说明税收的微观经济效应。

第二章 税收制度的构成要素与分类

【知识要点】

通过本章的学习，要了解税收制度的理论含义和现实含义，掌握税收制度构成要素及内涵，明晰相关要素之间的关联。通过税收分类，掌握我国现行税制结构、税种数量，正确认识目前我国现行的复合税制度特征，正确研判中国现行税制的演化趋势。

第一节 税 收 制 度

一、税收制度的含义及分类

税收制度简称税制，是国家各项税收法规和征收管理制度的总称，是国家向纳税人征税的法律制度依据和纳税人向国家纳税的法定准则。税收制度的核心是税法。制定税收制度，一方面是为了制约纳税人，即规定纳税人必须履行纳税义务；另一方面是为了制约征税机关，即规定征税必须贯彻国家的经济政策和税收政策。

税收制度有广义和狭义之分。广义的税收制度是指国家以法律形式规定的税种设置及各项税收征收管理制度。它一般包括税法通则，各税种的基本法律、法规、条例、实施细则、具体规定和征收管理办法等。其中，税法通则是一个国家征税的最基本的法律，主要规定一个国家征税的总政策、税制原则、税种设置等内容。各税种的基本法规是国家向纳税人征税的基本法律依据，主要规定对什么征税、由谁缴纳、缴纳多少等内容。实施细则是在各税基本法规基础上制定的执行性、补充性、解释性规定。各税种的具体规定是根据基本法规和实施细则制定的对某一事物或某一行为征税的详细规定。狭义的税收制度是指国家设置某一具体税种的课征制度，它由纳税人、征税对象、税率、纳税环节、纳税期限、税收优惠、违章处理等基本要素所组成。

二、税收制度的构成要素

税收制度的构成要素主要包括纳税人、征税对象、税率、计税依据、纳税环节、纳税期限、纳税地点、税收优惠和违章处理等。

(一)纳税人

纳税人即纳税义务人，是指税法规定的直接负有纳税义务的单位和个人。它是税收制度构成的最基本的要素之一，主要解决向谁征税或者由谁纳税的问题。各种税收都有各自的纳税人。纳税人可以分为自然人纳税人和法人纳税人。

1. 自然人纳税人

按照法律规定，自然人是指具有民事权利能力、依法享有民事权利和承担义务的公民，包括本国公民和居住在本国的外国公民。在税收上，自然人还可以进一步分为自然人个人和自然人企业。自然人个人，是指每一个个人，是一般意义上的自然人。自然人个人作为纳税人，必须具备本国公民以及在所在国居住或从事经济活动的外国公民的条件。自然人企业，是指不具备法人资格的企业，如个体工商业户、合伙企业(合伙企业虽属企业，但不具备法人资格，是以个人名义直接行使企业权利，并由个人承担义务，企业不独立纳税，而是由财产所有者作为自然人纳税)等。

2. 法人纳税人

法人是具有民事权利能力和民事行为能力，依法独立享有民事权利和承担民事义务的组织。我国规定，法人应具备四个条件：一是依法成立；二是有必要的财产或者经费；三是有自己的名称、组织机构和场所；四是能够独立承担民事责任。凡是具有纳税义务的法人，就构成了法人纳税人。

除了纳税人以外，某些情况下还有扣缴义务人。所谓扣缴义务人，就是税法规定的直接负有扣缴纳税人税款义务的单位和个人。一般来说，都是由国家征收机关和纳税人直接发生税收征纳关系，但在某些特殊情况下，为控制税源、防止偷税和方便征管，需由与纳税人发生经济关系的单位和个人为国家代扣代缴税款。扣缴义务人也是由税收法规明确规定的，并负有和纳税人同等的法律责任。

与纳税人既有联系又有区别的另一个范畴是负税人。负税人是实际承担税收负担的人。纳税人是法律上的纳税主体，而负税人是经济上的负税主体，纳税人不一定就是负税人，两者可以合二为一，也可能分离，这取决于税负是否转嫁。一般认为，当存在税负转嫁的情况下，纳税人和负税人是分离的，而在没有税负转嫁的情况下，纳税人和负税人是同一主体。

(二)征税对象

征税对象是指税法规定的征税的目的物，也称课税客体，它解决对什么征税的问题，体现着不同税种的基本界限。征税对象是税收制度中的核心要素，它既决定一个税种的纳税义务人，也制约着一个税种的税率规定。征税对象也是一个税种区别于另一税种的主要标志，同时又是确定税种名称的主要依据。例如，以所得额为征税对象的称所得税，以车船为征税对象的称车船税等。国家为了筹措财政资金和调节经济，可以根据客观经济状况选择多种多样的征税对象。目前，世界上各个国家征税的对象主要是商品(劳务)、所得和财产三大类。与征税对象密切相关的还有税目、计税依据、税源、税本等。

税目是指征税对象的具体项目，它反映一个税种的具体征税范围，体现着征税的广度。有些税种征税对象简单、明确，不需要规定税目就可以表示其范围。一般来说，一个税种的征税对象往往不是单一的，为了贯彻国家的政策，充分发挥税收的经济杠杆作用，需要把征税对象划分为若干具体项目，并做出征免界限的规定和设计高低不同的税率。所以，设置税目不仅是征税技术上的需要，更重要的是贯彻国家的政策。例如，以消费品为征税对象的消费税，因消费品多种多样，根据国家的经济政策和税收目标，有的要征税，有的不征税；有的要征重税，有的要征轻税，这就需要划分若干税目，以便确定征与不征的界限和适用高低不同的税率。划分税目的方法一般采用列举法，即按照征税的产品或经营的项目分别设置税目，必要时还可以在一个税目下设置若干子目。列举法又分为正列举法和反列举法。正列举法，即列举的征税，不列举的不征税；反列举法，即列举的不征税，不列举的都征税。

计税依据是指直接计算应纳税额的依据。计税依据和征税对象既有联系又有区别。计税依据是征税对象的量化。征税对象侧重于从质上规定对什么征税，计税依据则是从数量上对征税对象加以计量。对征税对象计量的标准有两种：一是从价计量，二是从量计量。计税依据确定之后，计税依据乘以税率就是应纳税额。在商品经济条件下，从价计量是主要的计量标准，只对少数和个别征税对象采用按实物量计算税额。按实物量确定计税依据，是根据征税对象的物理标志来确定的，如重量(吨)、体积(升)、面积(米²)等。在适用税率时，从价计量的计税依据，采用比例税率或累进税率；从量计量的计税依据，采用定额税率。

税源亦称经济税源，是税收课征的源泉。税收是对国民收入进行分配和再分配的主要形式，从广义讲，税收的源泉是国民经济生产、流通各部门创造的国民收入。经济决定税收，每种税都有各自的经济来源，即国民收入分配中形成的企业或个人的各种收入。各个税种都规定了具体的征税对象，各有其不同的具体税源。所以，征税对象与税源是两个密切相关的不同概念。比如，财产税的征税对象是财产的价值或数量，税源则是财产的收益或财产所有者的收入。所以，研究税源的发展变化，是税收工作的重要内容之一，它对于制定税收政策和税收制度，对于开辟税源、保护税源、增加财政收入、充分发挥税收的经济杠杆作用等都具有重要意义。

税本是指产生税源的要素。税源既然是一部分国民收入，而国民收入则是生产劳动者和生产资料相结合创造的，那么生产劳动者和生产资料就成为产生税源的根本要素，也就称作税本。因此，税收应成为调动生产者积极性和促进技术进步、更新设备、充分开发利用生产资料的工具。税制从立法到执行，都要立足于不能侵蚀税本，而要保护税本，壮大税本。只有这样，税源才能充裕，税收才能源源不断地增加。

(三)税率

税率是指对征税对象征税的比例或额度，是应纳税额计算的尺度。它主要解决征多少税的问题，体现着征税的深度，反映国家有关的经济政策。税率的高低，直接关系到国家的财政收入和纳税人的税收负担，是税收制度的中心环节。税率按其形式特征可分为三种：比例税率、累进税率和定额税率。

1. 比例税率

比例税率是指对同一征税对象不论数额大小，规定同一比例的税率。比例税率具有负担稳定、计算简便、税负明确的特点。其具体形式包括：①统一比例税率。它是对同一税种的所有课税对象只设置一个比例税率，对所有纳税人按同一个税率计算征税。②差别比例税率。它是对同一税种的不同征税对象(税目)规定高低不等的比例税率，对不同纳税人根据不同情况，分别适用不同税率。差别比例税率可以按产品、行业或地区的不同设置，即产品差别比例税率、行业差别比例税率、地区差别比例税率。③幅度比例税率。即中央在全国范围内统一规定比例税率的上限和下限，然后再由地方政府根据本地区实际情况，在其上下限幅度内确定自己的适用比例税率。这种确定税率的方法，最终可归结为地区差别比例税率。

2. 累进税率

累进税率是把征税对象数额从小到大划分为若干等级，每个等级由低到高规定相应的税率，征税对象数额越大税率越高。累进税率具有税负相对合理、适应性强的特点。一般适用于对所得的征税。累进税率按计算方法和依据的不同，可分为以下四种。

(1) 全额累进税率。即对征税对象的全额按照与之相应等级的税率计算税额。在征税对象数额提高一个级距时，对征税对象全额都按提高一级的税率征税。全额累进税率计算简单，但在级距临界点附近，税负显得不尽合理，因此，这种税率形式很少被采用。

(2) 超额累进税率。即把征税对象按数额大小划分为若干等级，每个等级由低到高规定相应的税率，每个等级分别按该等级的税率计税。超额累进税率，较之于全额累进税率，税负升高较为合理，但计算复杂。

(3) 全率累进税率。它与全额累进税率的原理相同，只是税率累进的依据不同。全额累进税率的依据是征税对象的数额，而全率累进税率的依据是征税对象的某种比率，如销售利润率、资本增值率等。这种税率形式和全额累进税率一样，税负不尽合理，一般不被采用。

(4) 超率累进税率。它与超额累进税率的原理相同，只是税率累进的依据不是征税对象的数额，而是征税对象的某种比率，如工资增长率、土地增值系数等。

3. 定额税率

定额税率又叫固定税额，是税率的一种特殊形式。它按征税对象的一定计量单位规定固定税额，而不规定征收比例，一般适用于从量计征的某些税种。在具体运用上又分为：①地区差别税额。即为了照顾不同地区的自然资源、生产力水平和盈利水平的差别，根据各地区经济发展的不同情况，对各地区分别规定不同的税额。②幅度税额。即中央只规定一个税额幅度，由各地根据本地区实际情况，在中央规定的幅度内，确定一个适用税额。③分类分级税额。即把征税对象划分为若干个类别和等级，对各类各级由低到高规定相应的税额，等级低的税额低，等级高的税额高，具有累进税的性质。定额税率的优点是，从量计征，与价值无关，税负固定明确，计算简便。但是，由于税额不随征税对象价值的增长而增长，不能使国家财政收入随国民收入的增长而同步增长。

另外，在对税率进行分析研究的时候，还有边际税率和平均税率、名义税率和实际税率的说法。边际税率是最后一个单位的征税对象所适用的税率；平均税率是全部税额与征税对象之间的比率；名义税率即税法规定的税率；实际税率是纳税人实际承担的税收负担率。

(四)纳税环节

纳税环节，是指在商品生产流转过程中应当缴纳税款的环节。任何一种税收都要确定纳税环节，有的税种纳税环节比较明确、固定，有的税种则需要在许多流转环节中选择和确定适当的纳税环节。例如，对一种商品，在生产、批发、零售诸环节中，只选择在一个环节征税，称为"一次课征制"，选择在两个环节征税，称为"两次课征制"，在所有流转环节道道征税，称为"多次课征制"。纳税环节与征税对象的确定有一定的关系。一般来说，征税对象及其范围确定以后，纳税环节也就确定了。不同税种的纳税环节往往是不一致的。从税制发展的趋势来看，一次课征制和两次课征制相对较少，较为普遍的是多次课征制，即道道征税。

确定纳税环节，是流转课税的一个重要问题。它关系到税制结构和税种布局、税款能否及时足额入库、地区间税收收入分配是否合理，同时也关系到企业的经济核算以及是否便利纳税人缴纳税款等问题。所以，选择确定纳税环节，必须同价格制度、企业财务核算制度相适应，同纯收入在各个环节的分布情况相适应，以利于经济发展和税源控制。

(五)纳税期限

纳税期限，是指纳税人发生纳税义务后以多长时间为一期向国家缴纳税款的时间界限。从有利于税款及时足额入库出发，纳税期限的规定一般有以下两种情况。

(1) 按期纳税，就是规定一个纳税的时间期限，将规定期限内多次发生的同类纳税义务汇总计算应纳税款。这种期限，是根据征税对象的特点和应纳税款的多少来确定的。一般可分别定为 1 日、3 日、5 日、10 日、15 日或 1 个月。

(2) 按次纳税，就是按发生纳税义务的次数确定纳税期限，以每发生一次纳税义务为一期。往往是因为不经常发生应税行为或按期纳税有困难，实行按次纳税。

与纳税期限相关的还有一个报缴税款期限，也称缴税期，即纳税人的纳税期限终了后，多长时间内要把税款缴上去。在缴税期内，如果不能把税款缴上去，就视为滞纳欠税，要加收滞纳金。纳税期限由主管税务机关在法定的范围内根据纳税人的具体情况进行核定。一般来说，应纳税额小的，核定的纳税期限长；应纳税额大的，核定的纳税期限短。纳税期限以及报缴税款期限的规定，也是税收强制性、固定性在时间上的体现，它有利于保证税款及时足额入库。

(六)纳税地点

纳税地点是纳税人(包括代征、代扣、代缴义务人)缴纳税款的具体地点。它是国家根据各个税种与课税对象及纳税环节的不同，本着对税款的源泉控制的原则，而规定的纳税人缴纳税款的具体地点。

(七)税收优惠

税收优惠是指税法对某些特定纳税人或征税对象给予的一种减免规定。它包括减税、免税、税收抵免等。主要是对某些纳税人和征税对象采用减少征税或者免予征税的特殊规定。

1. 减税免税

减税、免税统称为减免税。减税和免税是两个不同的概念，减税是对应纳税额少征一部分；免税是对应纳税额全部不征。减税、免税都是对某些特殊情况的纳税人和征税对象给予鼓励和照顾的一种措施。实行减税、免税的办法，可以把税收的普遍性和灵活性结合起来，体现因地制宜和因事制宜的原则，更好地贯彻国家的税收政策。减税免税按税收减免形式可分为以下三种。

(1) 税基式减免。税基式减免是指通过缩小计税依据来实现的减免税。主要包括起征点和免征额。

起征点，又称"征税起点"，是指税法规定对征税对象开始征税的起点数额。征税对象的数额达到起征点的就全部数额征税，未达到起征点的不征税。

免征额是税法规定准予从课税对象数额中扣除免予征税的数额。在实行免征额时，纳税人可以从全部征税对象中，首先扣除免征额，然后就其剩余的部分纳税。

(2) 税率式减免。税率式减免是指通过降低税率来实现减免税。

(3) 税额式减免。税额式减免是指通过减少部分税额或免除全部税额实现减免税。

2. 税收抵免

税收抵免是指国家对纳税人来自境外所得依法征收所得税时，允许纳税人将其已在境外缴纳的所得税税额从其应向本国缴纳的所得税税额中扣除。税收抵免是避免国家间对同一所得重复征税的一项重要措施。

另外，与税收优惠对应的，还有加重纳税人税负的附加、加成等措施。附加是在按规定税率征税以外，另加征一定比例的税额。加成是在按规定税率计算出税额后，再加征一定成数的税额。

(八)违章处理

违章处理体现了税收的法律责任，是指纳税人违反税收法律所应当承担的法律后果，它是税收强制性在税收制度中的集中体现。纳税人必须依法纳税。纳税人如果发生偷税、欠税、骗税、抗税行为，或者发生不按规定办理税务登记、不向税务机关提供有关纳税资料、不配合税务机关的纳税检查等行为，都属于违法行为。偷税，是指纳税人故意违反税收法规，采用欺骗、隐瞒等方式逃避纳税的违法行为。欠税是指纳税人、扣缴义务人超过征收法律法规规定或税务机关依照税收法律、法规规定的纳税期限，未缴或少缴税款的行为。骗税，是指企业事业单位采取对所生产或者经营的商品假报出口等欺骗手段，骗取国家出口退税的行为。抗税，是指纳税人以暴力、威胁等手段拒不缴纳税款的行为。

以上行为，根据情况不同，均应受到处罚。处罚的方式主要有以下三种形式。

(1) 经济责任：包括补缴税款、加收滞纳金等。

(2) 行政责任：包括吊销税务登记证、罚款等。

(3) 刑事责任：对违反税法情节严重构成犯罪的行为，要依法追究刑事责任。

税收制度是由以上诸多要素构成的，在这些税收要素中，纳税人、征税对象和税率是税收制度的三大基本要素。

第二节　税收制度的分类

一个国家的税收制度体系中往往包括许多税种，可以根据不同标准对其进行分类。常见的分类标准有课税对象性质、计税依据、税收与价格的关系、税收管理与使用的权限、税收收入的形态、税负是否转嫁与税收用途等。

一、按课税对象性质分类

按课税对象的性质，税收可分为流转税类、所得税类、资源税类、财产与行为税类、特定目的税类五大类。

(1) 流转税类，是以商品流转额或非商品营业(收益)额为征税对象的税收体系，通常也称作商品税。流转税的经济前提是商品经济的存在和发展，其计税依据是商品销售额或劳务收入额，一般采用比例税率。我国现行的增值税、消费税、营业税、关税等税种，属于这一类。这类税收都有一个共同特点，课税额度只同商品或非商品的流转额相联系，纳税人只要取得流转收入就要缴纳税款，不受成本费用和盈利水平影响。因此，流转税类在保证国家财政收入、调节价格水平和促进经济核算等方面能够发挥特殊的作用。

(2) 所得税类也称作收益税类，是以所得额或收益额为征税对象的税收体系。所得额有纯收益额和总收益额之分，所得税以纯收益额为征税对象。纯收益额是总收入扣除成本、费用以及损失后的余额。所得税一般采用累进税率，所得多者多征，所得少者少征，无所得者不征。它对调节纳税人的收入具有特殊作用。目前，我国所得税包括企业所得税、个人所得税等税种。

(3) 资源税类，是对开发和利用自然资源征收的各种税收。资源课税可以调节企业因自然资源差异形成的级差收入，从而促进企业加强经济核算。目前，我国对资源的课税包括资源税、土地增值税和城镇土地使用税等。

(4) 财产与行为税类，是以各类财产或行为为征税对象的税收体系。财产税的经济来源是财产的收益或财产所有人的收入。财产税对加强财产管理、提高财产使用效果具有特殊作用。目前，我国财产税类有房产税、车船税等。行为税，是为了贯彻国家某项政策的需要而开征的。目前，我国行为税包括印花税、契税等。

(5) 特定目的税类。该税类主要包括城市维护建设税、烟叶税等，是为实现特定目的开征的税种。

目前我国现行税收实体法体系中，共计 17 个税种，即增值税、消费税、关税、企业所得税、个人所得税、资源税、土地增值税、城镇土地使用税、房产税、车船税、城市维护建设税、车辆购置税、船舶吨税、耕地占用税、烟叶税、印花税和契税。

二、按计税依据分类

按计税依据分类，税收可分为从价税和从量税。从价税是指对征税对象以价格或价值为计量标准的税种。从量税是指对征税对象以重量、体积、面积或件数等自然单位为计量标准的税种。从价税的应纳税额随商品价格的变化而变化，能够体现合理负担政策。从量税的应纳税额随征税对象自然单位数量的变化而变化，具有计税简便的优点，但税收负担不能随价格高低而增减，不利于促使纳税人降低成本、提高产品质量。因此，一般实行差别税额，分等定率，以平衡税收负担。我国现行的税种大部分是从价税，只有资源税、车船税等属于从量税。

三、按税收与价格的关系分类

按税收与价格的关系分类，税收可分为价内税和价外税。价内税，是指税金是价格的组成部分，以含税价格作为计税依据的税收。价外税，是指价格内不包含税金，而税金是价格的一个附加额。在我国现行税制中，消费税、营业税属于价内税，增值税属于价外税。

四、按税收管理和使用的权限分类

按税收管理和使用的权限分类，税收可分为中央税、地方税和中央地方共享税。按照财政管理体制规定，税收收入划归中央财政的税种，属于中央税，也称国税；税收收入划归地方财政的税种，属于地方税，也称地税；税收收入由中央和地方按一定比例分成的税种，属于中央与地方共享税。

五、按税收收入的形态分类

按税收收入的形态分类，税收可分为货币税和实物税。货币税，是指以货币形式缴纳税款的税收；实物税，是指以实物形式缴纳税款的税收。从税收发展的漫长历史过程来看，国家税收的最初形态是实物税，随着商品生产和货币经济的发展，货币税逐步代替实物税。我国从奴隶社会到封建社会中期，税收都是以实物税为主，后来货币税所占比重逐渐增大。货币税不仅方便纳税人缴纳税款和国家财政的收支管理，而且使税收广泛地介入商品货币关系，有利于发挥税收对经济的调控作用。

六、按税负是否转嫁分类

按税负是否转嫁分类，税收可分为直接税和间接税。凡由纳税人自己承担税负，不发生税负转嫁关系的税收称为直接税，如我国的企业所得税、个人所得税等。凡纳税人可以将税负转嫁给他人，发生转嫁关系，由他人负担的税收称为间接税，如我国的增值税、消费税和营业税等。该种分类方法是各国经济学家普遍采用的一种分类方法。这种税收分类的意义主要在于帮助分析税收负担及其运动规律。

七、按照税收用途分类

按照税收用途分类，税收可以分为一般税和特定税。一般税，是指满足一般财政需要的税收。特定税，是指满足特定财政需要的税收，如西方社会开征的社会福利税，我国常用的固定资产投资方向调节税、筵席税、城市维护建设税、土地增值税、车辆购置税、耕地占用税等。

复习思考题

一、名词解释

税收制度 纳税人 负税人 征税对象 税源 税本 计税依据 比例税率 累进税率 定额税率 直接税 间接税

二、问答题

1. 税收制度的基本构成要素包括哪些？
2. 按课税对象的性质，税收分哪些类，具体包括哪些税种？
3. 简要说明各种类税率的特点。
4. 简要说明全额累进计算法与超额累进计算法的区别与联系。
5. 简要说明直接税与间接税的区别。
6. 简要说明减轻和加重税收负担的措施有哪些。
7. 详细列出税收违章行为及违章处理方式。

第三章　税收原则与税收职能

【知识要点】

税收原则是制定和评价税收制度、税收政策等的根本依据，它反映一定时期的社会经济下的治税思想。通过本章的学习，要正确认识中西方税收原则的演化及演化背景，掌握现代税收原则和现代税收原则的发展趋势。税收职能是本章的重点内容，正确理解税收职能对认清税收的必要性及其本质具有重要作用。

第一节　税　收　原　则

作为税收理论的核心内容之一，税收原则是制定、评价税收制度和税收政策的标准，是支配税收制度废立和影响税收制度运行的深层次观念体系。它反映一定时期、一定社会经济条件下的治税思想。揭示税收原则的内涵，实现治税观念转变，对于完善税制、提高税收的社会地位和实际征管水平，充分发挥其职能作用具有重要的现实意义。

税收原则是一个经常被争论的问题。不同时期、不同学者对税收原则的认识和阐述，都存在着较大的差异。因为税收本身是一个历史的、发展的概念，人们对税收现象和本质的认识也存在一个不断完善的过程。因此，作为人们对税收认知的一种反映，税收原则也是不断发展的。从税收发展史来看，虽然在任何时期，人们对税收原则都存在着不同的看法，但总的来说，随着经济的发展、政府职能的拓展和人们认识的提高，中西方税收原则都经历着一个不断发展、不断完善的过程，而且，这种过程仍将继续下去。

一、西方税收原则的演化

率先完整、系统地提出税收原则的是亚当·斯密，他在《国民财富的性质和原因的研究》一书中，主张自由竞争，相信市场自身力量，主张政府少干预或不干预经济，倡导税收中性。由此诞生了平等、确实、便利、节省四原则，并被后人奉为经典。这四原则是与资本主义上升时期的自由竞争阶段相适应的。

随着资本主义自由竞争向垄断过渡，税收原则的内容不断得到补充和发展。德国社会政策学派阿道夫·瓦格纳提出了税收四方面九原则，即：财政原则，包括充分原则和弹性原则；国民经济原则，包括税源选择原则和税种选择原则；社会公正原则，包括普遍原则和公平原则；税务行政原则，包括确实原则、便利原则、最少征收(节省)原则。与亚当·斯密提出的税收四原则相比，瓦格纳要求税收要体现灵活性的同时，还要具有培植税源的功能。这体现了税收中性思想向非中性思想的过渡。

到了资本主义垄断时期，即凯恩斯主义认为有效需求不足时期，西方国家的税收政策主要受国家干预经济理论左右，认为税收在市场失灵时要体现非中性，主张运用税收纠正市场缺陷。凯恩斯强调税收的宏观效率原则，实际上是效率优先兼顾公平原则。在凯恩斯主义和福利经济学影响下，当代世界著名经济学家马斯格雷夫在1973年发表的代表作《财政理论与实践》中，对亚当·斯密以来经济学家的税收原则理论进行了总结归纳，提出了六项税收原则理论，即：税收分配应该是公平的，应使每个人都支付他"适当的份额"；税收选择应尽量不干预有效的市场决策，也就是说，要使税收的"超额负担"最小化；如果税收政策被用于实现刺激投资等其他目标，那么应使它对公平性的干扰尽量减小；税收结构应有助于以经济稳定和增长为目标的财政政策的实现；税收制度应明晰而无行政争议，并且要便于纳税人理解；税收管理和征纳费用应在考虑其他目标的基础上尽可能地低。

到了20世纪70年代中后期，在政府干预经济部分失灵情况下，货币主义、供给学派、理性预期学派、新自由主义学派等主张力图减少国家干预，税收中性思想又有了复归与发展，并成为以美国为代表的西方发达国家进行税制改革的基本理论依据。

二、中国税收原则的发展

中国历史上的税收原则理论比较丰富。归纳起来，主要包括以下几个方面。

(一)有义原则

有义原则，即强调国家征税要合乎道义原则。孔子曰："义然后取，人不厌取"。"有君子之道，其使民也义"(《论语》)。这里强调的"义"，就是要行仁政、轻徭薄赋。因为"财聚则民散，财散则民聚"，轻征赋税有利于争取民心，使统治长治久安。所以，历代思想家都重视这一原则。

(二)有度原则

有度原则，即强调国家征税要合乎适度原则。《管子》一书指出，"地之生财有时，民之用力有倦，而人君之欲无穷，以有时与有倦养无穷之君，而度量不生于其间，则上下相疾也"，"国虽大必危"。所以，应坚持"取于民有度"原则(《权修》)。历代思想家虽然都强调"取于民有度"，但对有度的标准认识并不一致。但不同有度标准有一个共性的认识，那就是大都强调征税量不能超过人民负税能力允许的限度。

(三)有常原则

有常原则，即强调国家定税要有常规，税制要相对稳定的原则。魏晋时期著名经济学家、政治家傅玄针对当时税制兴废无常，影响人民生产和生活安定的状况，指出应坚持赋税有常原则，提出"国有定税，下供常事，赋役有常，而业不废"。傅玄强调税制稳定，但并不反对随着形势的发展对税制作必要的改革。

(四)统一原则

统一原则，即全国的税政统一原则。商鞅主张全国税政统一。"上一而民平，上一则信，信则臣不敢为邪"(《商君书·垦令》)。就是说，国家税政统一，对所有人一视同仁，没有歧视，人民就感到赋税公平，就能取信于民，官吏也不便营私舞弊了。

(五)弹性原则

弹性原则强调赋税征收量要有伸缩性，应依条件变化而变化。孟子反对征定额税，主张丰年多征、灾年少征。管子将年成分为上、中、下三等，提出不同年成依不同的税率征收，最坏的年成"不税"或"驰而税"(《大匡》)。至近代，弹性原则已作为评税的重要标准。

(六)普遍原则

普遍原则，即强调征税的面要宽，纳税人要普遍的原则。《周礼》提出，国中从事各种职业的人都要交纳赋税。耕田的贡九谷；经商的贡货物；从事牧业的贡鸟兽；从事手工业的贡器物；连无职业的也要"出夫布"。

(七)均平原则

均平原则，即强调征税应做到公平合理。但因研究者强调的角度不同对均平原则的理解也不一样。第一种认为，按负担能力征税才算均平合理；第二种认为，征税不分贵贱强弱，一律平等对待方算均平合理；第三种认为，征税既要坚持"横向均平"，又要坚持"纵向均平"，即能力相同的人同等纳税，能力不同的人纳不同的税。

(八)明确原则

明确原则，即强调让纳税人对征税的相关规定有明确了解。《管子》指出，让人民知道赋税征收的比重是合适的，"审其分，则民尽力也"。苏绰认为，贯彻明确的原则，对征纳双方都有利。刘晏在理财治税中，坚持了明确原则，做到了"知所以取人不怨"(《新唐书·刘晏传》)。

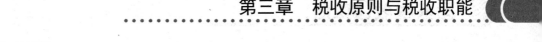

(九)适时原则

适时原则,即强调征税所规定的时间和时限要适当的原则。很多思想家强调征税要适时。孔子提出"使民以时"。荀况提出"无夺农时"。《管子》还认识到,纳税时限规定应适当,时限越短,纳税人所受的损失越大。纳税人为了在规定的时限内完纳赋税,在出售产品中不得不接受商人压价的盘剥,时限越短,所受的降价损失越大。

(十)便利原则

便利原则,即强调征税应尽量给征纳双方方便的原则。《史记》载,夏禹时就注意征税中方便纳税人的意识和做法。"禹乃行相地所有以贡及山川之便利"。当商品经济发展到一定程度,货币税取代实物税,又进一步为纳税人提供便利带来了条件。在历次的税收制度改革中,便利原则一直是考虑的主要内容。杨炎推行的两税法,张居正推行的一条鞭法,除均平税负、增加财政收入等目标外,一项重要内容是考虑了征纳双方便利需要,简化了税制。

(十一)为公为民原则

为公为民原则,即强调国家只能为公为民而征税的原则。中国东汉末期政治家、史学家荀悦指出,国君应有"公赋而无私求","有公役而无私使"。明代著名文学家、教育家丘浚强调,国家征税应"为民聚财"。凡所用度,"必以万民之安"不能"私用"(《大学衍义补》)。严复提出,赋税收入不应只供少数统治者享受,应"取之于民,还为其民",为民兴公利、除公害(《原富》)。

(十二)增源养本原则

增源养本原则,即强调国家治税中要重视培养税源的原则。荀况认为,生产是财富的本源,税收是财富的末流,国家应"节其流,开其源"。司马光也强调要"养其本而徐取之"。

(十三)税为民所急原则

税为民所急原则,即强调选择人民必需的生活、生产用品征税,以保证税收充沛、可靠原则。在战争年代或财政困难时,从组织财政收入需要出发,统治者常采用这一原则。桑弘羊在汉武帝对外用兵时,为筹军费实行过盐铁酒专卖,寓征税于价格之中,取得了大量财政收入。刘晏也认识到,"因民所急而税之则国用足"。

这些原则之间既有相辅相成、相互促进的一面,又有相互矛盾、相互制约的一面,而每一原则又有其特定的意义。

三、现代税收原则

现代财税理论中，公认的较为重要的税收原则有法治原则、公平原则、效率原则和财政原则。

(一)税收法治原则

税收法治原则是指一切税收活动必须有法律明确规定，没有法律明确规定的，人们不负有纳税义务，任何机关也无权向人们征税。这个原则既是对税收立法的要求，也是对税收执法的要求。税收法治原则，具体包括以下几方面含义。

(1) 课税要素法定原则。该原则要求征税主体、纳税主体、课税客体、计税依据、税率等课税要素以及与此相关的征税程序必须且只能由国家最高立法机关在法律中加以规定。行政机关未经授权，不能在行政法规中对课税要素加以规定。

(2) 课税要素明确原则。课税要素、征纳程序等不仅要由法律专门规定，而且必须尽量明确，以避免出现漏洞和歧义，影响征收机关征收和纳税人纳税。

(3) 依法稽征原则。该原则要求征收机关必须严格依据法律规定征收，不得擅自变动课税要素和法定征收程序。没有法律依据，征收机关无权做出开征、停征、减税、免税、退税、补税等涉税决定。

(二)税收公平原则

税收公平原则是指国家征税应使每个纳税人的税负与其负担能力相适应并使纳税人之间的负担水平保持平衡。合理负担、公平税负是税收的基本原则。税收公平原则要求条件相同者缴纳相同的税，这是税收的横向公平；条件不同者缴纳不同的税，这是税收的纵向公平。研究税收公平问题，必须结合市场决定的分配状况来研究。倘若由市场决定的分配状况已达到公平的要求，税收就应对既有的分配状况作尽可能小的干扰。反之，税收就应发挥其再分配的功能，对既有的分配格局进行正向矫正，直到其符合公平要求。

(三)税收效率原则

税收效率原则是指国家征税应有利于经济机制有效运行和资源合理配置，并有利于提高税务行政效率。也就是说，国家征税一是要有经济效率，即要把税收对各种经济活动产生的不良影响降低到最低限度；二是要有行政效率，以最小的税收成本获得最大的税收收入。税收经济效率指征税对经济运行效率的影响，宗旨是征税必须有利于促进经济效率的提高，也就是有效发挥税收的经济调节功能。税收作为一种重要的再分配工具，可以在促进资源配置合理化、刺激经济增长等方面发挥重要作用，但也可能扭曲资源配置格局，阻碍经济发展。税收行政效率可以从征税费用和纳税费用两方面来考虑。前者指税务部门在征税过程中所发生的费用，比如税务机关的房屋建筑、设备购置和日常办公所需的费用，税务人员的工资、薪金支出等。后者是纳税人依法办理纳税事务所发生的费用，比如纳税人完成纳税申报所花费的时间和费用，纳税人雇佣税务顾问、会计师所发生的费用，公司为个人代扣代缴税款所花费的费用等。

税收公平与效率是相互促进、互为条件的统一体。效率是公平的前提，如果税收活动阻碍了经济发展，即使公平，也是无意义的。公平是效率的必要条件，尽管公平必须以效率为前提，但失去了公平的税收也不会提高效率。

(四)税收财政原则

税收财政原则是从财政收入的角度确定税收准则。同财政收入职能相对应，税收财政原则就是为财政提供足额稳定的收入。财政原则是税收的基本原则，因为财政职能是税收的基本职能，保证财政收入应该是制定税收政策、设计税收制度的基本出发点。一个国家制度的建立和变革，都必须有利于保证国家的财政收入，也就是保证国家各方面支出的需要。

第二节 税 收 职 能

税收职能是税收所具有的满足国家需要的能力，它是内在于税收分配过程中的基本功能，是税收内在功能与国家行使职能职责的有机统一。一般来讲，税收职能有组织财政收入职能、调节社会经济职能和对国家经济反映和监督职能。其中组织财政收入职能是税收的最基本职能。

一、组织财政收入职能

税收的组织财政收入职能也称为收入职能。税收在分配中将一部分社会产品从生产者手里转移到国家手里，形成国家对社会产品的占有，这就是它的组织收入职能。因为税收收入归国家财政，所以也称财政职能。税收从它产生之日起，就是国家取得财政收入的主要形式，是保证国家实现其职能的物质基础，古今中外都毫无例外。正是这种职能奠定了税收在特定经济形态中存在的基本理由。税收虽然不是国家财政收入的唯一来源，但是主要来源，特别在现代国家，税收占财政收入的比例一般都在90%以上，如美国占98%，英国占96%，日本占91%；在我国，自1983年国有企业实行利改税后，税收占财政收入的比重不断提高，达到了90%以上。

税收收入职能在数量上通常还表现为税收收入占国民生产总值的比重。也就是说，在一国国民生产总值中有多大部分转移到了国家手里为国家所占用。这个比重在同一时期不同国家或一个国家的不同时期差异很大，高的在 40%以上，低的在 20%以下。我国的过去和现在，这一比重也存在很大差别。一国国民生产总值中，究竟应有多大比重通过税收集中为国家财政收入，取决于多种因素，包括生产力发展水平、经济发达程度、国家职能范围大小、积累和消费比例、人口状况及国际环境等。各个国家必须根据自己的国情确定这种比例关系。

税收之所以具有组织财政收入职能，是因税收由国家政府凭借政治权力，运用行政手段，通过税收法律形式，强制性征收。无论在资本主义国家还是在社会主义国家，税收收入形式和非税收入形式相比，都具有保证财政收入及时、均衡、可靠和稳定增长的优越性。因此，无论在资本主义国家还是在社会主义国家，都必须重视和发挥税收组织财政收入的职能。

二、调节社会经济职能

税收调节职能就是利用税收参与社会产品与国民收入的分配，从而调节纳税人的物质利益，引导其改变自己的选择，使之符合国家的产业政策、分配政策等，最终达到国家宏观经济调控的目的。

税收是掌握在国家手中的重要经济杠杆之一，其调节经济的主要手段是依靠比较完善的税收调节体系。税收涉及的调节领域非常广泛，调节的经济目标很多，为了充分发挥税收的调节作用，就需要相应设置一些具有不同调节作用的税种，各个税种都有不可替代的作用，这些职能各异的税种便构成了税收的调节体系，税收调节作用便能覆盖社会经济活动的每个角落。税收调节必须遵循经济规律，只有符合经济规律，税收的调节作用才能得以充分发挥。

税收调节职能还表现在借助税收参与社会产品分配，来调节社会各阶层的税负水平，从而调节社会分配。国家借助税收调节人民的收入水平，避免两极分化，对保持社会稳定具有重要意义。税收调节社会分配，一般采用直接调节和间接调节两种方式。直接调节是指税收分配可以直接调整人们的可支配收入水平。国家根据各个不同的收入阶层，设置高低不等的所得税税率，对个人原始收入进行再分配，这是税收调节社会分配的主要方式。这样做，只要征收的数额适当，就不会影响纳税人的劳动积极性。相反，更有利于社会安定和人民生活稳定。

三、反映与监督国民经济职能

(一)反映国民经济职能

从静态来看，通过当年的税收数量、来源结构等信息能够反映出本年度及以前的国民经济状况；从动态来看，通过税收数量、来源结构及动态变化，能够比较准确和全面地了解国家经济发展动态数据及信息。

(二)监督国民经济职能

监督的实质在于规范，监督的依据是法律。税务部门按照税法规定向纳税人征税，涉及税务人员、纳税人等多种主体，监督就是要让所有主体遵守法律，要让违背法律的主体回归法律轨道，遵法办事。现实中，税务等执法部门深入了解纳税人的生产经营并对其收入分配进行间接管理，帮助其调节经营方向和收入分配制度，使之符合国家的政策要求，对纳税人偷税、抗税等违法行为实施法律和行政制裁等，都是在执行对国民经济的监督职能。

税收的反映与监督职能不同于其他行政命令，它是间接地反映和监督社会经济活动的。税收的监督职能涉及经济的各个领域、各个环节。随着市场经济的发展，国家利用经济杠杆调节社会经济生活的职能逐渐增强，税收的监督职能将会更好地展现出来。

税收的三大职能具有紧密的内在联系，它们以筹集资金为核心，相互联系、相互制约、互为条件，共同构成一个统一的税收职能体系。其中，税收组织财政收入职能是税收基本的和首要的职能，经济调节职能、反映与监督职能是它在特定条件下的派生和发展。从三个职能的内在关系看，没有税收的组织财政职能，税收的调节经济职能和监督职能便无从产生，而组织财政收入、调节经济职能的充分发挥，又依赖于税收的反映与监督职能。税收的调节经济职能又是组织财政收入职能的延伸，随着市场经济的发展，税收的两个派生职能将变得更为重要。

复习思考题

一、名词解释

税收原则　税收法定原则　税收公平原则　税收财政原则　税收效率原则　税收职能

二、问答题

1. 简要说明西方税收原则的演变历程。

2. 简要说明中国传统税收原则。

3. 现代税收原则有哪些内容?

4. 如何理解税收的调节社会经济职能?

5. 如何理解税收的反映与监督国民经济职能?

6. 如何处理税收公平与效率原则间的关系?

7. 以税收的公平与效率原则关系理论为基础评述我国现阶段的治税思想。

第四章 税收负担与税负转嫁

【知识要点】

在本章，要重点学会应用税收负担指标对税收负担进行定性与定量分析，掌握分析方法。在税负转嫁内容中，要掌握税负转嫁的概念、形式、特点及影响因素，重点要掌握影响税负转嫁的因素、影响税负转嫁的机理及转嫁规律，为设计科学的税制体系和税收政策奠定良好的理论与实践基础。

第一节 税收负担与税负转嫁的概念与分类

一、税收负担的概念与分类

税收负担是指整个社会或纳税人(个人或法人)实际承受的税款，它表明国家课税对全社会产品价值的集中程度以及税款的不同分布所引起的不同纳税人的负担水平。依据考察的层次不同，税收负担主要分为宏观税收负担和微观税收负担两种。

(一)宏观税收负担

宏观税收负担主要是研究国家当年征收的税收总额与一国的社会产出总量或总经济规模之间的对比关系，即社会总体的税负水平。衡量宏观税负的主要指标有以下几个。

1. 国民生产总值负担率

国民生产总值负担率是指一定时期内税收收入总额与国民生产总值的比率(T/GNP)。其中，国民生产总值是以一个国家的居民为依据计算的生产总值，包括居民在国境内外的全部最后产值和劳务总量，但不包括国境内非居民的这个部分。国民生产总值负担率的公式如下：

$$国民生产总值负担率(T/GNP)=税收收入总额/国民生产总值\times100\%$$

2. 国内生产总值负担率

国内生产总值负担率是指一定时期内税收收入总额与国内生产总值的比率(T/GDP)。其中，国内生产总值是以国土范围为依据计算的生产总值，包括国家领土范围内居民和非居民的全部最后产值和劳务总量，但不包括居民在国境外的这个部分。国内生产总值负担率的公式如下：

国内生产总值负担率(T/GDP)=税收收入总额/国内生产总值×100%

衡量我国这样一个发展中国家的宏观税负，普遍认为国内生产总值优于国民生产总值，能更确切地反映问题。

(二)微观税收负担

微观税收负担主要研究单个纳税人向国家缴纳的税收与其产出的对比关系，即企业或个人的税负水平。微观税收负担按负税主体可以分为企业税收负担和个人税收负担。

1. 企业税收负担

企业税收负担是指企业承担的税收。反映企业税收负担的指标可分为以下两大类。

(1) 企业整体税负率。企业整体税负率的衡量指标有两个：一是企业的税收总负担率，二是企业净产值税收负担率。计算公式分别如下：

企业的税收总负担率=各种纳税总额/同期销售收入×100%

企业净产值税收负担率=各种纳税总额/净产值×100%

(2) 个别税种的负担率。个别税种的负担率有企业流转税负担率和企业所得税负担率两种，计算公式分别如下：

企业流转税负担率=流转税总额/同期销售收入×100%

企业所得税负担率=所得税额/同期利润和其他所得总额×100%

2. 个人税收负担

个人税收负担是指个人承担的税收负担。个人承担的税收负担是来自多方面的，如个人直接负担的个人所得税、消费税、财产税等，个人在购买消费品时还负担被转嫁的流转税，如增值税、营业税等。由于税负转嫁的大小、难易程度不同，个人消费行为不定，再加上统计分析资料的困难，个人真实的综合税收负担率是很难计算的。有实际意义的指标是个人所得税负担率(个人所得税与同期个人所得总额的比率)。

二、税负转嫁的概念与形式

(一)税负转嫁的概念

税负转嫁亦称税收转嫁，是指纳税人通过降低购入商品或抬高卖出商品价格，将全部或部分税收转移给他人负担的过程。依据转嫁程度，税负转嫁分部分转嫁(不完全转嫁)和全部转嫁(充分转嫁)两种。

与税负转嫁直接相关的一个概念是税负归宿。税负归宿亦称税收归宿，是税负转嫁过程的终点，是税收负担的最后归着点或最后落脚点。依据税收的最后实际负担情况，税负归宿分为法定归宿和经济归宿两种。税负法定归宿是法律明确规定哪些人负有纳税义务，应当依法支付税收金额，称为法定税收负担。税收经济归宿是指哪些人最终实际负担了税收，真正负担的税收金额。法定税收负担与实际税收负担的差，体现了税负转嫁的程度。

(二)税负转嫁的形式

(1) 前转，又称顺转，是指纳税人将其缴纳的税款通过提高商品或生产要素价格的方法，向前转嫁给商品或生产要素的购买者。这是税负转嫁最普通、最基本的形式。

(2) 后转，又称逆转，是指纳税人将其缴纳的税款通过压低商品或生产要素进价的方法向后转移给商品或生产要素的提供者。

(3) 混转，又称散转，对一个纳税人而言，前转和后转可以兼而有之，也就是将税款的一部分向前转嫁给商品购买者，另一部分向后转嫁给商品供应商。

(4) 税收资本化，即资本还原，是指购买者将所购商品的预期税款通过从购买商品的价格中预先扣除的方法，将税收负担向后转移给商品出售者。税收资本化实际上是一种特殊形式的后转。它与后转的不同之处在于：一是适用的商品不同。普通的后转针对的是一般商品或一般生产要素，如劳动、原材料等，而税收资本化(资本还原)针对的是特殊的资本性商品，如土地、房屋、机械设备、永久性的政府债券等。二是普通后转是在商品交易发生时当期税款的一次性转移，而税收资本化(资本还原)则是在商品交易发生时将预期应纳税款的一次性转移。

(5) 消转，又称转化。纳税人用降低课税品成本的办法使税负从新增利润中得到抵补。这既不是提高销价的前转，也不是压低购价的后转，而是通过改善经营管理、提高劳动生产率等措施降低成本、增加利润而抵消税负，所以称为消转。消转实质上是用生产者应得的超额利润抵补税收，实际上不转嫁，由纳税人自己负担。

第二节　影响税负转嫁的因素分析

税负转嫁的基本前提是商品价格自由浮动。在市场经济条件下，影响税负转嫁的主要因素有商品的需求弹性、供给弹性、市场特点(完全竞争市场还是不完全竞争市场)、不同税种等诸多方面。市场特点决定税负转嫁环境，不同税种决定税负转嫁的难易度。

一、供求弹性对税负转嫁的影响

(一)税负转嫁与供给弹性的关系

供给弹性是指商品供给量对本身价格的反映程度。通常用商品供给弹性系数表示，公

式为

$$Es=\Delta Q/Q \div \Delta P/P=\Delta Q/\Delta P \times P/Q$$

式中：Q 为商品的供给量；ΔQ 为商品供给的变动量；P 为价格；ΔP 为价格变动量；$\Delta Q/Q$ 为商品供给量变动系数；$\Delta P/P$ 为价格变动系数。

根据供给弹性系数大小，可将供给弹性系数分为五种类型，即 $Es>1$，表示供给富有弹性；$Es<1$，表示供给缺乏弹性；$Es=1$，表示有单位供给弹性；$Es=\infty$，表示完全有弹性；$Es=0$，表示完全无弹性。

某种产品的供给弹性高，意味着该产品的生产者能适应市场的变化调整生产结构，因而在与原材料厂商及消费者关系上处于比较主动的地位，易于把税负转嫁出去。相反，供给弹性低，则不易转嫁。这种税负转嫁与供给弹性的关系可以由图4-1表示。

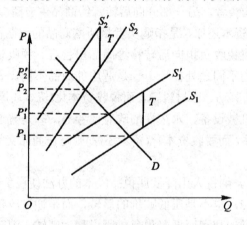

图 4-1　税负转嫁与供给弹性的关系

在图4-1中，卖者1和卖者2面临的初始供给曲线分别为 S_1 和 S_2(卖者1的供给弹性大于卖者2，面对同样的价格下降幅度，卖家1的销售量增加更多)，消费者的需求曲线为 D。假设政府对每个卖者征收每单位为 T 的税金，则相应的卖者每单位成本上升 T，卖者1的供给曲线由 S_1 上升到 S_1'，卖者2的供给曲线由 S_2 上升到 S_2'。征税后，卖者1得到的销售价格由 P_1 上升到 P_1'，卖者2得到的销售价格由 P_2 上升到 P_2'，且 $P_1'-P_1 > P_2'-P_2$，卖者1比卖者2转嫁了更多的税负。

总之，税负转嫁的主要途径是通过价格的变动实现的，转嫁的幅度取决于供求弹性。在其他条件不变时，就供给和需求的相对弹性来说，哪方弹性小，税负就向哪方转嫁。

(二)税负转嫁与需求弹性的关系

需求弹性表示需求量对影响需求因素的变化量所做出的反映程度。影响商品需求量变化的因素有多种，需求弹性也有多种。因为税负转嫁的程度取决于征税后的价格变动，所

以需求弹性影响税负转嫁。需求弹性是指商品需求量对本身价格的反映程度。通常用需求弹性系数表示，公式为

$$E_d=\Delta Q/Q \div \Delta P/P=\Delta Q/\Delta P \times P/Q$$

式中：Q 为需求量；ΔQ 为需求变动量；P 为价格，ΔP 为价格变动量；$\Delta Q/Q$ 为需求量变动系数；$\Delta P/P$ 为价格变动系数。

根据需求弹性系数大小，可将需求弹性系数分为五种类型，即 $E_d>1$，表示需求弹性高；$E_d<1$，表示需求弹性低；$E_d=1$，表示有单位需求弹性；$E_d=\infty$，表示完全有弹性；$E_d=0$，表示完全无弹性。

一般地说，商品的需求弹性越大，需求量对价格变动越敏感，通过提高卖价把税负向前转嫁给购买者或消费者越困难，相反，商品的需求弹性越小，需求量对价格变动越不敏感，通过提高卖价把税负向前转嫁给购买者或消费者就容易，此时，消费者对商品的需求量受价格变动的影响越小。一般情况下，生活必需品，税负容易转嫁。这种税负与需求弹性的关系可以由图 4-2 表示。

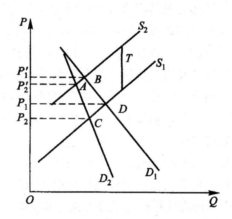

图 4-2　税负转嫁与需求弹性的关系

如图 4-2 所示，消费者 1 和消费者 2 面临的需求曲线分别为 D_1 和 D_2（消费者 1 的需求弹性大于消费者 2，面对同样的价格上升幅度，消费者 1 的需求量下降更多），卖者的初始供给曲线为 S_1。若对卖者征收每单位为 T 的税金，则相应的卖者每单位成本上升 T，供给曲线由 S_1 上升到 S_2。征税后，消费者 1 承受的价格由 P_1 上升到 P_1'，消费者 2 承受的价格由 P_2 上升到 P_2'，且 $P_2'-P_2>P_1'-P_1$，消费者 2 比消费者 1 承受了更多的税负。

二、课税范围对税负转嫁的影响

一般来说，如果课税的范围越窄，税负也就越不容易转嫁。课税范围越是狭窄，商品

或生产要素的购买者选择替代商品的范围就越大，从而需求也就越具有弹性，税负更多趋向于生产者负担。比如政府只对牛肉征税，消费者可以选择鸡肉、猪肉，从而使牛肉销售商很难把税负转嫁给消费者。同样道理，课税范围越广，商品或生产要素的购买者的替代效应越弱，从而需求也就越缺乏弹性，税负越容易转嫁出去。

三、税种选择对税负转嫁的影响

一般来说，直接税是对所得或收入征税，与经济交易过程的关联不密切，税负转嫁的途径较少，前转、后转、混转的形式都不容易实现，因此税负不易转嫁；间接税是对收入或所得之外的经济活动征税，和经济活动过程密切相关，税负相对容易转嫁。

四、市场状态对税负转嫁的影响

在现代市场经济条件下，存在着完全垄断、垄断竞争、寡头竞争和完全竞争四种市场状态。不同的市场状态对税负转嫁的难易程度存在不同影响。在完全垄断的市场状态下，一个厂商完全控制了整个行业生产的产量、规模和价格，实际上是该生产商独家定价。此时，税负能转嫁多少主要看产品的需求弹性：对需求弹性小的生活必需品征税，生产者可以把税负全部转嫁给消费者；对非必需品征税，税负转嫁的程度就不那么随意了，要视具体的情况而定。在垄断竞争状态下，征税后，单个生产者可以利用自己产品的差异对价格进行调整，但由于没形成完全的垄断，仍然有竞争，所以只能部分转嫁税负给消费者。在寡头竞争状态下，由于市场只有几个少数的生产商，他们能够左右市场价格和产量，因此比较容易达成一致的协议，提高价格转嫁税负。在完全竞争的状态下，生产者只是市场价格的接受者，他们无法在税后的短期内单独把商品价格提高而转嫁税负。但就长期而言，如果产品生产成本不变，生产者形成的行业力量最终仍可能会把税收负担转嫁给消费者。

复习思考题

一、名词解释

税收负担　　税负转嫁　　税收归宿　　税收资本化　　供给弹性　　需求弹性

二、问答题

1. 税负转嫁有哪些形式？
2. 衡量宏观税收负担的指标有哪些？

3. 衡量微观税收负担的指标有哪些？

4. 结合实际谈一谈影响个人税收负担的因素有哪些。

5. 试述市场状态对税负转嫁的影响。

6. 论述供给弹性对税负转嫁的作用程度。

7. 论述需求弹性对税负转嫁的影响。

三、案例分析

据报道，红云红河烟草(集团)有限责任公司创建于 2008 年 11 月。公司成立以来，为政府和地方提供了大量的利税。2014 年，集团生产卷烟 528 万箱，实现税利 654 亿元，列中国企业 500 强第 155 位，"云烟"品牌销量 376 万箱，商业批发销售额突破千亿元大关，达到 1071 亿元。集团确定了"5118"的"十二五"品牌发展目标，即到 2015 年云烟品牌规模达到 500 万箱、红河品牌规模达到 100 万箱、云烟和红河商业销售收入达到 1800 亿元。

据世界卫生组织估计，现在全世界常年吸烟者约有 13 亿人，中国有超过 3 亿吸烟者，占全世界吸烟总人口的近三分之一。2014 年，烟草行业工商税利达到 10 517.6 亿元，同比增加 957.7 亿元，增长 10.02%。烟草行业全年上缴财政收入总额为 9110.3 亿元，同比增加 949.1 亿元，增长 11.63%，已连续多年高居各行业之首。

分析：

1. 分析卷烟厂税收的来源机理。

2. 明知"吸烟有害健康"，为什么不从源头上取消烟厂？

第五章 增值税

【知识要点】

增值税的理论与计算是全书的重点内容。理论上重点要明确纳税人、纳税对象、纳税范围、税率、征收率等要素，要以常识性的知识掌握增值税发票的使用与管理、纳税时间、纳税地点、进出口退税管理和纳税申报等内容，尤其是要掌握在持续"营改增"条件下纳税范围界定及变革依据。另外，还要熟练掌握一般纳税人、小规模纳税人在各种情况下的增值税计算，其中，一般纳税人销售货物(或应税劳务和应税服务)增值税的计算及出口退税的计算不仅是重点，也是难点。

第一节 增值税概述

一、增值税的概念

增值税是以商品(含应税劳务和应税服务)在流转过程中产生的增值额为计税依据征收的一种流转税。我国增值税法规定，增值税是对在我国境内销售货物或者提供加工、修理修配劳务(以下简称"应税劳务")，提供交通运输业、邮政业、电信业、部分现代服务业的服务(以下简称"应税服务")，以及进口货物的企业单位和个人，就其销售货物、提供应税劳务、提供应税服务的增值额和进口货物的金额为计税依据而课征的一种流转税。

二、增值税的特点

(1) 税收中性。税收中性表现在两个方面：一是国家征税使社会所付出的代价以税款为限，尽可能不给纳税人或社会带来其他的额外损失或负担；二是国家征税应避免对市场经济正常运行的干扰，不能使税收超越市场机制而成为资源配置的决定因素。从实践看，税收中性只是一个相对概念。根据增值税计税原理，流转额中的非增值因素在计税时被扣除。因此对同一商品而言，无论流转环节多与少，只要增值额相同，税负就相等，不会影响商品的生产结构、组织结构和产品结构。

(2) 普遍征收。从增值税征税范围看，对从事商品生产流通和从事应税劳务的所有单位和个人，在商品增值的各个生产流通环节向纳税人普遍征收。

(3) 税收负担由商品最终消费者承担。虽然增值税是向企业主征收，但企业主在销售商品时又通过价格将税收负担转嫁给下一生产流通环节，最后由最终消费者承担。

(4) 实行税款抵扣制度。在计算纳税人应纳税款时，要扣除商品在以前生产环节已负担的税款，以避免重复征税。从世界各国来看，一般都实行凭购货发票进行抵扣的方式。

(5) 实行比例税率。从实行增值税的国家看，普遍实行比例税率。由于增值额对不同行业、不同企业、不同产品来说，性质是一样的，原则上对增值额应采用单一比例税率。但为了贯彻一些社会经济政策，也会对某些行业或产品实行不同的税率，因而实行增值税的国家一般规定基本税率和优惠税率或称低税率。

(6) 实行价外税制度。在计税时，作为计税依据的销售额中不包含增值税税额，这样有利于形成均衡的生产价格，并有利于税负转嫁的实现。这是增值税与传统的以全部流转额为计税依据的流转税或商品课税的一个重要区别。

三、增值税的类型

自法国 1954 年创立增值税至今，所有实施增值税的国家对纳税人生产产品所耗费的生产资料中的外购原材料、零部件、燃料、动力和包装物等，都一律允许扣除，但根据对购入固定资产，如机器、设备、厂房等是否允许扣除，如何扣除，增值税已发展成生产型增值税、收入型增值税和消费型增值税三种类型。中国自 1979 年选择生产型增值税试点，经过 30 多年的运行，从 2004 年 7 月起率先对东北三省进行生产型增值税向消费型增值税转型试点，自 2009 年 1 月，消费型增值税已推广至我国所有地区、所有行业。目前世界上大多数国家都实行消费型增值税。

(一)生产型增值税

生产型增值税是指在计算增值税时，不允许将外购固定资产的价款或已纳税款扣除，只允许扣除属于非固定资产的那部分生产资料的税款。从全社会来看，计税依据包括生产资料和消费资料两部分内容，相当于国民生产总值(GNP)，故称生产型增值税或总产值型增值税。这种类型的增值税税基范围超过了增值额的范围，相当于将固定资产转移的价值又作为新价值进行征税。由于纳税人外购资本品部分已缴纳的税额得不到抵扣，资本品的税额便资本化为固定资产价值的一部分，并分期转移到货物的价值中去。所以，该货物的销项税额中必然还包含一部分购进环节的增值税，且货物流转次数越多，重复征税也就越严重。该类型的增值税可以保证财政收入，但对固定资产存在重复征税问题，不利于投资。

(二)收入型增值税

收入型增值税是指在计算增值税时，对于购置的固定资产，允许将已提折旧的价款或已纳税款扣除，即对于购入的固定资产，可以按照磨损程度相应地给予扣除。这个法定增值额，就整个社会来说，相当于一个国家在一定时期内所生产的最终产品和劳务按市场价格计算的净值(NNP)，故称为净产值型增值税。按照西方经济学家的生产三要素理论，其税基相当于纳税人的工资、利息、租金和利润之和，与纳税人分配给各生产要素的收入总额相同。理论上的税基完全符合增值额的概念，属于一种标准的增值税。但其价值转移不能获得任何凭证，其增值税计算要依据会计账簿中提取的固定资产折旧额来进行抵扣，无法很好地利用增值税专用发票的交叉稽核功能，具有一定的主观性和随意性。因外购固定资产价款是以计提折旧的方式分期转入产品价值的，且转入部分没有合法的外购凭证，故凭票扣税的计算方法较为困难，征税成本高。

(三)消费型增值税

消费型增值税是指在计算增值税时，允许将购置用于生产、经营的固定资产价款或已纳税款，在购置当期一次性全部扣除。因此，就整个社会而言，这部分固定资产物品实际上没有征税，课税对象不包括生产资料部分，只相当于消费资料部分，增值税相当于只对消费品征税，其税基总值与全部消费品总值一致，故称为消费型增值税。消费型增值税税基小于理论上的增值额，但由于这种情况最适宜采用规范的发票扣税法，而发票扣税法能对每笔交易的税额进行计算，故该法在法律上和技术上都远较其他方法优越，是一种先进且规范的增值税类型，为世界大多数国家所采用。

通过以上对三种不同类型的增值税比较，可以看出消费型增值税是增值税发展的主流。但这三种类型的增值税都各有其优缺点，各国应根据自己国内的经济状况、财政状况，采用适合的类型。

第二节　增值税构成要素

一、纳税人

(一)纳税义务人

凡在中华人民共和国境内销售货物或者进口货物、提供应税劳务和应税服务的单位和个人都是增值税纳税义务人。单位是指企业、行政单位、事业单位、军事单位、社会团体及其他单位。个人是指个体工商户和其他个人。

单位租赁或者承包给其他单位或者个人经营的，以承租人或者承包人为纳税人。

"营改增"试点的单位以承包、承租、挂靠方式经营的，承包人、承租人、挂靠人(以下称承包人)以发包人、出租人、被挂靠人(以下称发包人)名义对外经营并由发包人承担相关法律责任的，以该发包人为纳税人。否则，以承包人为纳税人。

(二)扣缴义务人

中华人民共和国境外的单位或者个人在境内提供应税劳务和应税服务，在境内未设有经营机构的，以其境内代理人为扣缴义务人；在境内没有代理人的，以购买方为扣缴义务人。

(三)一般纳税人和小规模纳税人的划分标准

增值税实行凭专用发票抵扣税款的制度，客观上要求纳税人具备健全的会计核算能力。为简化增值税计算和征收，减少税收征收漏洞，按会计核算水平和经营规模将增值税纳税人分为一般纳税人和小规模纳税人，并采取不同的增值税计税方法。

1．小规模纳税人的认定标准

小规模纳税人是指年销售额在规定标准以下并且会计核算不健全，不能按规定报送有关税务资料的增值税纳税人。所称会计核算不健全是指不能正确核算增值税的销项税额、进项税额和应纳税额。小规模纳税人的认定标准如下。

(1) 从事货物生产或者提供应税劳务的纳税人，以及以从事货物生产或者提供应税劳务为主，兼营货物批发或者零售的纳税人，年应征增值税销售额(以下简称应税销售额)在50万元以下(含)的。以从事货物生产或者提供应税劳务为主是指纳税人的年货物生产或者提供应税劳务的销售额占年应税销售额的比重在50%以上。

(2) 对(1)项规定以外的纳税人，年应税销售额在80万元以下的。

(3) 年应税销售额超过小规模纳税人标准的其他个人按小规模纳税人纳税。

(4) 非企业性单位、不经常发生应税行为的企业可选择按小规模纳税人纳税；对于应税服务年销售额超过规定标准但不经常提供应税服务的单位和个体工商户可选择按照小规模纳税人纳税。

(5) 应税服务年销售额标准为500万元，应税服务年销售额未超过500万元的纳税人为小规模纳税人。

(6) 旅店业和饮食业纳税人销售非现场消费的食品，属于不经常发生增值税应税行为，可以选择按小规模纳税人缴纳增值税。

(7) 兼有销售货物、提供加工修理修配劳务以及应税服务，且不经常发生应税行为的单位和个体工商户可选择按照小规模纳税人纳税。

小规模纳税人会计核算健全，能够提供准确税务资料的，可以向主管税务机关申请资格认定，不作为小规模纳税人。会计核算健全，是指能够按照国家统一的会计制度规定设置账簿,根据合法、有效凭证核算。小规模纳税人实行简易征税办法,一般不使用增值税专用发票。

2.一般纳税人的认定标准

一般纳税人是指年应征增值税销售额,超过财政部、国家税务总局规定的小规模纳税人标准的企业和企业性单位。

二、征税范围

在中华人民共和国境内,单位和个人销售货物、提供应税劳务、提供应税服务以及进口货物,应缴纳增值税。

货物是指房地产、有形动产和无形资产。销售货物是指有偿转让货物的所有权。应税劳务是指委托加工和修理修配两项劳务。委托加工是指受托加工货物,即委托方提供原料及主要材料,受托方按照委托方的要求制造货物并收取加工费的业务。修理修配是指受托对损伤和丧失功能的货物进行修复,使其恢复原状和功能的业务。提供应税劳务,是指有偿提供委托加工、修理修配劳务,不包括单位或者个体工商户聘用的员工为本单位或者雇主提供的委托加工、修理修配劳务。

应税服务,是指交通运输业服务(陆路运输服务、水路运输服务、航空运输服务、管道运输服务)、邮政业服务(邮政普遍服务、邮政特殊服务、其他邮政服务)、电信业服务(基础电信服务、增值电信服务)和现代服务业服务(研发和技术服务、信息技术服务、文化创意服务、物流辅助服务、有形动产租赁服务、鉴定咨询服务、广播影视服务等)。提供应税服务,是指有偿提供应税服务,但不包括非营业活动中提供的应税服务。非营业活动是指:一是非企业性单位按照法律和行政法规的规定,为履行国家行政管理和公共服务职能收取政府性基金或者行政事业性收费的活动;二是单位或者个体工商户聘用的员工为本单位或者雇主提供应税服务;三是单位或者个体工商户为员工提供应税服务;四是财政部和国家税务总局规定的其他情形。

(一)属于征税范围的特殊项目

(1) 货物期货(包括商品期货和贵金属期货),应当征收增值税,在期货的实物交割环节纳税。

(2) 银行销售金银的业务。

(3) 典当业死当物品销售业务和寄售业代委托人销售寄售物品的业务。

(4) 对从事热力、电力、燃气、自来水等公用事业的增值税纳税人收取的一次性费用,凡与货物的销售数量有直接关系的,征收增值税;凡与货物的销售数量无直接关系的,不征收增值税。

(5) 印刷企业接受出版单位委托，自行购买纸张，印刷有统一刊号(CN)以及采用国际标准书号编序的图书、报纸和杂志，按货物销售征收增值税。

(6) 电力公司向发电企业收取的过网费，应当征收增值税，不征收营业税。

(7) 纳税人提供的矿产资源开采、挖掘、切割、破碎、分拣、洗选等劳务，属于增值税应税劳务，应当缴纳增值税。

(二)属于征税范围的特殊行为

1. 视同销售货物或视同提供应税服务行为

单位或者个体工商户的下列行为，视同销售货物。

(1) 将货物交付其他单位或者个人代销。

(2) 销售代销货物。

(3) 设有两个以上机构并实行统一核算的纳税人，将货物从一个机构移送至其他机构用于销售，但相关机构设在同一县(市)的除外。

(4) 将自产、委托加工的货物用于非增值税应税项目。

(5) 将自产、委托加工的货物用于集体福利或者个人消费。

(6) 将自产、委托加工或者购进的货物作为投资，提供给其他单位或者个体工商户。

(7) 将自产、委托加工或者购进的货物分配给股东或者投资者。

(8) 将自产、委托加工或者购进的货物无偿赠送其他单位或者个人。

(9) 单位和个体工商户向其他单位或者个人无偿提供应税服务，但以公益活动为目的或者以社会公众为对象的除外。

(10) 财政部和国家税务总局规定的其他情形。

2. 混合销售行为

混合销售行为是指一项销售行为既涉及货物销售，又涉及非增值税应税劳务销售的行为。

3. 兼营非增值税应税劳务行为

纳税人兼营非增值税应税项目的，应分别核算货物或者应税劳务的销售额和非增值税应税项目的营业额；未分别核算的，由主管税务机关核定货物或者应税劳务的销售额。

4. 混业经营

试点纳税人兼有不同税率或者征收率的销售货物、提供应税劳务或者应税服务的，应当分别核算适用不同税率或征收率的销售额；未分别核算销售额的，按照有关方法确定适用税率或征收率。

(三)增值税征税范围的其他特殊规定

1.《增值税暂行条例》规定的免税项目

(1) 农业生产者销售的自产农产品。

(2) 避孕药品和用具。

(3) 古旧图书。古旧图书,是指向社会收购的古书和旧书。

(4) 直接用于科学研究、科学试验和教学的进口仪器、设备。

(5) 外国政府、国际组织无偿援助的进口物资和设备。

(6) 由残疾人的组织直接进口供残疾人专用的物品。

(7) 销售自己使用过的物品。自己使用过的物品,是指其他个人自己使用过的物品。

(8) 财政部、国家税务总局规定的其他免税项目。

2. 增值税起征点的规定

增值税起征点的规定实际也涉及征税范围的大小问题,即未达到起征点的不列入增值税的征税范围。增值税起征点的适用范围限于个人。增值税起征点的幅度规定如下。

(1) 销售货物的,为月销售额 5000~20 000 元。

(2) 销售应税劳务的,为月销售额 5000~20 000 元。

(3) 按次纳税的,为每次(日)销售额 300~500 元。

(4) 应税服务的起征点:按期纳税的,为月销售额 5000~20 000 元(含本级数);按次纳税的,为每次(日)销售额 300~500 元(含本级数)。

这里所称的销售额是指小规模纳税人的销售额,其销售额不包括应纳税额。省、自治区、直辖市财政厅(局)和国家税务局应在规定的幅度内,根据实际情况确定本地区适用的起征点,并报财政部、国家税务总局备案。纳税人销售额未达到国务院财政、税务主管部门规定的增值税起征点的,免征增值税;达到起征点的,全额计算缴纳增值税。

三、税率与征收率

我国增值税采用比例税率。为发挥增值税的中性作用,原则上增值税税率应对不同行业、不同企业实行单一税率,称为基本税率。但是,在实践中为照顾一些特殊行业或产品增设了一档低税率,对出口货物实行零税率。另外根据增值税纳税人的不同,征税比率也不一样。

(一)基本税率

增值税一般纳税人销售或者进口货物,提供应税劳务,提供应税服务,除低税率适用范围外，税率一律为17%，即通常所说的基本税率。

(二)低税率

增值税一般纳税人销售或者进口下列货物，按低税率计征增值税，低税率为13%。

(1) 粮食、食用植物油。

(2) 自来水、暖气、冷气、热水、煤气、石油液化气、天然气、沼气、居民用煤炭制品。

(3) 图书、报纸、杂志。

(4) 饲料、化肥、农药、农机、农膜。

(5) 国务院及其有关部门规定的其他货物。具体包括农产品、音像制品、电子出版物、二甲醚等。

按照营改增规定，一般纳税人提供交通运输、邮政、基础电信、建筑、不动产租赁服务，销售不动产，转让土地使用权，税率为11%；提供有形动产租赁服务，税率为17%；境内单位和个人发生的跨境应税服务行为，税率为零，除此之外的其他各项服务，税率为6%。

纳税人兼营不同税率的货物或者劳务，应分别核算不同税率货物或者劳务的应税销售额。未分别核算销售额的，从高适用税率。纳税人销售不同税率货物或者劳务，并兼营应属一并征收增值税的非应税劳务的，其非应税劳务应从高适用税率。

(三)零税率

纳税人出口货物和财政部、国家税务总局规定的应税服务，税率为零，国务院另有规定的除外。税率为零不是简单地等同于免税。出口货物免税，仅指在出口环节不征收增值税。而零税率是指对出口货物，除了在出口环节不征增值税外，还要对该产品在出口前已缴纳的增值税进行退税。

根据"营改增"的规定，应税服务的零税率政策如下。

(1) 中华人民共和国境内(以下称"境内")的单位和个人提供的国际运输服务、向境外单位提供的研发服务和设计服务，适用增值税零税率。其中，国际运输服务指，一是在境内载运旅客或者货物出境；二是在境外载运旅客或者货物入境；三是在境外载运旅客或者货物。

(2) 境内的单位和个人提供的往返香港、澳门、台湾的交通运输服务以及在香港、澳门、台湾提供的交通运输服务，适用增值税零税率。

(3) 自2013年8月1日起，境内的单位或个人提供程租服务，如果租赁的交通工具用于国际运输服务和港澳台运输服务，由出租方按规定申请适用增值税零税率。

(4) 境内的单位和个人提供适用增值税零税率的应税服务，如果属于适用简易计税方法的,实行免征增值税的办法。

(5) 从境内载运旅客或货物至国内海关特殊监管区域及场所、从国内海关特殊监管区域及场所载运旅客或货物至国内其他地区或者国内海关特殊监管区域及场所,以及向国内海关特殊监管区域及场所内提供的研发服务、设计服务,不属于增值税零税率应税服务适用范围。

(6) 境内的单位和个人提供适用增值税零税率应税服务的,可以放弃适用增值税零税率,选择免税或按规定纳税。放弃适用增值税零税率后,36 个月内不得再申请适用增值税零税率。

(7) 境内的单位和个人提供适用增值税零税率应税服务,按月向主管退税的税务机关申报办理增值税"免、抵、退"税或免税手续。

(四)征收率

1. 一般规定

对小规模纳税人采用简易征收办法,对小规模纳税人适用的征税比率称为征收率。自 2009 年 1 月 1 日起,小规模纳税人增值税征收率由过去的 6% 和 4% 一律调整为 3%。

根据"营改增"规定,交通运输业、邮政业、电信业和部分现代服务业营业税改征增值税中的小规模纳税人适用 3% 的征收率。

2. 国务院及其有关部门的特殊规定

(1) 纳税人销售自己使用过的物品。一般纳税人销售自己使用过的并按规定不得抵扣且未抵扣进项税额的固定资产,按简易办法依 3% 征收率减按 2% 征收增值税。一般纳税人销售自己使用过的除固定资产以外的物品,应当按照适用税率征收增值税。

小规模纳税人销售自己使用过的固定资产,减按 2% 征收率征收增值税。小规模纳税人销售自己使用过的除固定资产以外的物品,应按 3% 征收率征收增值税。

(2) 纳税人销售旧货。纳税人销售旧货,按照简易办法依照 3% 征收率减按 2% 征收增值税。旧货,是指二次流通的具有部分使用价值的货物(含旧汽车、旧摩托车和旧游艇),但不包括自己使用过的物品。

上述纳税人销售自己使用过的固定资产、物品和旧货适用简易办法依照 3% 征收率减按 2% 征收增值税,按下列公式确定销售额和应纳税额:

$$销售额=含税销售额÷(1+3\%)$$
$$应纳税额=销售额×2\%$$

(3) 一般纳税人销售自产货物。一般纳税人销售自产货物,可选择按照简易办法依照 3% 征收率计算缴纳增值税。具体包括:县级及县级以下小型水力发电单位生产的电力,小型水力发电单位是指各类投资主体建设的装机容量为 5 万千瓦以下(含 5 万千瓦)的小型水力发电单位;建筑用和生产建筑材料所用的砂、土、石料;以自己采掘的砂、土、石料或其他矿物连续生产的砖、瓦、石灰(不含黏土实心砖、瓦);用微生物、微生物代谢产物、动物毒素、人或动物的血液或组织制成的生物制品;自来水;商品混凝土(仅限于以水泥为原料生产的水泥混凝土);属于增值税一般纳税人的单采血浆站销售非临床用人体血液,可以按照简易办法依照 3%征收率计算应纳税额,但不得对外开具增值税专用发票,也可以按照销项税额抵扣进项税额的办法依照增值税适用税率计算应纳税额。

一般纳税人选择简易办法计算缴纳增值税后,36 个月内不得变更。

(4) 一般纳税人销售货物属下列情形之一,暂按简易办法依照 3%征收率计算缴纳增值税。具体包括:寄售商店代销寄售物品(包括居民个人寄售的物品在内);典当业销售死当物品;经国务院或国务院授权机关批准的免税商店零售的免税品。

对属于一般纳税人的自来水公司销售自来水按简易办法依照 3%征收率征收增值税,不得抵扣其购进自来水取得增值税扣税凭证上注明的增值税税款。

属于一般纳税人的药品经营企业销售生物制品,可以选择简易办法按照生物制品销售额和 3%征收率计算缴纳增值税。

属于一般纳税人的单采血浆站销售非临床用人体血液,可以按照简易办法依照 3%征收率计算应纳税额。

第三节　一般纳税人应纳税额的计算

目前我国对一般纳税人采用的计税方法是购进扣税法,即先按当期销售额和适用税率计算出销项税额,然后对当期购进项目已经缴纳的税款进行抵扣,从而间接计算出对当期增值额部分的应纳税额。计算公式如下:

当期应纳税额=当期销项税额-当期进项税额

当期销项税额=当期销售额×适用税率

增值税一般纳税人当期应纳税额取决于当期销项税额和当期进项税额两个因素,当期销项税额的确定关键在于确定当期销售额。

一、销项税额的计算

销项税额是指纳税人销售货物或者提供应税劳务和应税服务,按照销售额或提供应税劳务和应税服务收入和规定的税率计算并向购买方收取的增值税税额,其计算公式为

销项税额=销售额×适用税率

(一)销售额的一般规定

销售额是指纳税人销售货物或者提供应税劳务和应税服务向购买方(承受应税劳务和应税服务也视为购买方)收取的全部价款和价外费用。全部价款中不包括向购买方收取的销项税额。价外费用,包括价外向购买方收取的手续费、补贴、基金、集资费、返还利润、奖励费、违约金、滞纳金、延期付款利息、赔偿金、代收款项、代垫款项、包装费、包装物租金、储备费、优质费、运输装卸费以及其他各种性质的价外收费。但下列项目不包括在内。

(1) 受托加工应征消费税的消费品所代收代缴的消费税。

(2) 同时符合以下条件的代垫运输费用:即承运部门的运输费用发票开具给购买方的;纳税人将该项发票转交给购买方的。

(3) 同时符合以下条件代为收取的政府性基金或者行政事业性收费:即由国务院或者财政部批准设立的政府性基金,由国务院或者省级人民政府及其财政、价格主管部门批准设立的行政事业性收费;收取时开具省级以上财政部门印制的财政票据;所收款项全额上缴财政。

(4) 销售货物的同时代办保险等而向购买方收取的保险费,以及向购买方收取的代购买方缴纳的车辆购置税、车辆牌照费。

凡随同销售货物或提供应税劳务和应税服务向购买方收取的价外费用,无论其会计制度如何核算,均应并入销售额计算应纳税额。对增值税一般纳税人(包括纳税人自己或代其他部门)向购买方收取的价外费用和逾期包装物押金,应视为含税收入,在征税时换算成不含税收入再并入销售额。

(二)销售额的特殊规定

1. 采取折扣方式销售

折扣销售是指销货方在销售货物或提供应税劳务和应税服务时,因购货方购买货物数量较大等原因,销货方给予购货方相应的价格优惠或补偿等折扣、折让行为。如果销售额和折扣额在同一张发票上分别注明,可按照折扣后的余额征收增值税;如果将折扣额另开发票,不论在财务上如何处理,均不得从销售额中减除折扣额。折扣销售仅限于货物价格的折扣,如果销货者将自产、委托加工和购买的货物用于实物折扣的,则该实物款额不能从货物销售额中减除,且该实物应按视同销售货物中的赠送他人计算征收增值税。

折扣销售不同于销售折扣。销售折扣是指销货方在销售货物或提供应税劳务和应税服务后,为了鼓励购货方及早偿还货款而协议许诺给予购货方的一种折扣优待。销售折扣发生在销货之后,是一种融资性质的理财费用,因此销售折扣不得从销售额中减除。

销售折扣不同于销售折让。销售折让是指货物销售后，由于其品种、质量等原因购货方未予退货，但销货方需给予购货方的一种价格折让。销售折让是由于货物的品种和质量引起销售额的减少，因此销售折让可以折让后的货款为销售额。

2. 采取以旧换新方式销售

以旧换新是指纳税人在销售自己的货物时，有偿收回旧货物的行为。采取以旧换新方式销售货物的，应按新货物的同期销售价格确定销售额，不得扣减旧货物的收购价格。考虑到金银首饰以旧换新业务的特殊性，对金银首饰以旧换新业务，可按销售方实际收取的不含增值税的全部价款征收增值税。

3. 采取还本销售方式销售

还本销售是指纳税人在销售货物后，到一定期限由销售方一次或分次退还给购货方全部或部分价款。实际上这是一种筹资，以货物换取资金的使用价值，到期还本不付息的方法。采取还本销售方式的销售额就是货物的销售价格，不得从销售额中减除还本支出。

4. 采取以物易物方式销售

以物易物是指购销双方不以货币结算，而是以同等价款的货物相互结算，实现货物购销的一种方式。以物易物双方都应作购销处理，以各自发出的货物核算销售额并计算销项税额，以各自收到的货物按规定核算购货额并计算进项税额。在以物易物活动中，应分别开具合法的票据，否则不能抵扣进项税额。

5. 包装物押金是否计入销售额

包装物是指纳税人包装本单位货物的各种物品。税法规定，纳税人为销售货物而出租出借包装物收取的押金，单独记账核算的，时间在 1 年以内，又未过期的，不并入销售额征税，但对因逾期未收回包装物不再退还的押金，应按所包装货物的适用税率计算销项税额。"逾期"是指合同约定实际逾期或以 1 年为期限，对收取 1 年以上的押金，无论是否退还均应并入销售额征税。

包装物押金不应混同于包装物租金，包装物租金在销货时作为价外费用并入销售额计算销项税额。

对销售除啤酒、黄酒外的其他酒类产品而收取的包装物押金，无论是否返还以及会计上如何核算，均应并入当期销售额征税。对销售啤酒、黄酒所收取的押金，按上述一般押金的规定处理。

6. 视同销售货物行为销售额

税法规定，对视同销售征税而无销售额的按下列顺序确定其销售额。

(1) 按纳税人最近时期同类货物的平均销售价格确定。

(2) 按其他纳税人最近时期同类货物的平均销售价格确定。

(3) 按组成计税价格确定。公式如下。

组成计税价格公式为

$$组成计税价格=成本×(1+成本利润率)$$

如果该货物还同时征收消费税，则组成计税价格的公式为

$$组成计税价格=成本×(1+成本利润率)÷(1-消费税税率)$$

公式中的成本是指销售自产货物的，为实际生产成本；销售外购货物的，为实际采购成本。公式中的成本利润率由国家税务总局确定。

(三)含税销售额的换算

对于一般纳税人销售货物或者应税劳务，采用销售额和销项税额合并定价方法的，按下列公式计算销售额：

$$销售额=含税销售额÷(1+税率)$$

公式中的税率为销售的货物或者应税劳务所适用的税率。

在现实中，一般认定下列金额都视为含税收入，在计税时，应根据不同的纳税人，分别用不同的税率或征收率将含税的金额转化为不含税金额。

(1) 商业企业零售价格。

(2) 价税合并收取的金额。

(3) 包装物押金。

(4) 价外费用。

(5) 建筑安装合同上的货物金额(主要涉及销售自产货物并提供建筑业劳务的合同)。

(6) 普通发票上注明的金额。

二、进项税额的计算

纳税人购进货物或接受应税劳务或应税服务时支付或者负担的增值税额为进项税额。进项税额是与销项税额相对应的一个概念。在开具增值税专用发票的情况下，它们之间的对应关系是销售方收取的销项税额，就是购买方支付的进项税额。对于任何一般纳税人而言，由于在经营活动中，既会发生销售货物或提供应税劳务和应税服务，又会发生购进货物或接受应税劳务，因此，每个一般纳税人都会有收取的销项税额和支付的进项税额。增值税的核心就是用纳税人收取的销项税额抵扣其支付的进项税额，其余额为纳税人实际应缴纳的增值税税额。这样，进项税额作为可抵扣的部分，对于纳税人实际纳税多少就产生了举足轻重的作用。

(一)准予从销项税额中抵扣的进项税额

根据《增值税暂行条例》和"营改增"的规定,准予从销项税额中抵扣的进项税额,限于下列增值税扣税凭证上注明的增值税税额和按规定的扣除率计算的进项税额。

(1) 从销售方或者提供方取得的增值税专用发票上注明的增值税额。

(2) 从海关取得的海关进口增值税专用缴款书上注明的增值税额。

(3) 购进农产品,除取得增值税专用发票或者海关进口增值税专用缴款书外,按照农产品收购发票或者销售发票上注明的农产品买价和 13%的扣除率计算的进项税额。所谓农产品是指直接从事植物的种植、收割和动物的饲养、捕捞的单位和个人销售的自产而且免征增值税的农业产品。购买农产品的买价,包括纳税人购进农产品在农产品收购发票或者销售发票上注明的价款和按规定缴纳的烟叶税。

对烟叶税纳税人按规定缴纳的烟叶税,准予并入烟叶产品的买价计算增值税的进项税额,并在计算缴纳增值税时予以抵扣。烟叶收购金额包括纳税人支付给烟叶销售者的烟叶收购价款和价外补贴,价外补贴统一暂按烟叶收购价款的 10%计算。计算公式如下:

烟叶收购金额=烟叶收购价款×(1+10%)

烟叶税应纳税额=烟叶收购金额×税率(20%)

准予抵扣的进项税额=(烟叶收购金额+烟叶税应纳税额)×扣除率

(二)不得从销项税额中抵扣的进项税额

纳税人购进货物或者接受应税劳务和应税服务,取得的增值税扣税凭证不符合法律、行政法规或者国务院税务主管部门有关规定的,其进项税额不得从销项税额中抵扣。按《增值税暂行条例》和"营改增"的规定,下列项目的进项税额不得从销项税额中抵扣。

(1) 用于简易计税方法计税项目、非增值税应税项目、免征增值税项目、集体福利或者个人消费的购进货物或者应税劳务。

(2) 非正常损失的购进货物及相关的应税劳务。

(3) 非正常损失的在产品、产成品所耗用的购进货物或者应税劳务。

(4) 纳税人从海关取得的进口增值税专用缴款书上注明的增值税额准予从销项税额中抵扣。因此,纳税人进口货物取得的合法海关进口增值税专用缴款书,是计算增值税额进项税额的唯一依据,其进口货物向境外实际支付的货款低于进口报关价格的差额部分以及从境外供应商取得的退还或者返还的资金,不作进项税额转出处理。

(5) 原增值税一般纳税人接受试点纳税人提供的应税服务,下列项目的进项税额不得从销项税额中抵扣。

① 用于简易计税方法计税项目、非增值税应税项目、免征增值税项目、集体福利或者个人消费,其中涉及的专利技术、非专利技术、商誉、商标、著作权、有形动产租赁,仅

指专用于上述项目的专利技术、非专利技术、商誉、商标、著作权、有形动产租赁。

② 接受的旅客运输服务。

③ 与非正常损失的购进货物相关的交通运输服务。

④ 与非正常损失的在产品、产成品所耗用购进货物相关的交通运输业服务。

以上非增值税应税项目，是指《增值税暂行条例》第十条所称的非增值税应税项目，但不包括《应税服务范围注释》所列项目。

三、应纳税额的计算

增值税一般纳税人销售货物或者提供应税劳务和应税服务的应纳税额，等于当期销项税额抵扣当期进项税额后的余额。其计算公式如下：

$$当期应纳税额=当期销项税额-当期进项税额$$

为了能正确运用这一公式，需要掌握几个重要规定。

(1) 计算应纳税额的时间限定。"当期"是个重要的时间限定，具体是指税务机关依照税法规定对纳税人确定的纳税期限。只有在纳税期限内实际发生的销项税额、进项税额，才是法定的当期销项税额或当期进项税额。

(2) 进项税额不足抵扣的处理。由于增值税实行购进扣税法，有时企业当期购进的货物很多，在计算应纳税额时会出现当期销项税额小于当期进项税额不足抵扣的情况。根据税法规定，当期进项税额不足抵扣的部分，可以结转下期继续抵扣。

(3) 扣减发生期进项税额的规定。已抵扣进项税额的购进货物或应税劳务事后改变用途，即用于简易计税方法计税项目、非增值税应税项目、用于免征增值税项目、用于集体福利或者个人消费、购进货物发生非正常损失、在产品或产成品发生非正常损失等，应当将该项购进货物或者应税劳务和应税服务的进项税额从当期的进项税额中扣减。这里的"从当期的进项税额中扣减"是指已抵扣进项税额的购进货物或应税劳务和应税服务在哪一时期改变用途的，就从这个发生期的进项税额中扣减；无法确定该项进项税额的，按当期实际成本计算应扣减的进项税额。这里的"当期实际成本计算应扣减的进项税额"是按改变用途情况下的当期该货物或应税劳务和应税服务的实际成本和征税时该货物或应税劳务和应税服务适用税率计算应扣减的进项税额。

$$实际成本=进价+运费+保险费+其他有关费用$$

(4) 销货退回或折让的税务处理。一般纳税人销售货物或者应税劳务和应税服务，开具增值税专用发票后，发生销售货物退回或者折让、开票有误等情形，应按规定开具红字增值税专用发票。未按规定开具红字增值税专用发票的，增值税额不得从销项税额中扣减。

一般纳税人因销售货物退回或者折让而退还给购买方的增值税额，应从发生销售货物退回或者折让当期的销项税额中扣减；因购进货物退出或者折让而收回的增值税额，应从发生购进货物退出或者折让当期的进项税额中扣减。

对于纳税人进货退出或折让而不扣减当期进项税额，造成不纳税或少纳税的，都将被认定为是偷税行为，按偷税予以处罚。

纳税人提供的适用一般计税方法计税的应税服务，因服务中止或者折让而退还给购买方的增值税额，应当从当期的销项税额中扣减；发生服务中止、购进货物退出、折让而收回的增值税额，应当从当期的进项税额中扣减。

(5) 向供货方取得返还收入的税务处理。自 2004 年 7 月 1 日起，对商业企业向供货方收取的与商品销售量、销售额挂钩(如以一定比例、金额、数量计算)的各种返还收入，均应按照平销返利行为的有关规定冲减当期增值税进项税金。应冲减进项税金的计算公式为

当期应冲减进项税金=当期取得的返还资金÷(1+所购货物适用增值税税率)

×所购货物适用增值税税率

商业企业向供货方收取的各种返还收入，一律不得开具增值税专用发票。

(6) 一般纳税人注销时进项税额的处理。一般纳税人注销或取消辅导期一般纳税人资格，转为小规模纳税人时，其存货不作进项税额转出处理，其留抵税额也不予以退税。

第四节 小规模纳税人应纳税额的计算

一、应纳税额的计算

小规模纳税人销售货物或者应税劳务和应税服务，实行按照销售额和征收率计算应纳税额的简易办法，不得抵扣进项税额。其应纳税额计算公式为

应纳税额=销售额×征收率

二、含税销售额的换算

在销售货物或应税劳务和应税服务时，小规模纳税人一般只能开具普通发票，取得的销售收入均为含税销售。当小规模纳税人销售货物或者应税劳务和应税服务采用销售额和应纳税额合并定价方法的，按下列公式计算销售额：

销售额=含税销售额÷(1+征收率)

小规模纳税人因销售货物退回或者折让退还给购买方的销售额，应从发生销售货物退回或者折让当期的销售额中扣减。

第五节　进口货物应纳税额的计算

一、进口货物的征税范围及纳税人

(一)进口货物征税的范围

根据《增值税暂行条例》的规定，申报进入中华人民共和国海关境内的货物，均应缴纳增值税。确定一项货物是否属于进口货物，必须首先看其是否有报关进口手续。

(二)进口货物的纳税人

进口货物的收货人或办理报关手续的单位和个人，为进口货物增值税的纳税义务人。

二、进口货物的税金计算

纳税人进口货物，按照组成计税价格和《增值税暂行条例》规定的税率计算应纳税额。进口货物计算增值税组成计税价格和应纳税额的计算公式分别如下：

组成计税价格=关税完税价格+关税+消费税

应纳税额=组成计税价格×税率

第六节　特殊经营行为和产品的税务处理

一、兼营不同税率的货物或应税劳务

纳税人兼营不同税率的货物或者应税劳务和应税服务，应当分别核算不同税率货物或者应税劳务和应税服务的销售额；未分别核算销售额的，从高适用税率。

二、混合销售行为

一项销售行为如果既涉及货物又涉及非增值税应税劳务，为混合销售行为。从事货物的生产、批发或者零售的企业、企业性单位和个体工商户的混合销售行为，视为销售货物，应当缴纳增值税；其他单位和个人的混合销售行为，视为销售非增值税应税劳务，不缴纳增值税。

三、兼营非增值税应税劳务

纳税人兼营非增值税应税劳务的，应分别核算货物或应税劳务、应税服务和非增值税应税劳务的销售额，对货物和应税劳务、应税服务的销售额按各自适用的税率征收增值税，对非增值税应税劳务的销售额(即营业额)按适用的税率征收营业税。如果不分别核算或者不能准确核算货物或应税劳务、应税服务和非增值税应税劳务销售额的，由主管税务机关核定货物或者应税劳务和应税服务的销售额。

第七节 出口货物和服务的退(免)税

一、增值税的出口退税政策

增值税出口货物退税是世界各国普遍的做法，其目的是鼓励货物出口、增强其国际竞争力。我国对出口货物规定零税率，并实行出口退(免)税的优惠政策。根据 2005 年 3 月国家税务总局制定的《出口货物退(免)税管理办法(试行)》和 2013 年 3 月财政部、国家税务总局发布的《关于出口货物劳务增值税和消费税政策的通知》，有关出口货物退(免)税的管理规定包括以下几种。

(一)出口免税并退税

1. 基本含义

增值税的出口免税并退税是指出口货物免予征税，且给予退税。增值税的出口免税是指对货物在出口环节不征增值税，即将货物出口环节与出口前的销售环节都同样视为一个征税环节；出口退税是指对货物在出口前实际承担的增值税税额，按规定的退税率计算后予以退还(对某些出口额小于总销售额 50%的企业则按进项税额抵扣)。

2. 基本条件

国家给予出口免税并退税的货物应满足的条件：一是属于增值税、消费税征税范围的货物；二是报关离境的货物；三是在财务上作销售处理的货物；四是出口收汇并已核销的货物。下列企业出口的货物除另有规定外，满足上述条件的享有该政策优惠。

(1) 生产企业自营出口或委托外贸企业代理出口的自产货物。

(2) 有出口经营权的外贸企业收购后直接出口或委托其他外贸企业代理出口的货物。

(3) 国家特准规定特定出口的货物，如对外承包工程公司运出境外用于对外承包项目的货物;对外承接修理修配业务的企业用于对外修理修配的货物等。

(二)出口免税并不退税

1. 基本含义

出口免税是指对货物在出口销售环节不征增值税、消费税。出口不退税是指适用这个政策的出口货物因在前一道生产、销售环节或进口环节免税,因此出口时该货物的价格中本身就不含税,也无须退税。

2. 适用范围

出口免税不退税的适用范围主要包括以下几个方面。

(1) 属于生产企业的小规模纳税人自营出口或委托外贸企业代理出口的自产货物。

(2) 外贸企业从小规模纳税人购进并持普通发票的出口货物免税,但对规定列举的 12 类出口货物考虑其所占比重较大及其生产、采购的特殊因素,特准给予退税。

(3) 外贸企业直接购进国家规定的免税货物(包括免税农产品)出口的,免税但不予退税。

(4) 来料加工复出口的货物,原材料进口免税,加工自制的货物出口不退税。

(5) 避孕药品和用具、古旧图书,内销免税,出口也免税。

(6) 有出口卷烟权的企业出口国家计划内的卷烟在生产环节免征增值税和消费税,出口环节不办理退税。

(7) 军品以及军队系统企业出口军需工厂生产或军需部门调拨的货物免税。

(8) 国家规定的其他免税货物,如农业生产者销售的自产农业产品、饲料、农膜等。

(三)出口不免税也不退税

1. 基本含义

出口不免税是指对国家限制或禁止出口的某些货物的出口环节视同内销环节,照常征税。出口不退税是指对这些货物出口不退还出口前其所负担的税款。

2. 适用范围

出口不免税不退税的适用范围主要包括以下几个方面。

(1) 国家计划外出口的原油。

(2) 对一般物资援助项目下出口的货物,实行出口不退税政策。但对利用中国政府的援外优惠贷款和合作项目基金方式下出口的货物,实行出口退税政策。

(3) 税法列举限制或禁止出口的货物,如天然牛黄、麝香、铜及铜基合金、白银等。

上述三种政策形式是就国家出口货物总体税收政策而言,并不因国家调低或调高退税

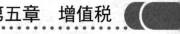

率、调整退税范围和退税计算方法而改变。

二、增值税的出口退税率

(一)一般规定

除财政部和国家税务总局根据国务院规定而明确的出口退税率外，一般情况下，出口货物的退税率为其适用税率。

应税服务额退税率为其按照"营改增"规定适用的增值税税率。

(二)特殊规定

外贸企业购进按简易办法征税的出口货物、从小规模纳税人购进的出口货物，退税率分别为简易办法实际执行的征收率、小规模纳税人的征收率。取得增值税专用发票的，退税率按照专用发票上的税率和出口货物退税率孰低原则确定；出口企业委托加工修理修配货物，其加工修理修配费用的退税率为出口货物的退税率。

三、增值税的出口货物退税额的计算

(一)免抵退税的计算方法

1. 免抵退税原理

免抵退税的计算方法最初是针对既有出口又有内销的生产企业而制定的一种特殊的出口退税的计算方法，后推广到所有的生产性企业。该方法既能缓解出口退税对国家财政的压力，又能防范企业利用虚假会计核算来骗取出口退税的问题。

实行免抵退税管理办法的"免"税，是指生产企业出口的自产货物，免征本企业生产销售环节增值税；"抵"税是指生产企业出口自产货物所耗用的原材料、零部件、燃料、动力等所含应予退还的进项税额，抵顶内销货物的应纳税额；"退"税是指生产企业出口的自产货物在当月内应抵顶的进项税额大于应纳税额时，对未抵顶完的部分予以退税。

2. 免抵退税计算

假定生产企业外购原材料，其中一部分用于生产内销产品，另一部分用于生产出口产品，企业为生产出口产品而外购免税原材料，这部分免税原材料是不能退税的，计算退税时应予以扣除(如果企业当期没有购进免税原材料价格，公式中的免抵退税额的抵减额可视为0，不用计算)。免抵退税的计算步骤如下。

(1) 计算当期免抵退税不得免征和抵扣税额。其计算公式为

当期免抵退税不得免征和抵扣税额=(出口货物离岸价×外汇人民币牌价

-免税购进原材料价格)×(出口货物征税率-出口货物退税率)

(2) 计算当期应纳税额。其计算公式为

当期应纳税额=当期内销货物的销项税额-(当期进项税额

-当期免抵退税不得免征和抵扣税额)-上期留抵税额

结果为正数,表明企业应纳税;结果为负数,表明企业可退税(当期期末留抵税额)。

(3) 计算当期免抵退税额。其计算公式为

当期免抵退税额=(出口货物离岸价×外汇人民币牌价

-免税购进原材料价格)×出口货物退税率

(4) 应退税额:比较上述(2)当期期末留抵税额与(3)当期免抵退税额,当期应退税数额取较小值。

如当期期末留抵税额<当期免抵退税额,则

当期应退税额=当期期末留抵税额

当期免抵税额=当期免抵退税额-当期应退税额

如当期期末留抵税额>当期免抵退税额,则

当期应退税额=当期免抵退税额

当期免抵税额=0

期末留抵税额=当期期末留抵税额-当期免抵退税额,下期继续抵扣。

(二)先征后退的计算方法

1. 外贸企业退税

外贸企业以及实行外贸企业财务制度的工贸企业收购货物出口,其出口销售环节的增值税免征;其收购货物的成本部分,因外贸企业在支付收购货款的同时也支付了生产经营该类商品的企业已纳的增值税款,因此,在货物出口后按收购成本与退税税率计算退税,退还给外贸企业,征、退税之差计入企业成本。

外贸企业出口货物增值税的计算应依据购进出口货物增值税专用发票上所注明的进项金额和退税税率计算。其计算公式为

应退税额=外贸收购不含增值税购进金额×退税税率

2. 外贸企业收购小规模纳税人出口货物增值税的退税

主要规定包括:

(1) 小规模纳税人使用普通发票的出口退税。从小规模纳税人购进持普通发票特准退税的抽纱、工艺品等12类出口货物,实行出口货物免税并退税的办法。其计算公式为

应退税额=普通发票所列(含增值税)销售金额÷(1+征收率)×6%或 5%

(2) 小规模纳税人使用专用发票的出口退税。从小规模纳税人购进税务机关代开的增值税专用发票的出口货物。应退税额的计算公式为

应退税额=增值税专用发票上注明的金额×6%或 5%

(3) 外贸企业委托生产企业加工出口货物的退税。外贸企业委托生产企业加工收回后报关出口的货物，按购进国内原辅材料的增值税专用发票上注明的进项金额，依原辅材料的退税税率计算原辅材料应退税额。支付的加工费，凭受托方开具货物的退税税率，计算加工费的应退税额。

(三)特殊货物的计算方法

1. 不退税货物税额的计算

出口企业(包括外贸企业和生产企业)出口不予退(免)税的货物，应分别按下列公式计提销项税额：

一般纳税人销项税额=(出口货物离岸价格×外汇人民币牌价)÷(1+法定增值税税率)×法定增值税税率

小规模纳税人应纳税额=(出口货物离岸价格×外汇人民币牌价)÷(1+征收率)×征收率

出口企业以进料加工贸易方式出口不予退(免)税货物的，须按照复出口货物的离岸价格与所耗用进口料件的差额计提销项税额或计算应纳税额。出口企业以来料加工复出口方式出口不予退(免)税货物的，继续予以免税。

不予退(免)税的货物若为应税消费品，须按现行有关税收政策规定计算缴纳消费税。

2. 转入成本进项税额的计算

免税出口卷烟转入成本的进项税额，按出口卷烟含消费税的金额占全部销售额的比例计算分摊。计算出口卷烟含税金额的公式如下：

出口卷烟含税金额=(出口数量×销售价格)÷(1-消费税税率)×征收率

上述公式中，当出口卷烟同类产品国内销售价格低于税务机关公示的计税价格时，其销售价格为税务机关公示的计税价格；高于税务机关公示的计税价格时，其销售价格为实际销售价格。

四、小规模纳税人的出口免税

(一)小规模纳税人的出口免税的政策

小规模纳税人的出口货物，免征增值税、消费税，但其进项税额不予抵扣或退税。

(二)小规模纳税人的出口征税的政策

1. 出口征税的基本规定

小规模纳税人出口下列货物，除另有规定者外，应征收增值税。下列货物为应税消费品的，若小规模纳税人为生产企业，还应征收消费税：国家规定不予退(免)增值税、消费税的货物；未进行免税申报的货物；未在规定期限内办理免税核销申报的货物；虽已办理免税核销申报，但未按规定向税务机关提供有关凭证的货物；经主管税务机关审核不批准免税核销的出口货物；未在规定期限内申报开具"代理出口货物证明"的货物。

2. 出口征税的税额计算

上述小规模纳税人出口货物应征税额按以下方法确定。

(1) 增值税应征税额的计算。其计算公式为

增值税应征税额=(出口货物离岸价×外汇人民币牌价)÷(1+征收率)×征收率

(2) 消费税应征税额的计算。

① 实行从量定额征税办法的出口应税消费品。其计算公式为

消费税应征税额=出口应税消费品数量×消费税单位税额

② 实行从价定率征税办法的出口应税消费品。其计算公式为

消费税应征税额=(出口应税消费品离岸价×外汇人民币牌价)÷(1+增值税征收率)
×消费税适用税率

③ 实行从量定额与从价定率相结合征税办法的出口应税消费品。其计算公式为

消费税应征税额=出口应税消费品数量×消费税单位税额+(出口应税消费品离岸价×外汇人民币牌价)÷(1+增值税征收率)×消费税适用税率

上述出口货物的离岸价及出口数量，以出口发票上的离岸价及出口数量为准(委托代理出口的，出口发票可以是委托方开具的或受托方开具的)，若出口价格以其他价格条件成交的，应扣除按会计制度规定允许冲减出口销售收入的运费、保险费、佣金等。若出口发票不能真实反映离岸价及出口数量，小规模纳税人应当按照离岸价及真实出口数量申报，税务机关有权按照税法有关规定予以核定。

五、增值税的出口退税管理

(一)出口退税管理范围

出口商自营或委托出口的货物，除另有规定的除外，可在货物报关出口并在财务上做销售核算后，凭有关凭证报送所在地税务机关批准退免增值税。出口商包括对外贸易经营者、没有出口经营资格委托出口的生产企业、特定退(免)税的企业和个人。个人(包括外国

人)是指注册登记为个体工商户、个人独资企业或合伙企业的人。

(二)出口退税认定管理

对外贸易经营者按照《中华人民共和国对外贸易法》和商务部《对外贸易经营者备案登记办法》的规定，直接办理备案登记；没有出口经营资格的生产企业委托出口自产货物，应分别在备案登记、代理出口协议签订之日起 30 日内，持有关资料，到所在地税务机关办理出口货物退(免)税认定手续；对特定退(免)税的企业和人员办理出口货物退(免)税认定手续，按国家有关规定执行。

(三)出口退税申报受理

出口商在规定期限内，使用国家税务总局认可的出口货物退(免)税电子申报系统生成电子申报数据，如实填写出口货物退(免)税申报表，按规定期限向税务机关申报办理出口货物退(免)税手续；经税务机关初步审核，对出口商报送的申报资料、电子申报数据及纸质凭证齐全的，可受理出口货物退(免)税申报；申报材料不齐的，除另有规定的外，可要求出口商补齐；受理合格后，应为出口商出具回执。

(四)出口退税审核批准

税务机关受理出口商出口货物退(免)税申报后，应在规定的时间内对申报凭证、资料的合法性、准确性进行审查核实。在人工审核后，应当使用出口货物退(免)税电子化管理系统进行计算机审核，将出口商申报的电子数据、凭证、资料与税务等有关部门传递的出口货物报关单、代理出口证明、增值税专用发票等电子信息进行核对，经审核符合有关规定的，税务机关应按有关规定办理退库或调库手续。

(五)出口退税日常管理

出口退税日常管理办法主要包括：建立出口货物退(免)税评估机制和监控机制，强化出口货物退(免)税管理，防止骗税案件的发生；做好出口货物退(免)税电子数据的接收、使用和管理工作，保证出口货物退(免)税电子化管理系统的安全，定期做好电子数据备份及设备维护工作；建立出口货物退(免)税凭证、资料的档案管理制度，有关凭证和资料一般保存 10 年。出口商发生依法应终止出口退(免)税事项的，或注销出口货物退(免)税认定的，以及被停止一定期限出口退税权的，税务机关应及时结清出口商出口货物的退(免)税款。

(六)出口退税违章处理

对未按照规定办理出口货物退(免)税认定、变更或注销认定手续的，未按规定设置、使用和保管有关出口货物退(免)税账簿、凭证、资料的，按照《税收征管法》第60条规定予以处罚。出口商拒绝税务机关检查或拒绝提供有关出口货物退(免)税账簿、凭证、资料的，按照《税收征管法》第70条规定予以处罚；以假报出口或其他欺骗手段骗取国家出口退税款的，按照《税收征管法》第66条规定处理，同时经省级以上(含本级)国家税务局批准可停止6个月以上的出口退税权；违反规定须采取税收保全措施和税收强制执行措施的，按照《税收征管法》的有关规定执行。

增值税的其他征收管理事项，按照《税收征管法》及其实施细则等相关规定执行。

第八节　征收管理

一、纳税义务发生时间

(一)销售货物或应税劳务及应税服务的纳税义务发生时间

销售货物或应税劳务及应税服务，为收讫销售款项或取得索取销售款项凭据的当天；先开具发票的，为开具发票的当天。收讫销售款项是指纳税人销售货物或应税劳务及应税服务过程中或完成后收到款项。取得索取销售款项凭据的当天是指书面合同确定的付款日期；未签订书面合同或书面合同未确定付款日期的为其完成的当天。按销售结算方式的不同，具体为：

(1) 采取直接收款方式销售货物，不论货物是否发出，均为收到销售款或者取得索取销售款凭据的当天。

(2) 采取托收承付和委托银行收款方式销售货物，为发出货物并办妥托收手续的当天。

(3) 采取赊销和分期收款方式销售货物，为书面合同约定的收款日期的当天，无书面合同或书面合同没有约定收款日期的，为货物发出的当天。

(4) 采取预收货款方式销售货物，为货物发出的当天，但生产销售生产工期超过12个月的大型机械设备、船舶、飞机等货物，为收到预收款或者书面合同约定的收款日期的当天；提供有形动产租赁服务采取预收款方式的，为收到预收款的当天。

(5) 委托其他纳税人代销货物，为收到代销单位的代销清单或者收到全部或部分货款的当天。未收到代销清单及货款的，为发出代销货物满180天的当天。

(6) 销售应税劳务，为提供劳务同时收讫销售款或者取得索取销售款凭据的当天。

(7) 发生视同销售货物行为的，为货物移送的当天；发生视同提供应税服务的，为应税服务完成的当天。

(二)进口货物的纳税义务及扣缴义务发生时间

进口货物的纳税义务及扣缴义务发生时间主要包括：

(1) 进口货物的纳税义务发生时间，为报关进口的当天。

(2) 扣缴义务的发生时间，为纳税人增值税纳税义务发生的当天。

二、增值税的纳税期限

为了保证按期缴纳税款，必须规定税款的纳税期限。根据《增值税暂行条例》规定，增值税的纳税期限分别为1日、3日、5日、10日、15日、1个月或者1个季度。纳税人的具体纳税期限，由主管税务机关根据纳税人应纳税额的大小分别核定；不能按照固定期限纳税的，可以按次纳税。以1个季度为纳税期限的规定仅适用于小规模纳税人。小规模纳税人的具体纳税期限，由主管税务机关根据其应纳税额的大小分别核定。

纳税人以1个月或者1个季度为一期纳税的，自期满之日起15日内申报纳税；以1日、3日、5日、10日或者15日为一期纳税的，自期满之日起5日内预缴税款，于次月1日起15日内申报纳税并结清上月应纳税款。

扣缴义务人解缴税款的期限，依照上述规定执行。

纳税人进口货物，应当自海关填发进口增值税专用缴纳书之日起15日内缴纳税款。

三、增值税的纳税地点

(1) 固定业户的纳税地点。具体规定为：

① 固定业户应当向其机构所在地的主管税务机关申报纳税。总机构和分支机构不在同一县(市)的，应当分别向各自所在地的主管税务机关申报纳税；经国务院财政、税务主管部门或者其授权的财政、税务机关批准，可以由总机构汇总向总机构所在地的主管税务机关申报纳税。

② 固定业户到外县(市)销售货物或者应税劳务应当向其机构所在地的主管税务机关申请开具外出经营活动税收管理证明，并向其机构所在地的主管税务机关申报纳税；未开具证明的，应当向销售地或者劳务发生地的主管税务机关申报纳税；未向销售地或者劳务发生地的主管税务机关申报纳税的，由其机构所在地的主管税务机关补征税收。

(2) 非固定业户销售货物或者应税劳务应当向销售地或者劳务发生地的主管税务机关申报纳税；未向销售地或者劳务发生地的主管税务机关申报纳税的，由其机构所在地或者居住地的主管税务机关补征税款。

(3) 进口货物的纳税地点。进口货物应当向报关地海关申报纳税。

(4) 扣缴义务人的纳税地点。扣缴义务人应当向其机构所在地或者居住地的主管税务机关申报缴纳其扣缴的税款。

四、增值税的纳税申报

(一)增值税以表申报

增值税以表申报,分为一般纳税人和小规模纳税人申报。

1. 一般纳税人的纳税申报

增值税的一般纳税人,应按主管税务机关核定的纳税期限,如实填写并报送"增值税纳税申报表(适用于增值税一般纳税人)"。该申报表的内容及其格式见表5-1。

2. 小规模纳税人的申报纳税

增值税的小规模纳税人,应按主管税务机关核定的纳税期限,如实填写并报送"增值税纳税申报表(适用于小规模纳税人)",该申报表的内容及其格式见表5-2。同时还要填报增值税纳税申报表(小规模纳税人适用)附列资料,见表5-3。

(二)增值税电子申报

为加强增值税管理、堵塞漏洞、更好地为纳税人服务,国家税务总局于2003年7月推行了增值税一般纳税人申报"一窗式"管理。所谓一窗式管理是指在一个窗口面对纳税人,统一办理防伪税控IC卡报税,专用发票抵扣联认证和纳税申报。

"一窗式"管理的核心,是在征收单位办税大厅的纳税申报窗口进行"票表稽核",以审核增值税纳税申报的真实性。其具体办法:用防伪税控报税系统采集的专用发票联存根销项金额、税额信息,比对纳税人申报的防伪税控系统开具的销项金额、税额数据,二者的逻辑关系必须相等;用防伪税控认证系统采集的专用发票抵扣联的进项金额、税额信息,比对纳税人申报的防伪税控系统开具的进项金额、税额信息,且认证系统采集的进项信息必须大于或等于申报资料所填列的上述进项信息。不符合上述两项逻辑关系的则为申报异常,凡属申报异常的,应查明原因,视不同情况分别按有关规定予以处理。

表 5-1　增值税纳税申报表

(一般纳税人适用)

根据国家税收法律法规及增值税相关规定制定本表。纳税人不论有无销售额，均应按税务机关核定的纳税期限填写本表，并向当地税务机关申报。

税款所属时间：自　　年　月　日至　　年　月　日

填表日期：　年　月　日　　金额单位：元至角分

纳税人识别号 ☐☐☐☐☐☐☐☐☐☐☐☐☐☐☐　所属行业：

纳税人名称		(公章)	法定代表人姓名		注册地址		生产经营地址	
开户银行及账号			登记注册类型				电话号码	

项　目		栏　次	一般货物、劳务和应税服务		即征即退货物、劳务和应税服务	
			本月数	本年累计	本月数	本年累计
销售额	(一)按适用税率计税销售额	1				
	其中：应税货物销售额	2				
	应税劳务销售额	3				
	纳税检查调整的销售额	4				
	(二)按简易办法计税销售额	5				
	其中：纳税检查调整的销售额	6				
	(三)"免、抵、退"办法出口销售额	7			—	—
	(四)免税销售额	8				
	其中：免税货物销售额	9			—	—
	免税劳务销售额	10			—	—
税款计算	销项税额	11				
	进项税额	12				
	上期留抵税额	13				—
	进项税额转出	14				
	"免、抵、退"应退税额	15			—	—
	按适用税率计算的纳税检查应补缴税额	16			—	—
	应抵扣税额合计	17=12+13−14−15+16			—	—

续表

项　目		栏　次	一般货物、劳务和应税服务		即征即退货物、劳务和应税服务	
			本月数	本年累计	本月数	本年累计
税款计算	实际抵扣税额	18(若17＜11，则为17，否则为11)				
	应纳税额	19=11-18				
	期末留抵税额	20=17-18				—
	简易计税办法计算的应纳税额	21				
	按简易计税办法计算的纳税检查应补缴税额	22			—	—
	应纳税额减征额	23				
	应纳税额合计	24=19+21-23				
税款缴纳	期初未缴税额(多缴为负数)	25				
	实收出口开具专用缴款书退税额	26			—	—
	本期已缴税额	27=28+29+30+31				
	①分次预缴税额	28			—	—
	②出口开具专用缴款书预缴税额	29			—	—
	③本期缴纳上期应纳税额	30				
	④本期缴纳欠缴税额	31				
	期末未缴税额(多缴为负数)	32=24+25+26-27				
	其中：欠缴税额(≥0)	33=25+26-27			—	—
	本期应补(退)税额	34=24-28-29				
	即征即退实际退税额	35			—	—
	期初未缴查补税额	36			—	—
	本期入库查补税额	37			—	—
	期末未缴查补税额	38=16+22+36-37			—	—

授权人声明	如果你已委托代理人申报，请填写下列资料： 　　为代理一切税务事宜，现授权 (地址)　　　　　　　为本纳税人的代理申报人，任何与本申报表有关的往来文件，都可寄予此人。 　　　　　授权人签字：	申报人声明	此纳税申报表是根据国家税收法律法规及相关规定填报的，我确定它是真实的、可靠的、完整的。 声明人签字：

主管税务机关：　　　　　　　　接收人：　　　　　　　　接收日期：

表 5-2 增值税纳税申报表

(小规模纳税人适用)

纳税人识别号：

纳税人名称(公章)：　　　　　　　　　　　　　　　　　　　　金额单位：元至角分

税款所属期：　年　月　日至　年　月　日　　　　　　　　　填表日期：　年　月　日

项　目		栏　次	本期数		本年累计	
			应税货物及劳务	应税服务	应税货物及劳务	应税服务
一、计税依据	(一)应征增值税不含税销售额	1				
	税务机关代开的增值税专用发票不含税销售额	2				
	税控器具开具的普通发票不含税销售额	3				
	(二)销售使用过的应税固定资产不含税销售额	4(4≥5)		—		—
	其中：税控器具开具的普通发票不含税销售额	5		—		—
	(三)免税销售额	6(6≥7)				
	其中：小微企业免税销售额	7				
	未达起征点销售额	8				
	其他免税销售额	9				
	(四)出口免税销售额	10(10≥11)				
	其中：税控器具开具的普通发票销售额	11				
二、税款计算	本期应纳税额	12				
	本期应纳税额减征额	13				
	本期免税额	14				
	其中：小微企业免税额	15				
	未达起征点免税额	16				
	应纳税额合计	17=12-13				
	本期预缴税额	18		—		—
	本期应补(退)税额	19=17-18		—		—

续表

纳税人或代理人声明:此纳税申报表是根据国家税收法律法规及相关规定填报的,我确定它是真实的、可靠的、完整的。	如纳税人填报,由纳税人填写以下各栏:	
	办税人员:	财务负责人:
	法定代表人:	联系电话:
	如委托代理人填报,由代理人填写以下各栏:	
	代理人名称(公章):	经办人:
	联系电话:	

主管税务机关:　　　　　接收人:　　　　　　　　　接收日期:

表5-3　增值税纳税申报表(小规模纳税人适用)附列资料

税款所属期:　　年　月　日至　　年　月　日　　　　填表日期:　　年　月　日

纳税人名称(公章):　　　　　　　　　　　　　　　金额单位:元至角分

应税服务扣除额计算			
期初余额	本期发生额	本期扣除额	期末余额
1	2	3(3≤1+2之和,且3≤5)	4=1+2-3

应税服务计税销售额计算			
全部含税收入	本期扣除额	含税销售额	不含税销售额
5	6=3	7=5-6	8=7÷1.03

五、增值税专用发票管理

(一)专用发票的含义

增值税专用发票简称专用发票,是指增值税一般纳税人销售货物或提供应税劳务及应税服务开具的发票,是购买方支付增值税并可按照增值税法有关规定据以抵扣增值税进项税额的凭证。

专用发票由基本联次或基本联次附加其他联次构成,基本联次为发票联、抵扣联和记账联三联。发票联作为购买方核算采购成本和增值税进项税额的记账凭证；抵扣联作为购买方报送主管税务机关认证和留存备查的凭证；记账联作为销售方核算销售收入和增值税销项税额的记账凭证。其他联次用途，由一般纳税人自行确定。

由于增值税实行凭国家印发的专用发票注明的税额进行抵扣的办法，专用发票对增值税的计算和管理起着决定性作用，因此必须正确使用专用发票，并加强监督管理。为规范增值税专用发票使用，进一步加强增值税征收管理，国家税务局 2006 年 10 月修订了《增值税专用发票使用规定》，从 2007 年 1 月起实施。

(二)专用发票的日常管理

1. 专用发票的使用

一般纳税人应通过增值税防伪税控系统使用专用发票。所谓防伪税控系统，是指经国务院同意推行的，使用专用设备和通用设备，运用数字密码和电子存储技术管理专用发票的计算机管理系统；所谓专用设备，是指金税卡、IC 卡、读卡器和其他设备；所谓通用设备，是指计算机、打印机、扫描器具和其他设备。所谓使用，包括领购、开具、缴销、认证纸质专用发票及其相应的数据电文。

一般纳税人领购专用设备后，凭"最高开票限额申请表"、"发票领购簿"到主管税务机关办理初始发行。所谓初始发行，是指主管税务机关将一般纳税人的下列信息载入空白金税卡和 IC 卡的行为：企业名称；税务登记代码；开票限额；购票限量；购票人员姓名、密码；开票机数量；国家税务总局规定的其他信息。

2. 专用发票的领购

一般纳税人凭"发票领购簿"、IC 卡和经办人身份证明领购专用发票。一般纳税人有下列情形之一的，不得领购开具专用发票。

(1) 会计核算不健全，不能向税务机关准确提供增值税销项税额、进项税额、应纳税额数据及其他有关增值税税务资料的。上列其他有关增值税税务资料的内容，由省、自治区、直辖市和计划单列市国家税务局确定。

(2) 有《税收征管法》规定的税收违法行为，拒不接受税务机关处理的。

(3) 有下列行为之一，经税务机关责令限期改正而仍未改正的：虚开增值税专用发票；私自印制专用发票；向税务机关以外的单位和个人买取专用发票；借用他人专用发票；未按本规定第十一条开具专用发票；未按规定保管专用发票和专用设备；未按规定申请办理防伪税控系统变更发行；未按规定接受税务机关检查。有上列情形的，如已领购专用发票，主管税务机关应暂扣其结存的专用发票和 IC 卡。

3. 专用发票的保管

纳税人有下列情形之一的，为本规定第八条所称未按规定保管专用发票和专用设备。

(1) 未设专人保管专用发票和专用设备。

(2) 未按税务机关要求存放专用发票和专用设备。

(3) 未将认证相符的专用发票抵扣联、"认证结果通知书"和"认证结果清单"装订成册。

(4) 未经税务机关查验，擅自销毁专用发票基本联次。

4. 专用发票的开具

专用发票开具的主要规定包括以下几方面。

(1) 专用发票开具的基本规定。一般纳税人销售货物或提供应税劳务和应税服务，应向购买方开具专用发票；商业企业一般纳税人零售的烟、酒、食品、服装、鞋帽(不包括劳保专用部分)、化妆品等消费品不得开具专用发票；小规模纳税人需要开具专用发票的，可向主管税务机关申请代开；销售免税货物不得开具专用发票，法律、法规及国家税务总局另有规定的除外；一般纳税人提供应税货物运输服务使用货运专票，提供其他增值税应税项目、免税项目或非增值税应税项目的不得使用货运专票；纳税人提供应税服务，应当向索取增值税专用发票的接受方开具增值税专用发票，并在增值税专用发票上分别注明销售额和销项税额。

(2) 专用发票开具的基本要求。主要包括：一是项目齐全，与实际交易相符；二是字迹清楚，不得压线、错格；三是发票联和抵扣联加盖财务专用章或者发票专用章；四是按照增值税纳税义务的发生时间开具；五是一般纳税人销售货物或者提供应税劳务可汇总开具专用发票，同时使用防伪税控系统开具"销售货物或者提供应税劳务清单"，并加盖财务专用章或者发票专用章。对不符合上列要求的专用发票，购买方有权拒收。

5. 专用发票的缴销

专用发票的缴销，是指主管税务机关在纸质专用发票监制章处按"V"字剪角作废，同时作废相应的专用发票数据电文。

一般纳税人注销税务登记或者转为小规模纳税人，应将专用设备和结存未用的纸质专用发票送交主管税务机关。主管税务机关应缴销其专用发票，并按有关安全管理的要求处理专用设备。被缴销的纸质专用发票应退还纳税人。

(三)专用发票的特定管理

1. 抵扣专用发票的税务处理

其主要规定包括：

(1) 抵扣联认证相符准予抵扣。用于抵扣增值税进项税额的专用发票应经税务机关认证，税务机关通过防伪税控系统对专用发票所列数据的识别、确认，纳税人识别号无误，专用发票所列密文解译后与明文一致为认证相符(国家税务总局另有规定的除外)。认证相符的专用发票应作为购买方的记账凭证、扣税凭证，不得退还销售方。

(2) 抵扣联认证不符需重开专用发票的情形。经认证有下列情形之一的，不得作为增值税进项税额的抵扣凭证，税务机关退还原件，购买方可要求销售方重新开具专用发票：

一是无法认证，即专用发票所列密文或者明文不能辨认，无法产生认证结果；二是纳税人识别号认证不符，即专用发票所列购买方纳税人识别号有误；三是专用发票代码、号码认证不符，即专用发票所列密文解译后与明文的代码或者号码不一致。

(3) 抵扣联认证不符需查证的情形。经认证有下列情形之一的，暂不得作为增值税进项税额的抵扣凭证，税务机关扣留原件，查明原因，分情况进行处理：一是重复认证，即已经认证相符的同一张专用发票再次认证；二是密文有误，即专用发票所列密文无法解译；三是列为失控专用发票，即认证时的专用发票已被登记为失控专用发票。

(4) 专用发票抵扣联无法认证的办理。专用发票抵扣联无法认证的，可使用专用发票的发票联到主管税务机关认证，发票联复印件留存备查。

2. 丢失专用发票的税务处理

丢失专用发票的主要规定包括：

(1) 丢失发票联。一般纳税人丢失已开具专用发票的发票联，可将专用发票抵扣联作为记账凭证，专用发票抵扣联复印件留存备查。

(2) 丢失抵扣联。一般纳税人丢失已开具专用发票的抵扣联，如果丢失前已认证相符的，可使用专用发票发票联复印件留存备查；如果丢失前未认证的，可使用专用发票发票联到主管税务机关认证，专用发票发票联复印件留存备查。

(3) 丢失发票联和抵扣联。一般纳税人丢失已开具专用发票的发票联和抵扣联，如果丢失前已认证相符的，购买方凭销售方提供的相应专用发票记账联复印件及销售方所在地主管税务机关出具的"证明单"，经购买方主管税务机关审核同意后，可作为增值税进项税额的抵扣凭证；如果丢失前未认证的，购买方凭销售方提供的相应专用发票记账联复印件到主管税务机关进行认证，认证相符的凭该专用发票记账联复印件及销售方所在地主管税务机关出具的"证明单"，经购买方主管税务机关审核同意后，可作为增值税进项税额的抵扣凭证。

3. 作废专用发票的税务处理

一般纳税人开具专用发票时发现有误的，可即时作废专用发票；一般纳税人在开具专用发票当月，发生销货退回、开票有误等情形，收到退回的发票联、抵扣联同时符合下列作废条件的，应按作废处理。

(1) 收到退回的发票联、抵扣联时间未超过销售方开票当月。

(2) 销售方未抄税并且未记账。所谓抄税，是报税前用 IC 卡或者软盘抄取开票数据电文。

(3) 购买方未认证或者认证结果为"纳税人识别号认证不符""专用发票代码、号码认证不符"。

作废专用发票须在防伪税控系统中将相应的数据电文按"作废"处理，在纸质专用发票(含未打印的专用发票)各联次上注明"作废"字样，全联次留存。

4. 红字专用发票的税务处理

一般纳税人取得专用发票后，发生销货退回、开票有误等情形但不符合作废条件的，或因销货部分退回及发生销售转让的，购买方应要求销售方开具红字专用发票，其基本程序规定为"纳税人申请开具红字发票——税务机关审核认证——税务机关开通知单——纳税人开具红字专用发票——购买方账务处理"等，并分别按以下规定办理。

(1) 抵扣联、发票联均无法认证的，由购买方填报"开具红字增值税专用发票申请单"(以下简称申请单)，并在申请单上填写具体原因和相对应蓝字专用发票的信息，主管税务机关审核后出具"开具红字增值税专用发票通知单"(以下简称通知单)。购买方不作进项税额转出处理。

(2) 购买方所购货物不属于增值税扣税项目范围，取得的专用发票未经认证的，由购买方填报申请单，并在申请单上填写具体原因和相对应蓝字专用发票的信息，主管税务机关审核后出具通知单。购买方不作进项税额转出处理。

(3) 因开票有误购买方拒收专用发票的，销售方须在专用发票认证期限内向主管税务机关填报申请单，并在申请单上填写具体原因和相对应蓝字专用发票的信息，同时提供由购买方出具的写明拒收理由、具体错误项目和正确内容的书面材料，主管税务机关审核后出具通知单。销售方凭通知单开具红字专用发票。

(4) 因开票有误等原因尚未将专用发票交付购买方的，销售方须在开具有误专用发票的次月内向主管税务机关填报申请单，并在申请单上填写具体原因和相对应蓝字专用发票的信息，同时提供由销售方出具的写明拒收理由、具体错误项目和正确内容的书面材料，主管税务机关审核后出具通知单。销售方凭通知单开具红字专用发票。

(5) 发生销货退回或销售转让的，除按照规定的基本程序进行处理外，销售方还应在开具红字专用发票后将该笔业务的相应记账凭证复印件报送主管税务机关备案。

(6) 税务机关为小规模纳税人代开专用发票需要开具红字专用发票的，比照一般纳税人开具红字专用发票的处理办法，通知单第二联交给税务机关。

(7) 为实现对通知单的监控管理，国家税务总局正在开发通知单开具和管理系统。在系统推广应用之前，通知单暂由一般纳税人留存备查，税务机关不进行核销。红字专用发票暂不报送税务机关认证。

5. 善意取得虚开专用发票的税务管理

纳税人善意取得虚开的增值税专用发票是指购货方与销售方存在真实交易，且购货方不知取得的增值税专用发票是以非法手段获得的，可按下列规定处理。

(1) 纳税人善意取得虚开的增值税专用发票，如能重新取得合法、有效的专用发票准予其抵扣进项税额。

(2) 如不能重新取得合法、有效的专用发票，不准其抵扣进项税额或追缴其已抵扣的进项税额。

(3) 纳税人善意取得虚开的增值税专用发票被依法追缴已抵扣税款的，不属于《税收征管法》中"纳税人未按照规定期限缴纳税款"的情形，也不适用"税务机关除责令限期缴纳外，从滞纳税款之日起，按日加收滞纳税款5‰的滞纳金"的规定。

(四)专用发票的代开管理

为了进一步加强税务机关为增值税纳税人代开增值税专用发票管理，防范不法分子利用代开专用发票进行偷骗税活动，优化税收服务，2004年12月国家税务总局制定了《税务机关代开增值税专用发票管理办法(试行)》，并于2005年1月起实施。其内容主要包括：

(1) 代开专用发票的含义。代开专用发票是指主管税务机关为所辖范围内的增值税纳税人代开专用发票，其他单位和个人不得代开。所称增值税纳税人(简称纳税人)是指已办理税务登记的小规模纳税人(包括个体经营者)，以及国家税务总局确定的其他可予代开增值税专用发票的纳税人。

(2) 代开专用发票的要求。主管税务机关应设立代开专用发票岗位和税款征收岗位，并分别确定专人负责代开专用发票和税款征收工作。

代开专用发票统一使用增值税防伪税控代开票系统开具。非防伪税控代开票系统开具的代开专用发票不得作为增值税进项税额抵扣凭证。增值税防伪税控代开票系统由防伪税控企业发行岗位按规定发行。

(3) 代开专用发票的申请。增值税纳税人发生增值税应税行为、需要开具专用发票时，可向其主管税务机关申请代开。增值税纳税人申请代开专用发票时，应填写"代开增值税专用发票缴纳税款申报单"(简称"申报单")，连同税务登记证副本，到主管税务机关税款征收岗位按专用发票上注明的税额全额申报缴纳税款，同时缴纳专用发票工本费。

(4) 代开专用发票的审核。税款征收岗位接到"申报单"后，应对以下事项进行审核：是否属于本税务机关管辖的增值税纳税人；"申报单"上增值税征收率填写、税额计算是否正确。

征收岗位审核无误后，可通过增值税防伪税控代开票征收子系统录入"申报单"的相关信息，按照"申报单"上注明的税额征收税款，开具税收完税凭证，同时收取专用发票工本费，按照规定开具有关票证，将有关征税电子信息及时传递给代开发票岗位。

(5) 代开专用发票的开具。增值税纳税人缴纳税款后，凭"申报单"和税收完税凭证及税务登记证副本，到代开专用发票岗位申请代开专用发票。

代开发票岗位确认税款征收岗位传来的征税电子信息与"申报单"和税收完税凭证上的金额、税额相符后，按照"申报单"、完税凭证和专用发票一一对应即"一单一证一票"原则，为增值税纳税人代开专用发票。纳税人在代开专用发票的备注栏上，加盖本单位的财务专用章或发票专用章。

为增值税纳税人代开的专用发票应统一使用六联专用发票，第五联代开发票岗位留存，以备发票的扫描补录，第六联交税款征收岗位，用于代开发票税额与征收税款的定期核对，其他联次交增值税纳税人。

复习思考题

一、名词解释

增值税　生产型增值税　收入型增值税　消费型增值税　销项税额　进项税额　混业经营　混合销售行为　免、抵、退税

二、问答题

1. 简要说明不同类型的增值税对经济的差异效应。
2. 单位或个体工商户的哪些行为属于视同销售货物行为？
3. 简要说明特殊销售方式下销售额的计算规则。
4. 准予从销项税额中抵扣的进项税额有哪些？
5. 不可从销项税额中抵扣的进项税额有哪些？
6. 退(免)税的出口货物一般应具备哪些条件？
7. 增值税纳税义务发生时间的具体规定有哪些？

三、计算题

1. 某厂外购一批材料用于应税货物的生产，取得增值税发票，价款为 20 000 元，增值税为 3400 元；外购一批材料用于应税和免税货物的生产，价款为 10 000 元，增值税为 1700 元，当月应税货物销售额为 40 000 元，免税货物销售额为 60 000 元。计算当月不可抵扣的进项税额。

2. 某洗衣机厂(增值税一般纳税人)2015 年 2 月发生下列业务：销售甲型洗衣机 120 台，每台售价 0.2 万元(不含税价)，取得增值税专用发票上注明的销售额为 24 万元，含销售人员奖金 2 万元，货款收到；购进材料一批，取得增值税专用发票上注明的销售额为 10 万元，税额 1.7 万元，款已付货入库；支付购进材料的运杂费 1 万元，已取得运输专用发票；购进检测设备一台，取得专用发票上注明的税额为 0.68 万元；销售给本厂职工甲型洗衣机 20 台，每台售价 0.1 万元；代地方政府收取基金 2 万元；从小规模纳税人处购进一批材料，取得增值税专用发票上注明的销售额为 30 万元。

根据以上资料计算洗衣机厂 2 月份应缴纳的增值税。(涉税凭证合法且已经税务机关认证)

3. 某生产企业为增值税一般纳税人，适用增值税税率为 17%。2016 年 4 月份相关生产经营业务如下。

(1) 销售 A 产品开具增值税专用发票，取得不含税销售额 40 万元；另开具普通发票，取得销售 A 产品的送货运输费收入 5.85 万元。

(2) 销售 B 产品，开具普通发票，取得含税销售额 29.25 万元。

(3) 将一批应税新产品用于基建工程，成本 10 万元，成本利润率为 10%，无同类产品市场销售价格。

(4) 购进货物取得增值税专用发票，注明支付货款 30 万元、进项税额 10 万元；另支付购货运输费用 6 万元，取得运输公司开具的普通发票。

相关票据均符合税法规定，请按顺序计算该企业 4 月份应缴纳的增值税税额。要求计算：

(1) 销售 A 产品的销项税额。

(2) 销售 B 产品的销项税额。

(3) 自用新产品的销项税额。

(4) 外购货物应抵扣的进项税额。

(5) 该企业 4 月份合计应缴纳的增值税额。

4. 某企业是增值税小规模纳税人，2016 年 3 月发生下列业务。

(1) 外购生产材料，取得增值税专用发票，注明价款 10 000 元，增值税 1700 元；外购一台生产设备，取得增值税专用发票，注明价款 20 000 元，增值税 3400 元。

(2) 销售 50 件自产甲产品，价税合并取得收入 12 360 元。

(3) 将 3 件甲产品赠送给客户。

(4) 出售使用过的旧包装物，价税合计 2 472 元。

要求计算:

(1) 该企业出售旧包装物应纳的增值税。

(2) 该企业应纳的增值税合计数。

5. 2016 年 3 月某商场进口一批货物。该货物在国外卖价 30 万元,货物运抵我国海关前的包装费、运输费、保险费等共计 20 万元。货物报关后,商场按规定缴纳了进口环节的增值税并取得海关开具的完税凭证。该批货物在国内销售,取得不含税销售额 60 万元。货物进口关税税率为 15%,增值税税率为 17%。要求计算:

(1) 进口环节应纳增值税的组成计税价格。

(2) 进口环节应缴纳增值税的税额。

(3) 国内销售环节的销售税额。

(4) 国内销售环节应缴纳增值税税额。

6. 2016 年甲企业进口货物,海关审定的关税完税价格是 400 万元,关税税率是 10%。从国内市场购进原材料支付的价款是 700 万元,取得增值税专用发票上注明的税金为 119 万元。外销货物离岸价为 1000 万元。内销货物销售额为 1200 万元(不含)。该企业适用"免、抵、退"的税收政策,上期留抵税额 40 万元。要求计算当期应缴或应退的增值税税额。(上述货物内销时适用增值税税率 17%,出口退税率 11%)

7. 某进出口公司 2016 年 2 月购进生产材料生产 A 产品出口,取得增值税专用发票上注明的计税金额 20 000 元(退税税率 13%),取得 A 产品加工费 4000 元(退税税率 17%)。要求计算该企业的应退税额。

8. 某洗衣机生产企业和某百货商场均为增值税一般纳税人。2016 年 2 月发生如下业务。

(1) 洗衣机生产企业销售给百货商场一批洗衣机,不含税销售额为 60 万元,采取托收承付方式结算,货物已发出,托收手续已办妥,但尚未给百货商场开具增值税专用发票。洗衣机生产企业支付销货运费 3 万元并取得运输发票。

(2) 2015 年 9 月,百货商场从洗衣机生产企业购进一批洗衣机的货款 10 万元,增值税 1.7 万元尚未支付,经双方同意,2016 年 2 月百货商场以一批金银首饰抵偿债务由百货商场开具增值税专用发票,该批首饰成本为 8 万元。该批首饰按同类商品的平均价格计算不含税价格为 10 万元;按同类商品的最高销售价格计算不含税价格为 12 万元。

(3) 本月洗衣机生产企业依据百货商场上年销售额 1%的比例返还现金 5.85 万元,收到返还现金后,向洗衣机生产企业开具普通发票。

(4) 本月洗衣机生产企业购进原材料取得增值税专用发票,支付金额 20 万元,增值税 3.4 万元。

(5) 百货商场零售金银首饰取得含税销售额 11.7 万元,其中包括以旧换新首饰的含税销售额 5.85 万元。旧首饰作价的含税金额为 3.51 万元,百货商场实际收取的含税金额为 2.34 万元。

(6) 百货商场销售粮食、食用植物油取得含税销售额 35.1 万元,销售家用电器取得含税销售额 70.2 万元。

(7) 百货商场采购商品取得增值税专用发票,注明增值税税额合计 4 万元。

要求计算:

(1) 洗衣机生产企业 2 月份的增值税进项税额。

(2) 洗衣机生产企业 2 月份应缴纳的增值税。

(3) 百货商场 2 月份以金银首饰抵偿债务的增值税销项税额。

(4) 百货商场 2 月份零售金银首饰的增值税销项税额。

(5) 百货商场 2 月份应缴纳的增值税。

9. 某生产小电器的企业是增值税的小规模纳税人,2015 年 8 月发生下列业务。

(1) 外购材料一批用于生产,取得增值税专用发票,注明价款 20 000 元,增值税 3400 元;外购一台生产设备,取得增值税发票,注明价款 40 000 元,增值税 6800 元。

(2) 委托外贸企业进口一批塑料材料,关税完税价格为 15 000 元,关税税率为 6%,支付了相关税费后将材料运回企业。

(3) 销售 50 件自产 A 型小家电,共取得含税收入 12 360 元。

(4) 将两件 A 型小家电赠送客户试用。

(5) 将自己使用过的一台旧设备出售,原价 50 000 元,售价 15 450 元。

根据上述资料,回答下列问题。

(1) 该企业进口塑料材料应纳的税金合计为多少?

(2) 该企业 A 型小家电应纳的增值税为多少?

(3) 该企业出售旧设备应纳的增值税为多少?

10. 某化妆品厂为增值税一般纳税人,2016 年 9 月产品、材料领用情况是:在建的职工文体中心领用外购材料,购进成本为 30.76 万元,其中包括运费 5.76 万元;生产车间领用外购原材料,购进成本为 135 万元;下属宾馆领用为本企业宾馆特制的化妆品,生产成本为 8 万元(化妆品成本利润率为 5%)。计算本月应纳增值税额。

第六章 消 费 税

【知识要点】

本章需要掌握的内容是消费税的概念、纳税范围、税率及各种状况下的计税依据确认。自产自销、自产自用、委托加工、进口业务、出口业务五种业务类型下的消费税计算是本章的难点，也是重点。在学习中，要正确理解征收消费税的目的，要应用消费税导向指导确定个人的选择，养成不断完善消费税理论的观念。

第一节　消费税概述

一、消费税的概念

我国现行消费税是对在我国境内从事生产、委托加工和进口应税消费品的单位和个人就其应税消费品征收的一种税。它选择部分消费品征税，属于特别消费税。

二、消费税的特点

(一)征收范围具有选择性

根据现行的产业政策与消费政策，我国现行消费税的征税范围仅选择部分消费品征税。消费税目前设置 15 个。

(二)单一环节征税

消费税的最终负担人是消费者，但为了加强税源控制，防止税款流失，消费税纳税环节主要确定在产制环节或进口环节，但也有在零售环节征税的，如金银首饰消费税。但无论在哪个环节征税，都实行单环节征收，即便是以零售环节为纳税环节的应税消费品，在零售环节以前的诸环节都不征收。这样，既可以减少纳税人数量，降低税款征收费用和税源流失的风险，又可以防止重复税收。

(三)从价和从量征收

在征税方法上，消费税既可以采用对消费品制定单位税额，依消费品的数量实行从量定额征收方法，也可以对消费品采用比例税率，依消费品的价格实行从价定率的征收方法。

目前，对部分烟酒采用从价征收和从量征收并用的方法。

(四)平均税率水平比较高且税负差异大

消费税属于国家运用税收杠杆对某些消费品进行特殊调节的税种。为有效体现国家政策，消费税平均税率水平一般定得比较高，并且不同征税项目的税负差异较大，对需要限制或控制消费的消费品，通常税负较重。

(五)税负具有转嫁性

消费税是对消费应税消费品课征的税，税负归宿为消费者。为简化征收管理，我国消费税直接以应税消费品的生产经营者为纳税人，于产制消费环节、进口环节或零售环节缴纳税款，并成为商品价格的一个组成部分，消费者为税负的最终负担者。

第二节　消费税构成要素

一、纳税人

凡在中华人民共和国境内生产、委托加工或进口消费税暂行条例规定的消费品的单位和个人，以及国务院确定的销售消费税暂行条例规定的消费品的其他单位和个人，为消费税的纳税人。单位，是指企业、行政单位、事业单位、军事单位、社会团体及其他单位；个人，是指个体工商户及其他个人。

二、税目与税率

消费税采用比例税率和定额税率两种形式，详见消费税税目、税率表(见表6-1)。

表6-1　消费税税目、税率

税　　目	税　　率
一、烟	
1. 卷烟	
(1)甲类卷烟(生产或进口环节)	56%加 0.003 元/支
(2)乙类卷烟(生产或进口环节)	36%加 0.003 元/支
(3)批发环节	11%
2. 雪茄烟	36%
3. 烟丝	30%

续表

税　目	税　率
二、酒及酒精	
1．白酒	20%加0.5元/500克(或者500毫升)
2．黄酒	240元/吨
3．啤酒	
(1)甲类啤酒	250元/吨
(2)乙类啤酒	220元/吨
4．其他酒	10%
5．酒精	5%
三、化妆品	30%
四、贵重首饰及珠宝玉石	
1．金银首饰、铂金首饰和钻石及钻石饰品	5%
2．其他贵重首饰和珠宝玉石	10%
五、鞭炮、焰火	15%
六、成品油	
1．汽油	1.52元/升
2．柴油	1.20元/升
3．航空煤油	1.20元/升
4．石脑油	1.52元/升
5．溶剂油	1.52元/升
6．润滑油	1.52元/升
7．燃料油	1.20元/升
七、摩托车	
1．汽缸容量(排气量，下同)250毫升(含250毫升)以下的	3%
2．汽缸容量在250毫升以上的	10%
八、小汽车	
1．乘用车	
(1)汽缸容量(排气量，下同)在1.0升(含1.0升)以下的	1%
(2)汽缸容量在1.0升以上至1.5升(含1.5升)的	3%
(3)汽缸容量在1.5升以上至2.0升(含2.0升)的	5%
(4)汽缸容量在2.0升以上至2.5升(含2.5升)的	9%
(5)汽缸容量在2.5升以上至3.0升(含3.0升)的	12%
(6)汽缸容量在3.0升以上至4.0升(含4.0升)的	25%

续表

税　目	税　率
(7)汽缸容量在 4.0 升以上的	40%
2．中轻型商用客车	5%
九、高尔夫球及球具	10%
十、高档手表	20%
十一、游艇	10%
十二、木制一次性筷子	5%
十三、实木地板	5%
十四、铅蓄电池	4%
十五、涂料	4%

说明：2014 年 12 月调整后，消费税政策如下。

(1) 甲类卷烟，即每标准条(200 支，下同)调拨价格在 70 元(不含增值税)以上(含 70 元)的卷烟，生产环节(含进口)的税率调整为 56%。

(2) 乙类卷烟，即每标准条调拨价格在 70 元(不含增值税)以下的卷烟，生产环节(含进口)的税率调整为 36%。

(3) 纳税人应将卷烟销售额与其他商品销售额分开核算，未分开核算的，一并征收消费税。纳税人销售给纳税人以外的单位和个人的卷烟于销售时纳税。纳税人之间销售的卷烟不缴纳消费税。卷烟批发企业的机构所在地，总机构与分支机构不在同一地区的，由总机构申报纳税。卷烟消费税在生产和批发两个环节征收后，批发企业在计算纳税时不得扣除已含的生产环节的消费税税款。

(4) 自 2015 年 2 月 1 日起，对电池、涂料征收消费税。对无汞原电池、金属氢化物镍蓄电池(又称"氢镍蓄电池"或"镍氢蓄电池")、锂原电池、锂离子蓄电池、太阳能电池、燃料电池和全钒液流电池免征消费税。2015 年 12 月 31 日前对铅蓄电池缓征消费税；自 2016 年 1 月 1 日起，对铅蓄电池按 4% 的税率征收消费税。对施工状态下挥发性有机物(Volatile Organic Compounds，VOC)含量低于 420 克/升(含)的涂料免征消费税。

三、纳税环节

(1) 生产环节。生产应税消费品销售是消费税征收的主要环节，因为消费税具有单一环节征税的特点，在生产销售环节征税以后，货物在流通环节无论再转销多少次，也不用再缴纳消费税。

(2) 移送环节。纳税人自产自用的应税消费品，用于连续生产应税消费品的不纳税，用于其他方面的，于移送使用时纳税。用于其他方面的，是指纳税人用于生产非应税消费品、在建工程、管理部门、非生产机构、提供劳务以及用于馈赠、赞助、集资、广告、样品、职工福利、奖励等方面的应税消费品。

(3) 委托加工环节。委托方将收回的应税消费品，以不高于受托方的计税价格出售的，为直接出售，不再缴纳消费税；委托方以高于受托方的计税价格出售的，不属于直接出售，需按照规定申报缴纳消费税，在计税时准予扣除受托方已代收代缴的消费税。

(4) 进口环节单位和个人进口货物属于消费税征税范围的，在进口环节缴纳消费税。为了减少征税成本，进口环节缴纳的消费税由海关代征。

(5) 零售环节。经国务院批准，自 1995 年 1 月 1 日起，金银首饰消费税在零售环节征收。改在零售环节征收消费税的金银首饰仅限于金基、银基合金首饰以及金、银和金基、银基合金的镶嵌首饰。零售环节适用税率为 5%，在纳税人销售金银首饰、钻石及钻石饰品时征收，其计税依据是不含增值税的销售额。

对既销售金银首饰，又销售非金银首饰的生产、经营单位，应将两类商品划分清楚，分别核算销售额。凡划分不清楚或不能分别核算的，在生产环节销售的，一律从高适用税率征收消费税；在零售环节销售的，一律按金银首饰的销售额征收消费税。金银首饰与其他产品组成成套消费品销售的，应按销售额全额征收消费税。金银首饰连同包装物销售的，无论包装是否单独计价，也无论会计上如何核算，均应并入金银首饰的销售额，计征消费税。带料加工的金银首饰，应按受托方销售同类金银首饰的销售价格确定计税依据征收消费税。没有同类金银首饰销售价格的，按照组成计税价格计算纳税。纳税人采用以旧换新(含翻新改制)方式销售的金银首饰，应按实际收取的不含增值税的全部价款确定计税依据征收消费税。

四、计税依据

按照现行消费税法的基本规定，消费税应纳税额的计算主要分为从价计征、从量计征和从价从量复合计征三种方法。

(一)从价计征

在从价定率计算方法下，应纳税额等于应税消费品的销售额乘以适用税率，应纳税额的多少取决于应税消费品的销售额和适用税率两个因素。

1. 销售额的确定

销售额为纳税人销售应税消费品向购买方收取的全部价款和价外费用。价外费用，是指价外向购买方收取的手续费、补贴、基金、集资费、返还利润、奖励费、违约金、滞纳金、延期付款利息、赔偿金、代收款项、代垫款项、包装费、包装物租金、储备费、优质费、运输装卸费以及其他各种性质的价外收费。但下列项目不包括在内。

(1) 同时符合以下条件的代垫运输费用。承运部门的运输费用发票开具给购买方的；纳税人将该项发票转交给购买方的。

(2) 同时符合以下条件代为收取的政府性基金或者行政事业性收费。由国务院或者财政部批准设立的政府性基金，由国务院或者省级人民政府及其财政、价格主管部门批准设立的行政事业性收费；收取时开具省级以上财政部门印制的财政票据；所收款项全额上缴财政。

应税消费品连同包装一并销售的，无论包装是否单独计价，也不论在会计上如何核算，均应并入应税消费品的销售额征收消费税。如果包装物不作价随同产品销售，而是收取押金，此项押金则不应并入应税消费品的销售额征税。但对因逾期未收回的包装物不再退还的或者已收取的时间超过 12 个月的押金，应并入应税消费品的销售额，按照应税消费品的适用税率缴纳消费税。对既作价随同应税消费品销售，又另收取的包装物押金，纳税人在规定的期限内没退还的，应并入应税消费品的销售额，按照应税消费品的适用税率缴纳消费税。

纳税人销售的应税消费品，以外汇结算的，其销售额的人民币折合率可以选择结算的当天或者当月 1 日的国家外汇牌价(原则上为中间价)。纳税人应事先确定采取何种折合率，确定后 1 年内不得变更。

2. 含增值税销售额的换算

按照《消费税暂行条例实施细则》的规定，应税消费品的销售额，不包括应向购货方收取的增值税税款。如果纳税人应税消费品的销售额中未扣除增值税税款或者因不得开具增值税专用发票而发生价款和增值税税款合并收取的，在计算消费税时，应将含增值税的销售额换算为不含增值税税款的销售额。其换算公式为

$$应税消费品的销售额=含增值税的销售额÷(1+增值税税率或征收率)$$

(二)从量计征

在从量定额计算方法下，应纳税额等于应税消费品的销售数量乘以单位税额。

销售数量是指纳税人生产、加工和进口应税消费品的数量。具体规定如下。

(1) 销售应税消费品的，为应税消费品的销售数量。

(2) 自产自用应税消费品的，为应税消费品的移送使用数量。

(3) 委托加工应税消费品的，为纳税人收回的应税消费品数量。

(4) 进口的应税消费品，为海关核定的应税消费品进口征税数量。

(三)从价从量复合计征

现行消费税的征税范围中,只有卷烟、白酒采用复合计征方法。应纳税额等于应税销售数量乘以定额税率再加上应税销售额乘以比例税率。

生产销售卷烟、白酒的计税依据为实际销售数量。进口、委托加工、自产自用卷烟、白酒的计税依据分别为海关核定的进口征税数量、委托方收回数量、移送使用数量。

(四)计税依据的特殊规定

(1) 卷烟从价定率计税的计税依据为调拨价格或核定价格。

调拨价格是指卷烟生产企业通过卷烟交易市场与购货方签订的卷烟交易价格。核定价格是指由税务机关按其零售价倒算一定比例的办法核定的计税价格。其计算公式为

某牌号规格卷烟消费税计税价格=该牌号规格卷烟市场零售价格÷(1+56%)

不进入省和省以上烟草交易场所交易、没有调拨价格的卷烟,消费税计税价格由省国家税务局按照下列公式核定。

没有调拨价格的某牌号规格卷烟计税价格=该牌号规格卷烟市场零售价格÷(1+35%)

实际销售价格高于计税价格和核定价格的卷烟,按实际销售价格征收消费税;实际销售价格低于计税价格和核定价格的卷烟,按计税价格或核定价格征收消费税。

非标准条包装卷烟应当折算成标准条包装卷烟的数量,依其实际销售收入计算确定其折算成标准条包装后的实际销售价格,并确定适用的比例税率。

(2) 纳税人通过自设非独立核算门市部销售的自产应税消费品的计税依据的确定。该种销售方式下的计税依据应当按照门市部对外销售额或者销售数量征收消费税。

(3) 纳税人用于换取生产资料和消费资料、投资入股、抵偿债务等方面的应税消费品的计税依据确定。该方式下的计税依据应当以纳税人同类应税消费品的最高销售价格作为计税依据计算消费税。

4.酒类关联企业间关联交易消费税问题的处理

纳税人与关联企业之间的购销业务,不按照独立企业之间的业务往来作价,税务机关可以按照下列方法调整其计税收入额或者所得额,核定其应纳税额。

(1) 按照独立企业之间进行相同或者类似业务活动的价格。

(2) 按照再销售给无关联关系的第三者的价格所取得的收入和利润水平。

(3) 按照成本加合理的费用和利润。

(4) 按照其他合理的方法。

对已检出的酒类生产企业在本次检查年度内发生的利用关联企业关联交易行为规避消费税问题,各省、自治区、直辖市、计划单列市国家税务局可根据本地区被查酒类生产

企业与其关联企业间不同的核算方式，选择以上处理方法调整其酒类产品消费税计税收入额，核定应纳税额，补缴消费税。

白酒生产企业向商业销售单位收取的"品牌使用费"是随着应税白酒的销售而向购货方收取的，属于应税白酒销售价款的组成部分，因此，不论企业采取何种方式或以何种名义收取价款，均应并入白酒的销售额中缴纳消费税。

5. 兼营不同税率应税消费品的税务处理

纳税人兼营不同税率的应税消费品是指纳税人生产销售两种税率以上的应税消费品。纳税人兼营不同税率的应税消费品，应当分别核算不同税率应税消费品的销售额、销售数量。未分别核算销售额、销售数量，或者将不同税率的应税消费品组成成套消费品销售的，从高适用税率。

第三节　应纳税额的计算

一、生产销售环节应纳税额的计算

纳税人在生产销售环节应缴纳的消费税，包括直接对外销售应税消费品应缴纳的消费税和自产自用应税消费品应缴纳的消费税。

(一)直接对外销售应纳消费税的计算

直接对外销售应税消费品涉及三种计算方法。

1. 从价定率计算

在从价定率计算方法下，基本计算公式为

$$应纳税额=应税消费品的销售额×消费税比例税率$$

2. 从量定额计算

在从量定额计算方法下，基本计算公式为

$$应纳税额=应税消费品的销售数量×消费税定额税率$$

3. 从价定率和从量定额复合计算

在从价定率和从量定额复合计算方法下，基本计算公式为

$$应纳税额=应税销售数量×消费税定额税率+应税销售额×消费税比例税率$$

(二)自产自用应纳消费税的计算

1. 用于连续生产的应税消费品

纳税人自产自用的应税消费品，用于连续生产应税消费品的，不纳税。所谓"纳税人自产自用的应税消费品，用于连续生产应税消费品的"，是指作为生产最终应税消费品的直接材料并构成最终产品实体的应税消费品。税法规定对自产自用的应税消费品，用于连续生产应税消费品的不征税，体现了税不重征且计税简便的原则。

2. 用于其他方面的应税消费品

纳税人自产自用的应税消费品，除用于连续生产应税消费品外，凡用于其他方面的，于移送使用时纳税。用于其他方面的是指纳税人用于生产非应税消费品、在建工程、管理部门、非生产机构，提供劳务，以及用于馈赠、赞助、集资、广告、样品、职工福利、奖励等方面；所谓"用于生产非应税消费品"，是指把自产的应税消费品用于生产消费税条例税目税率表所列15类产品以外的产品。企业自产的应税消费品虽然没有用于销售或连续生产应税消费品，但只要是用于税法所规定范围的都要视同销售，依法缴纳消费税。

3. 组成计税价格及税额的计算

纳税人自产自用的应税消费品，凡用于其他方面，按照纳税人生产的同类消费品的销售价格计算纳税。同类消费品的销售价格是指纳税人当月销售的同类消费品的销售价格，如果当月同类消费品各期销售价格高低不同，应按销售数量加权平均计算。但销售的应税消费品有下列情况之一的，不得列入加权平均计算。

(1) 销售价格明显偏低又无正当理由的。

(2) 无销售价格的。

如果当月无销售或当月未完结，应按照同类消费品上月或最近月份销售价格计算纳税。没有同类消费品销售价格的，按照组成计税价格计算纳税。组成计税价格的计算公式为

$$组成计税价格=(成本+利润)÷(1-消费税比例税率)$$

$$应纳税额=组成计税价格×消费税比例税率$$

实行复合计税办法计算纳税的组成计税价格计算公式为

组成计税价格=(成本+利润+自产自用数量×消费税定额税率)÷(1-消费税比例税率)

应纳税额=组成计税价格×消费税比例税率+自产自用数量×消费税定额税率

上式中的"成本"是指应税消费品的产品生产成本。所说的"利润"是指根据应税消费品的全国平均成本利润率计算的利润。应税消费品全国平均成本利润率由国家税务总局确定。

二、委托加工环节应税消费品应纳税额的计算

按照规定，委托加工的应税消费品，由受托方在向委托方交货时代收代缴税款。

(一)委托加工应税消费品的确定

委托加工的应税消费品是指由委托方提供原料和主要材料，受托方只收取加工费和代垫部分辅助材料加工的应税消费品。对于由受托方提供原材料生产的应税消费品，或者受托方先将原材料卖给委托方，然后再接受加工的应税消费品，以及由受托方以委托方名义购进原材料生产的应税消费品，不论纳税人在财务上是否作销售处理，都不得作为委托加工应税消费品，而应当按照销售自制应税消费品缴纳消费税。

(二)代收代缴税款的规定

对于确实属于委托方提供原料和主要材料，受托方只收取加工费和代垫部分辅助材料加工的应税消费品，税法规定，由受托方在向委托方交货时代收代缴消费税。受托方是法定的代收代缴义务人。如果受托方没有代收代缴或少代收代缴消费税，就要承担代收代缴的法律责任。因此，受托方必须严格履行代收代缴义务，正确计算和按时代缴税款。

对于受托方没有按规定代收代缴税款的，并不能因此免除委托方补缴税款的责任。在对委托方进行税务检查中，如果发现其委托加工的应税消费品受托方没有代收代缴税款，委托方要补缴税款(对受托方不再重复补税了，但要按《税收征收管理法》的规定，处以应代收代缴税款 50%以上 3 倍以下的罚款)。对委托方补征税款的计税依据是：

如果在检查时，收回的应税消费品已经直接销售的，按销售额计税；收回的应税消费品尚未销售或不能直接销售的(如收回后用于连续生产等)，按组成计税价格计税。

委托加工的应税消费品，受托方在交货时已代收代缴消费税，委托方收回后直接销售的，不再征收消费税。

(三)组成计税价格及应纳税额的计算

委托加工的应税消费品，按照受托方的同类消费品的销售价格计算纳税。同类消费品的销售价格是指受托方当月销售的同类消费品的销售价格。如果当月同类消费品各期销售价格高低不同，应按销售数量加权平均计算。但销售应税消费品有下列情况之一，不得列入加权平均计算。

(1) 销售价格明显偏低又无正当理由的；
(2) 无销售价格的。

如果当月无销售或者当月未完结，应按照同类消费品上月或最近月份的销售价格计算

纳税。没有同类消费品销售价格的，按照组成计税价格计算纳税。组成计税价格的计算公式为

实行从价定率办法计算纳税的组成计税价格计算公式为

组成计税价格=(材料成本+加工费)÷(1-消费税比例税率)

实行复合计税办法计算纳税的组成计税价格计算公式为

组成计税价格=(材料成本+加工费+委托加工数量×定额税率)÷(1-消费税比例税率)

按照《消费税暂行条例实施细则》的解释，"材料成本"是指委托方所提供加工材料的实际成本。委托加工应税消费品的纳税人必须在委托加工合同上如实注明(或以其他方式提供)材料成本，凡未提供材料成本的，受托方所在地主管税务机关有权核定其材料成本。其目的就是为了防止假冒委托加工应税消费品或少报材料成本，逃避纳税。

"加工费"是指受托方加工应税消费品向委托方所收取的全部费用(包括代垫辅助材料的实际成本，不包括增值税税金)。受托方必须如实提供向委托方收取的全部费用，这样才能既保证组成计税价格及代收代缴消费税准确地计算出来，也使受托方按加工费得以正确计算其应纳的增值税。

三、进口环节应纳税额的计算

进口应税消费品于报关进口时缴纳消费税；进口应税消费品的消费税由海关代征；进口应税消费品，由进口人或者其代理人向报关地海关申报纳税；纳税人进口应税消费品，按照关税征收管理相关规定，应自海关填发海关进口消费税专用缴款书之日起15日内缴纳税款。

纳税人进口应税消费品，按照组成计税价格和规定的税率计算应纳税额。计算方法如下。

(一)进口一般货物应纳消费税的计算

1. 实行从价定率计征应纳税额的计算

组成计税价格=(关税完税价格+关税)÷(1-消费税比例税率)

应纳税额=组成计税价格×消费税比例税率

2. 实行从量定额计征应纳税额的计算

应纳税额=应税消费品数量×消费税定额税率

3. 实行从价定率和从量定额复合计税办法应纳税额的计算

组成计税价格=(关税完税价格+关税+进口数量×消费税定额税率)÷(1-消费税比例税率)

应纳税额=组成计税价格×消费税税率+应税消费品进口数量×消费税定额税额

进口环节消费税除国务院另有规定者外，一律不得给予减税、免税。

(二)进口卷烟应纳消费税额的计算

进口卷烟消费税组成计税价格和应纳消费税税额的计算：

进口卷烟消费税组成计税价格=(关税完税价格+关税+消费税定额税)÷(1-进口卷烟消费税适用比例税率)

应纳消费税税额=进口卷烟消费税组成计税价格×进口卷烟消费税适用比例税率+消费税定额税

其中，消费税定额税=海关核定的进口卷烟数量×消费税定额税率，消费税定额税率与国内相同。

四、已纳消费税扣除的计算

为避免重复征税，现行消费税规定，外购已税消费品和委托加工收回的已税消费品继续生产对应的应税消费品销售的，可扣除外购已税消费品和委托加工收回已税消费品已缴纳的消费税。

(一)外购应税消费品已纳税款的扣除

由于某些应税消费品是用外购已缴纳消费税的应税消费品连续生产出来的，在对这些连续生产出来的应税消费品计算征税时，税法规定应按当期生产领用数量计算准予扣除外购的应税消费品已纳的消费税税款。扣除范围包括：

(1) 外购已税烟丝生产的卷烟。

(2) 外购已税化妆品生产的化妆品。

(3) 外购已税珠宝玉石生产的贵重首饰及珠宝玉石。

(4) 外购已税鞭炮焰火生产的鞭炮焰火。

(5) 外购已税摩托车生产的摩托车(如用外购两轮摩托车改装三轮摩托车)。

(6) 外购已税杆头、杆身和握把为原料生产的高尔夫球杆。

(7) 外购已税木制一次性筷子为原料生产的木制一次性筷子。

(8) 外购已税实木地板为原料生产的实木地板。

(9) 对外购已税汽油、柴油、石脑油、燃料油、润滑油用于连续生产应税成品油。

上述当期准予扣除外购应税消费品已纳消费税税款的计算公式为

当期准予扣除的外购应税消费品已纳税款=当期准予扣除的外购应税消费品买价×外购应税消费品适用税率

当期准予扣除的外购应税消费品买价=期初库存的外购应税消费品的买价+当期购进的应税消费品的买价-期末库存的外购应税消费品的买价

需要说明的是，纳税人用外购的已税珠宝玉石生产的改在零售环节征收消费税的金银首饰(镶嵌首饰)，在计税时一律不得扣除外购珠宝玉石的已纳税款。

对自己不生产应税消费品，而只是购进后再销售应税消费品的工业企业，其销售的化妆品、鞭炮焰火和珠宝玉石，凡不能构成最终消费直接进入消费品市场，而需进一步生产加工的，应当征收消费税，同时允许扣除上述外购应税消费品的已纳税款。

允许扣除已纳税款的应税消费品只限于从工业企业购进的应税消费品和进口环节已缴纳消费税的应税消费品，对从境内商业企业购进应税消费品的已纳税款一律不得扣除。

(二)委托加工收回的应税消费品已纳税款的扣除

委托加工的应税消费品因为已由受托方代收代缴消费税，因此，委托方收回货物后用于连续生产应税消费品的，其已纳税款准予按照规定从连续生产的应税消费品应纳消费税税额中抵扣。按照国家税务总局的规定，下列连续生产的应税消费品准予从应纳消费税税额中按当期生产领用数量计算扣除委托加工收回的应税消费品已纳消费税税款。

(1) 以委托加工收回的已税烟丝为原料生产的卷烟。

(2) 以委托加工收回的已税化妆品为原料生产的化妆品。

(3) 以委托加工收回的已税珠宝玉石为原料生产的贵重首饰及珠宝玉石。

(4) 以委托加工收回的已税鞭炮焰火为原料生产的鞭炮焰火。

(5) 以委托加工收回的已税摩托车连续生产应税摩托车(如用外购两轮摩托车改装三轮摩托车)。

(6) 以委托加工收回的已税杆头、杆身和握把为原料生产的高尔夫球杆。

(7) 以委托加工收回的已税木制一次性筷子为原料生产的木制一次性筷子。

(8) 以委托加工收回的已税实木地板为原料生产的实木地板。

(9) 以委托加工收回的已税汽油、柴油、石脑油、燃料油、润滑油用于连续生产应税成品油。

上述当期准予扣除委托加工收回的应税消费品已纳消费税税款的计算公式是

当期准予扣除的委托加工应税消费品已纳税款=期初库存的委托加工应税消费品已纳税款+当期收回的委托加工应税消费品已纳税款-期末库存的委托加工应税消费品已纳税款

纳税人用委托加工收回的已税珠宝玉石生产的改在零售环节征收消费税的金银首饰，在计税时一律不得扣除委托加工收回的珠宝玉石的已纳消费税税款。

特别说明的是，为保护生态环境，促进替代污染排放汽车的生产和消费，推进汽车工业技术进步，对生产销售达到低污染排放值的小轿车、越野车和小客车减征30%的消费税。

第四节 出口应税消费品退(免)税

一、出口退税率的规定

计算出口应税消费品应退消费税的税率或单位税额，依据消费税税目、税率(税额)表执行。这是退(免)消费税与退(免)增值税的一个重要区别。当出口的货物是应税消费品时，其退还增值税要按规定的退税率计算，其退还消费税则按该应税消费品所适用的消费税税率计算。企业应将不同消费税税率的出口应税消费品分开核算和申报，凡划分不清适用税率的，一律从低适用税率计算应退消费税税额。

二、出口应税消费品退(免)税政策

出口应税消费品退(免)消费税在政策上分为以下三种情况。

(一)出口免税但不退税

有出口经营权的生产性企业自营出口或生产企业委托外贸企业代理出口自产的应税消费品，依据其实际出口数量免征消费税，不予办理退还消费税。免征消费税是指对生产性企业按其实际出口数量免征生产环节的消费税。不予办理退还消费税是指因已免征生产环节的消费税，该应税消费品出口时，已不含有消费税，所以也无须再办理退还消费税了。

(二)出口免税并退税

适用范围包括有出口经营权的外贸企业购进应税消费品直接出口，以及外贸企业受其他外贸企业委托代理出口应税消费品。这里应需注意，外贸企业受其他企业(主要是非生产性的商贸企业)委托，代理出口应税消费品是不予退(免)税的。

(三)出口不免税也不退税

适用范围：除生产企业、外贸企业外的其他企业，具体是指一般商贸企业，这类企业委托外贸企业代理出口应税消费品一律不予退(免)税。

三、出口应税消费品退税额的计算

外贸企业从生产企业购进货物直接出口或受其他外贸企业委托代理出口应税消费品的应退消费税税款，分两种情况处理。

(1) 属于从价定率计征消费税的应税消费品，应依照外贸企业从工厂购进货物时征收消费税的价格计算应退消费税税款。其计算公式为

$$应退消费税税款=出口货物的工厂销售额×税率$$

上述公式中"出口货物的工厂销售额"不包含增值税。对含增值税的价格应换算为不含增值税的销售额。

(2) 属于从量定额计征消费税的应税消费品，应以货物购进和报关出口的数量计算应退消费税税款。其计算公式为

$$应退消费税税款=出口数量×单位税额$$

四、出口应税消费品办理退(免)税后的管理

出口的应税消费品办理退税后发生退关，或者国外退货进口时予以免税的，报关出口者必须及时向其所在地主管税务机关申报补缴已退的消费税税款。

纳税人直接出口的应税消费品办理免税后发生退关或国外退货，进口时已予以免税的，经所在地主管税务机关批准，可暂不办理补税，待其转为国内销售时，再向其主管税务机关申报补缴消费税。

第五节 征 收 管 理

一、纳税义务发生时间

纳税人生产的应税消费品于销售时纳税；进口消费品应当于应税消费品报关进口环节纳税；金银首饰、钻石及钻石饰品在零售环节纳税。消费税纳税义务发生时间，以货款结算方式或行为发生时间分别确定。

(1) 纳税人销售应税消费品的纳税义务发生时间，分以下几种情况。

① 纳税人采取赊销和分期收款结算方式的，其纳税义务的发生时间，为销售合同规定的收款日期的当天。

② 纳税人采取预收货款结算方式的，其纳税义务的发生时间，为发出应税消费品的当天。

③ 纳税人采取托收承付和委托银行收款方式销售的应税消费品，其纳税义务的发生时间，为发出应税消费品并办妥托收手续的当天。

④ 纳税人采取其他结算方式的，其纳税义务的发生时间，为收讫销售款或者取得索取销售款的凭据的当天。

(2) 纳税人自产自用的应税消费品的纳税义务发生时间，为移送使用的当天。

(3) 纳税人委托加工的应税消费品，其纳税义务的发生时间，为纳税人提货的当天。

(4) 纳税人进口的应税消费品，其纳税义务的发生时间，为报关进口的当天。

二、纳税期限

消费税的纳税期限分别为 1 日、3 日、5 日、10 日、15 日、1 个月或者 1 个季度。纳税人的具体纳税期限，由主管税务机关根据纳税人应纳税额的大小分别核定；不能按照固定期限纳税的，可以按次纳税；纳税人以 1 个月或以 1 个季度为 1 个纳税期的，自期满之日起 15 日内申报纳税；以 1 日、3 日、5 日、10 日或者 15 日为 1 个纳税期的，自期满之日起 5 日内预缴税款，于次月 1 日起至 15 日内申报纳税并结清上月应纳税款；纳税人进口应税消费品，应当自海关填发海关进口消费税专用缴款书之日起 15 日内缴纳税款。

三、纳税地点

(1) 纳税人销售的应税消费品，以及自产自用的应税消费品，除国家另有规定的外，应当向纳税人机构所在地或居住地的税务机关申报纳税。

(2) 委托加工的应税消费品，除受托方为个人外，由受托方向所在地或者居住地的主管税务机关解缴消费税税款。

(3) 进口的应税消费品，由进口人或者其代理人向报关地海关申报纳税。

(4) 纳税人到外县(市)销售或者委托外县(市)代销自产应税消费品的，于应税消费品销售后，向机构所在地或者居住地主管税务机关申报纳税。

纳税人的总机构与分支机构不在同一县(市)的，应当分别向各自机构所在地的主管税务机关申报纳税；经财政部、国家税务总局或者其授权的财政、税务机关批准，可以由总机构汇总向总机构所在地的主管税务机关申报纳税。

(5) 纳税人销售的应税消费品，如因质量等原因由购买者退回时，经所在地主管税务机关审核批准后，可退还已征收的消费税税款。但不能自行直接抵减应纳税款。

复习思考题

一、问答题

1. 消费税的特点有哪些？

2. 如何计算直接对外销售应税消费品应缴纳的消费税？

3．如何计算自产自用应税消费品应缴纳的消费税？

4．如何计算外购已税消费品连续生产的对应消费品销售时的消费税？

5．委托加工收回的应税消费品连续生产应税消费品销售的，应纳消费税如何计算？

6．出口应税消费品的退(免)税有哪些规定？

二、计算题

1．某葡萄酒厂 2015 年 2 月将本厂生产的 2000 瓶葡萄酒发给员工作为福利，该厂本月销售这种葡萄酒的价格是每瓶 50 元(不包括增值税)，消费税适用税率为 10%，该厂这部分葡萄酒应缴纳的消费税的税额为多少？

2．某化妆品厂为增值税一般纳税人，下设一个非独立核算门市部，2015 年 1 月该厂将生产的一批成本价为 80 万元的化妆品移送门市部，门市部将其中 60%零售，取得含税销售额 77.22 万元。化妆品的消费税税率为 30%，成本利润率为 5%。要求：计算应缴纳的消费税额。

3．2015 年 1 月，某烟草公司进口 200 箱卷烟，关税完税价格共计 280 万元，进口卷烟的关税税率是 20%，定额税率为 150 元/箱。要求：计算该烟草公司进口卷烟的应纳消费税。

4．上海某化妆品有限责任公司为增值税一般纳税人，2 月份委托外单位加工一批新配方化妆品，调拨一批加工原材料到外单位，材料成本为 10 000 元。双方约定，化妆品加工完成之后，支付加工费 4000 元。当月，委托加工的化妆品按期完工并运达委托加工的公司，此批化妆品在市场上没有同类化妆品。这批委托加工的化妆品需要交纳多少消费税？

5．甲企业为白酒生产企业，增值税一般纳税人，2015 年 1 月发生以下业务。

(1) 向烟酒专卖店销售粮食白酒 10 吨，开具普通发票。取得含税收入 100 万元，另收品牌使用费 25 万元，包装物租金 10 万元。

(2) 提供 20 万元的原材料委托乙企业加工散装药酒 2000 公斤，收回时向乙企业支付不含增值税加工费 2 万元，乙企业已代收代缴消费税。

(3) 委托加工收回后将 1800 公斤散装白酒继续加工成瓶装药酒 3600 瓶，以每瓶不含税售价 100 元通过非独立核算门市部销售完毕。剩余 200 公斤散装药酒作为福利分给职工，同类药酒不含税销售价是 150 元/公斤。

要求计算：

(1) 本月甲企业向专卖店销售白酒应缴纳的消费税。

(2) 乙企业代收代缴的消费税。

(3) 本月甲企业销售瓶装药酒应缴纳的消费税。

(4) 本月甲企业分给职工散装药酒应缴纳的消费税。

6. 某首饰商场为增值税一般纳税人，2015 年 1 月发生如下业务。

(1) 金银首饰与镀金首饰组成的套装礼盒零售，取得收入 35.1 万元，其中金银首饰取得收入 30 万元，镀金首饰取得收入 5.1 万元。

(2) 以旧换新方式向消费者销售金项链 1000 条，每条零售价 0.25 万元，旧项链每条作价 0.2 万元，每条项链取得差价 0.05 万元。

(3) 为个人加工定制金银首饰，商城提供原材料含税金额 23.4 万元，取得个人支付含税加工费收入 4.68 万元，金银首饰成本利润率为 6%。

(4) 用 200 条银基项链抵偿债务，该批项链账面成本为 26 万元，零售价为 46.8 万元。

要求计算：

(1) 销售成套礼盒应缴纳的消费税。

(2) 以旧换新销售金项链应缴纳的消费税。

(3) 加工定制金银首饰应缴纳的消费税。

(4) 用银基项链抵偿债务应缴纳的消费税。

7. 2015 年 2 月，某卷烟生产企业月初库存外购应税烟丝金额 10 万元，当月外购应税烟丝金额 60 万元(不含增值税)，月末库存烟丝余额 20 万元，其余被生产卷烟领用。要求：计算卷烟厂当月准许扣除的外购烟丝已缴纳的消费税税额。

8. 某小轿车生产企业为增值税一般纳税人，2015 年 6 月生产并销售小轿车 200 辆，每辆含税销售价 18.72 万元，适用消费税税率 9%，生产的小轿车已达到减征消费税的国家标准。要求：计算该企业本月应缴纳的消费税。

9. 2016 年 2 月，某外贸公司从生产企业购进化妆品一批，取得增值税专用发票上注明的价款 30 万元，增值税 5.1 万元，支付购进化妆品的运输费用 4 万元，当月该批化妆品取得销售收入 40 万元。要求：计算该外贸公司出口化妆品的应退消费税。

10. 某酒厂为增值税一般纳税人，2016 年 6 月将自产白酒 1 吨发放给职工做福利，无同类货物的销售价格，其成本为 5000 元/吨，成本利率为 5%，此笔业务当月应缴纳的消费税和涉及的当期增值税销项税额为多少元？

三、案例分析

某卷烟生产企业为增值税一般纳税人，2015 年 2 月发生如下业务。

(1) 从农业生产者处收购烟叶一批，收购凭证上注明价款 600 万元，向烟叶生产者支付国家规定的价外补贴，支付运输费用 15 万元取得运输公司开具的运输发票，烟叶当期验收入库；

(2) 领用自产烟丝一批，生产甲型卷烟 600 标准箱；

(3) 从国外进口乙型卷烟 400 标准箱，支付境外成交价 260 万元，抵达海关前运费 20

万元,保险费用 10 万元;

(4) 销售甲型 300 标准箱,每箱不含税售价 1.5 万元,款项收讫。20 标准箱甲型卷烟作为福利发给企业职工;

(5) 销售进口乙型卷烟 380 标准箱,取得不含税销售收入 720 万元;

(6) 月末盘点时发现由于管理不善库存外购已税烟丝 20 万元(含运输费用 1.24 万元)霉烂变质。

要求计算:

(1) 外购烟叶可抵扣的进项税额。

(2) 进口卷烟应缴纳的消费税。

(3) 进口卷烟应缴纳的增值税。

(4) 直接销售和视同销售卷烟的增值税销项税额。

(5) 损失烟丝应转出的进项税额。

(6) 本月企业国内销售应缴纳的消费税。

第七章 关 税

【知识要点】

关税是海关对进出境货物、物品征收的一种税。通过本章的学习，要以常识性知识掌握关税的各种构成要素，同时要重点掌握关税完税价格的确定方法及关税计算。要在掌握关税的基础理论和计算的同时，重点理解和领会国家在不同时期对不同主体应用关税政策的差异性，学会在国际贸易中如何运用关税政策保护自己。

第一节 关税概述与分类

一、关税的概念

关税是海关依法对进出境的货物、物品征收的一种税，所谓"境"指关境，又称"海关境域"或"关税领域"，是国家《中华人民共和国海关法》全面实施的领域。在通常情况下，一国关境与国境是一致的，包括国家全部的领土、领海和领空。但当某一国家在国境内设立了自由港、自由贸易区等，这些区域就进出口关税而言处在关境之外，这时，该国家的关境小于国境。香港和澳门保持自由港地位，为我国单独的关税地区，即单独关境区。单独关境区是不完全适用该国海关法律、法规或实施单独海关管理制度的区域。当几个国家结成关税同盟，组成一个共同的关境时，则实施统一的关税法令和统一的对外税则。这些国家彼此之间货物进出国境不征收关税，只对来自或运往其他国家的货物进出共同关境时征收关税，这些国家的关境大于国境，如欧盟。

二、关税的分类

依据不同的分类标准和依据，关税可以划分为不同的种类。

(一)按征收对象划分，有进口税、出口税和过境税

(1) 进口税。进口税是指海关在外国货物进口时所课征的关税。通常在外国货物进入关境或国境时征收；或在外国货物从保税仓库提出运往国内市场时征收。现今世界各国的关税，主要是征收进口税。征收进口税的目的在于保护本国市场和增加财政收入。

(2) 出口税。出口税是指海关在本国货物出口时所课征的关税。为了降低出口货物的成

本，提高本国货物在国际市场上的竞争能力，世界各国一般少征或不征出口税。但为了限制本国某些产品或自然资源的输出，或为了保护本国生产、本国市场供应和增加财政收入以及某些特定的需要，有些国家也征收出口税。

(3) 过境税。过境税又称通过税，它是对外国货物通过本国国境或关境时征收的一种关税。过境税最早主要是为了增加国家财政收入而征收的。后由于各国的交通事业竞相发展，竞争愈来愈激烈，在这一环境下，再征收过境税，不仅妨碍国际商品流通，而且还减少港口、运输、仓储等方面的收入，于是诸多国家便逐步废除了过境税的条款。

(二)按征收目的划分，有财政关税和保护关税

(1) 财政关税。财政关税又称收入关税，它是以增加国家财政收入为主要目的而课征的关税。财政关税的税率比保护关税低，因为过高的关税会阻碍进出口贸易的发展，达不到增加财政收入的目的。随着世界经济的发展，财政关税的意义逐渐减低，而为保护关税所代替。

(2) 保护关税。它是以保护本国经济发展为主要目的而课征的关税。保护关税主要是进口税，税率较高，有的高达百分之几百。通过征收高额进口税，使进口商品成本增高，从而削弱它在进口国市场的竞争能力，甚至阻碍其进口，以达到保护本国经济发展的目的。保护关税是实现一个国家对外贸易政策的重要措施之一。

(三)按计征方式划分，有从量关税、从价关税、混合关税、选择性关税和滑动关税

(1) 从量关税。以征税对象的数量为计税依据，按每单位数量预先制定的应税额计征的关税。

(2) 从价关税。以征税对象的价格为计税依据，根据一定比例的税率进行计征的关税。

(3) 混合关税。对一种进口货物同时制定出从价、从量两种方式，分别计算税额，以两种税额之和作为该货物的应征税额。这种以从价、从量两种方式计征的关税为混合关税。

(4) 选择性关税。对同一种货物在税则中规定从价、从量两种税率，在征税时选择其中征收税额较多的一种，以免因物价波动影响财政收入。也可以选择税额较少的一种标准计算关税。

(5) 滑动关税。滑动关税又称滑准税。对某种货物在税则中预先按该商品的价格规定几档税率，同一种货物当价格高时适用较低税率，价格低时适用较高税率，目的是使该物品的价格在国内市场上保持相对稳定。

(四)按税率制定划分，有自主关税和协定关税

(1) 自主关税。自主关税又称国定关税。它是一个国家基于其主权，独立自主地制定的、

并有权修订的关税，包括关税税率及各种法规、条例。国定税率一般高于协定税率，适用于没有签订关税贸易协定的国家。

(2) 协定关税。协定关税的核心内容是协商确定关税税率。一般是两个或两个以上的国家，通过缔结关税贸易协定而制定关税税率。依此税率征收的关税谓之协定关税。协定关税税率有双边协定税率、多边协定税率和片面协定税率。双边协定税率是两个国家达成协议而相互减让的关税税率。多边协定税率，是两个以上的国家之间达成协议而相互减让的关税税率，如关税及贸易总协定中的相互减让税率的协议。片面协定税率是一国对他国输入的货物降低税率，为其输入提供方便，而他国并不以降低税率回报的税率制度。

(五)按差别待遇和特定的实施情况划分，有进口附加税、差价税、特惠税和普遍优惠制

(1) 进口附加税。进口附加税是指除了征收一般进口税以外，还根据某种目的再加征额外的关税。主要有反补贴税和反倾销税。

(2) 差价税。差价税又称差额税。当本国生产的某种产品国内价格高于同类的进口商品价格时，为了削弱进口商品的竞争能力，保护国内生产和国内市场，按国内价格与进口价格之间的差额征收关税，称差价税。

(3) 特惠税。特惠税又称优惠税。特惠税是指对某个国家或地区进口的全部商品或部分商品，给予特别优惠的低关税或免税待遇。但它不适用于从非优惠国家或地区进口的商品。特惠税有的是互惠的，有的是非互惠的。

(4) 普遍优惠制。普遍优惠制简称普惠制。普通优惠税是发展中国家在联合国贸易与发展会议上经过长期斗争，在 1968 年通过建立普惠制决议后产生的。该决议规定，发达国家承诺对从发展中国家或地区输入的商品，特别是制成品和半成品，给予普遍的、非歧视性的和非互惠的优惠关税待遇。

(六)特别关税

特别关税包括报复性关税、反倾销税与反补贴税、保障性关税。征收特别关税的货物、适用国别、税率、期限和征收办法，由国务院关税税则委员会决定，海关总署负责实施。

(1) 报复性关税。报复性关税是指为报复他国对本国出口货物的关税歧视，而对相关国家的进口货物征收的一种进口附加税。任何国家或者地区对其进口的原产于我国的货物征收歧视性关税或者给予其他歧视性待遇的，我国对原产于该国家或者地区的进口货物征收报复性关税。

(2) 反倾销税与反补贴税。反倾销税与反补贴税是指进口国海关对外国的倾销商品，在征收关税的同时附加征收的一种特别关税，其目的在于抵销他国补贴。在激烈的市场竞争

中,倾销和补贴行为在国际贸易中时常发生,且有愈演愈烈之势,其危害是使用不公平手段抢占市场份额,抑制我国相关产业的发展。为保护我国产业,根据《中华人民共和国反倾销条例》和《中华人民共和国反补贴条例》的规定,进口产品经初裁确定倾销或者补贴成立,并由此对国内产业造成损害的,可以采取临时反倾销或反补贴措施,实施期限为自决定公告规定实施之日起,不超过 4 个月。采取临时反倾销措施在特殊情形下,可以延长至 9 个月。经终裁确定倾销或者补贴成立,并由此对国内产业造成损害的,可以征收反倾销税和反补贴税,征收期限一般不超过 5 年,但经复审确定终止征收反倾销税或反补贴税,有可能导致倾销或补贴以及损害的继续或再度发生的,征收期限可以适当延长。反倾销税和反补贴税的纳税人为倾销或补贴产品的进口经营者。采取以上措施,由外经贸部(现商务部)提出建议,国务院关税税则委员会根据外经贸部的建议做出决定,由外经贸部予以公告。采取临时反补贴措施要求提供现金保证金、保函或者其他形式的担保,由外经贸部做出决定并予以公告。海关自公告规定实施之日起执行。

(3) 保障性关税。当某类商品进口量剧增,对我国相关产业带来巨大威胁或损害时,按照 WTO 的有关规则,可以启动一般保障措施,即在与有实质利益的国家或地区进行磋商后,在一定时期内提高该项商品的进口关税或采取数量限制措施,以保护国内相关产业不受损害。根据《中华人民共和国保障措施条例》的规定,有明确证据表明进口产品数量增加,在不采取临时保障措施将对国内产业造成难以补救的损害的紧急情况下,可以做出初裁决定,并采取临时保障措施。临时保障措施采取提高关税的形式。终裁决定确定进口产品数量增加,并由此对国内产业造成损害的,可以采取保障措施。保障措施可以是提高关税、数量限制等形式,针对正在进口的产品实施,不区分产品来源国家或地区。其中采取提高关税形式的,由商务部提出建议,国务院关税税则委员会根据建议做出决定,由商务部予以公告。

第二节 关税构成要素

一、纳税义务人

进口货物的收货人、出口货物的发货人、进出境物品的所有人,是关税的纳税义务人。进出口货物的收、发货人是依法取得对外贸易经营权,并进口或者出口货物的法人或者其他社会团体。进出境物品的所有人包括该物品的所有人和推定为所有人的人。一般情况下,对于携带进境的物品,推定其携带人为所有人;对分离运输的行李,推定相应的进出境旅客为所有人;对以邮递方式进境的物品,推定其收件人为所有人;以邮递或其他运输方式出境的物品,推定其寄件人或托运人为所有人。

二、征税对象

关税的征税对象是准许进出境的货物和物品。货物是指贸易性商品；物品是指入境旅客随身携带的行李物品、个人邮递物品、各种运输工具上的服务人员携带进口的自用物品、馈赠物品以及其他方式进境的个人物品。

三、进出口税则与关税税率

(一)进出口税则

进出口税则通常是一国政府根据国家关税政策和经济政策，通过一定的立法程序制定公布实施的，以进出口货物和物品的关税税率表为主体，包括实施税则的法令、使用税则的有关说明和附录等一系列内容的统称。

(二)关税税率

1. 进口关税税率

(1) 最惠国税率、协定税率、特惠税率、普通税率、暂定税率、关税配额税率。

自 2002 年 1 月 1 日起，我国进口税则设有最惠国税率、协定税率、特惠税率、普通税率、关税配额税率等税率。最惠国税率适用原产于与我国适用最惠国待遇条款的 WTO 成员国或地区的进口货物，或原产于与我国签订有相互给予最惠国待遇条款的双边贸易协定的国家或地区进口的货物，以及原产于我国境内的进口货物。协定税率适用原产于我国参加的含有关税优惠条款的区域性贸易协定有关缔约方的进口货物，目前对原产于韩国、斯里兰卡和孟加拉 3 个《曼谷协定》成员的 739 个税目进口商品实行协定税率(即曼谷协定税率)。特惠税率适用原产于与我国签订有特殊优惠关税协定的国家或地区的进口货物，目前对原产于孟加拉国的 18 个税目进口商品实行特惠税率(即曼谷协定特惠税率)。普通税率适用于原产于上述国家或地区以外的其他国家或地区的进口货物，以及原产地不明的进口货物。按普通税率征税的进口货物，经国务院关税税则委员会特别批准，可以适用最惠国税率。适用最惠国税率、协定税率、特惠税率的国家或者地区名单，由国务院关税税则委员会决定。根据经济发展需要，国家对部分进口原材料、零部件、农药原药和中间体、乐器及生产设备实行暂定税率。暂定税率优先适用于优惠税率或最惠国税率，按普通税率征税的进口货物不适用暂定税率。关税配额税率，对部分进口农产品和化肥产品实行关税配额，即一定数量内的上述进口商品适用税率较低的配额内税率，超出该数量的进口商品适用税率较高的配额外税率。现行税则对 700 多个税目进口商品实行了暂定税率，对小麦、豆油等 7 种农产品和尿素等 3 种化肥产品实行关税配额管理。

(2) 从价税、从量税、复合税、选择税、滑准税。

① 从价税。从价税是一种最常用的关税计税标准。它是以货物的价格或者价值为征税标准，以应征税额占货物价格或者价值的百分比为税率，价格越高，税额越高。货物进口时，以此税率和海关审定的实际进口货物完税价格相乘计算应征税额。目前，我国海关计征关税标准主要是从价税。

② 从量税。从量税是以货物的数量、重量、体积、容量等计量单位为计税标准，以每计量单位货物的应征税额为税率。我国目前对原油、啤酒和胶卷等进口商品征收从量税。

③ 复合税。复合税又称混合税，即订立从价、从量两种税率，随着完税价格和进口数量而变化，征收时两种税率合并计征。它是对某种进口货物混合使用从价税和从量税的一种关税计征标准。我国目前仅对录像机、放像机、摄像机、数字照相机和摄录一体机等进口商品征收复合税。

④ 选择税。选择税是对一种进口商品同时定有从价税和从量税两种税率，但征税时选择其税额较高的一种征税。

⑤ 滑准税。滑准税是根据货物的不同价格适用不同税率的一类特殊的从价关税。它是一种关税税率随进口货物价格由高至低而由低至高设置计征关税的方法。简单地讲，就是进口货物的价格越高，其进口关税税率越低，进口商品的价格越低，其进口关税税率越高。滑准税的特点是可保持实行滑准税商品的国内市场价格的相对稳定，而不受国际市场价格波动的影响。

2. 出口关税税率

国家仅对少数资源性产品及易于竞相杀价、盲目进口、需要规范出口秩序的半制成品征收出口关税。现行税则对 100 余种商品计征出口关税，主要是鳗鱼苗、部分有色金属矿砂及其精矿、生锑、磷、氟钽酸钾、苯、山羊板皮、部分铁合金、钢铁废碎料、铜和铝原料及其制品、镍锭、锌锭、锑锭等。但对上述范围内的商品实行 0～25% 的暂定税率，此外，根据需要对其他 200 多种商品征收暂定税率。与进口暂定税率一样，出口暂定税率优先适用于出口税则中规定的出口税率。

四、关税完税价格

《中华人民共和国海关法》规定，进出口货物的完税价格，由海关以该货物的成交价格为基础审查确定。成交价格不能确定时，完税价格由海关依法估定。

(一)一般进口货物的完税价格

1. 以成交价格为基础的完税价格

根据《中华人民共和国海关法》规定，进口货物的完税价格包括货物的货价、货物运抵我国境内输入地点起卸前的运输及其相关费用、保险费。我国境内输入地为入境海关地，包括内陆河、江口岸，一般为第一口岸。货物的货价以成交价格为基础。进口货物的成交价格是指买方为购买该货物，并按《完税价格办法》有关规定调整后的实付或应付价格。

2. 进口货物海关估价方法

进口货物的价格不符合成交价格条件或者成交价格不能确定的，海关应当依次以相同货物成交价格方法、类似货物成交价格方法、倒扣价格方法、计算价格方法及其他合理方法确定的价格为基础，估定完税价格。如果进口货物的收货人提出要求，并提供相关资料，经海关同意，可以选择倒扣价格方法和计算价格方法的适用次序。

(1) 相同或类似货物成交价格方法。

相同或类似货物成交价格方法，即以与被估的进口货物同时或大约同时(在海关接受申报进口之日的前后各45天以内)进口的相同或类似货物的成交价格为基础，估定完税价格。

(2) 倒扣价格方法。

倒扣价格方法即以被估的进口货物、相同或类似进口货物在境内销售的价格为基础估定完税价格。按该价格销售的货物应当同时符合五个条件：在被估货物进口时或大约同时销售；按照进口时的状态销售；在境内第一环节销售；合计的货物销售总量最大；向境内无特殊关系方的销售。

以该方法估定完税价格时，下列各项应当扣除：该货物的同等级或同种类货物，在境内销售时的利润和一般费用及通常支付的佣金；货物运抵境内输入地点之后的运费、保险费、装卸费及其他相关费用；进口关税、进口环节税和其他与进口或销售上述货物有关的国内税。

(3) 计算价格方法。

计算价格方法，即按下列各项的总和计算出的价格估定完税价格。有关项为，生产该货物所使用的原材料价值和进行装配或其他加工的费用；与向境内出口销售同等级或同种类货物的利润、一般费用相符的利润和一般费用；货物运抵境内输入地点起卸前的运输及相关费用、保险费。

(4) 其他合理方法。

使用其他合理方法时，应当根据《完税价格办法》规定的估价原则，以在境内获得的数据资料为基础估定完税价格。但不得使用以下价格：境内生产的货物在境内的销售价格；可供选择的价格中较高的价格；货物在出口地市场的销售价格；以计算价格方法规定的有关各项之外的价值或费用计算的价格；出口到第三国或地区的货物的销售价格；最低限价或武断虚构的价格。

(二)特殊进口货物的完税价格

1. 加工贸易进口料件及其制成品

加工贸易进口料件及其制成品需征税或内销补税的，海关按照一般进口货物的完税价格规定，审定完税价格。

2. 保税区、出口加工区货物

从保税区或出口加工区销往区外、从保税仓库出库内销的进口货物(加工贸易进口料件及其制成品除外)，以海关审定的价格估定完税价格。对经审核销售价格不能确定的，海关应当按照一般进口货物估价办法的规定，估定完税价格。如销售价格中未包括在保税区、出口加工区或保税仓库中发生的仓储、运输及其他相关费用的，应当按照客观量化的数据资料予以计入。

3. 运往境外修理的货物

运往境外修理的机械器具、运输工具或其他货物，出境时已向海关报明，并在海关规定期限内复运进境的，应当以海关审定的境外修理费和料件费为完税价格。

4. 运往境外加工的货物

运往境外加工的货物，出境时已向海关报明，并在海关规定期限内复运进境的，应当以海关审定的境外加工费和料件费，以及该货物复运进境的运输及其相关费用、保险费估定完税价格。

5. 暂时进境货物

对于经海关批准的暂时进境的货物，应当按照一般进口货物估价办法的规定，估定完税价格。

6. 租赁方式进口货物

租赁方式进口的货物中，以租金方式对外支付的租赁货物，在租赁期间以海关审定的租金作为完税价格；留购的租赁货物，以海关审定的留购价格作为完税价格；承租人申请一次性缴纳税款的，经海关同意，按照一般进口货物估价办法的规定估定完税价格。

7. 留购的进口货样等

对于境内留购的进口货样、展览品和广告陈列品，以海关审定的留购价格作为完税价格。

8. 予以补税的减免税货物

减税或免税进口的货物需予补税时，应当以海关审定的该货物原进口时的价格，扣除折旧部分价值作为完税价格，计算公式为

完税价格=海关审定的该货物原进口时的价格×[1-申请补税时实际已使用的

时间(月)÷(监管年限×12)]

9. 以其他方式进口的货物

以易货贸易、寄售、捐赠、赠送等其他方式进口的货物，应当按照一般进口货物估价办法的规定，估定完税价格。

(三)出口货物的完税价格

1. 以成交价格为基础的完税价格

出口货物的完税价格，由海关以该货物向境外销售的成交价格为基础审查确定，并应包括货物运至我国境内输出地点装载前的运输及其相关费用、保险费，但其中包含的出口关税税额应当扣除。

出口货物的成交价格，是指该货物出口销售到我国境外时买方向卖方实付或应付的价格。出口货物的成交价格中含有支付给境外的佣金的，如果单独列明，应当扣除。

2. 出口货物海关估价方法

出口货物的成交价格不能确定时，完税价格由海关依次使用下列方法估定。

(1) 同时或大约同时向同一国家或地区出口的相同货物的成交价格。

(2) 同时或大约同时向同一国家或地区出口的类似货物的成交价格。

(3) 根据境内生产相同或类似货物的成本、境内发生的运输及其相关费用、通常的利润、保险费计算所得的价格。

(4) 按照合理方法估定的价格。

(四)进出口货物完税价格中的运输费用及相关费用、保险费的计算

1. 以一般陆运、空运、海运方式进口的货物

(1) 在进口货物的运输及相关费用、保险费计算中，海运进口货物，计算至该货物运抵境内的卸货口岸；如果该货物的卸货口岸是内河(江)口岸，则应当计算至内河(江)口岸。

(2) 陆运进口货物，计算至该货物运抵境内的第一口岸；如果运输及相关费用、保险费

支付至目的地口岸，则计算至目的地口岸。

(3) 空运进口货物，计算至该货物运抵境内的第一口岸；如果该货物的目的地为境内的第一口岸以外的其他口岸，则计算至目的地口岸。

(4) 陆运、空运和海运进口货物的运费和保险费，应当按照实际支付的费用计算。如果进口货物的运费无法确定或未实际发生，海关应当按照该货物进口同期运输行业公布的运费率(额)计算运费；按照"货价加运费"两者总额的3‰计算保险费。

2．以其他方式进口的货物

(1) 邮运的进口货物，应当以邮费作为运输及相关费用、保险费。

(2) 以境外边境口岸价格条件成交的铁路或公路运输进口货物，海关应当按照货价的1%计算运输及相关费用、保险费。

(3) 作为进口货物的自营进口的运输工具，海关在审定完税价格时，可以不另行计入运费。

3．出口货物

出口货物的销售价格，如果包括离境口岸至境外口岸之间的运输、保险费的，该运费、保险费应当扣除。

第三节　应纳税额的计算

一、从价计征应纳税额的计算

关税税额=应税进(出)口货物数量×单位完税价格×税率

二、从量计征应纳税额的计算

关税税额=应税进(出)口货物数量×单位货物税额

三、复合计征应纳税额的计算

我国目前实行的复合税都是先计征从量税，再计征从价税。

关税税额=应税进(出)口货物数量×单位货物税额+应税进(出)口货物数量
×单位完税价格×税率

四、滑准税应纳税额的计算

关税税额=应税进(出)口货物数量×单位完税价格×滑准税税率

第四节 税 收 优 惠

一、法定减免税

法定减免税是税法中明确列出的减税或免税。我国《中华人民共和国海关法》和《中华人民共和国进出口关税条例》明确规定，下列货物、物品予以减免关税。

(1) 关税税额在人民币 50 元以下的一票货物，可免征关税。

(2) 无商业价值的广告品和货样，可免征关税。

(3) 外国政府、国际组织无偿赠送的物资，可免征关税。

(4) 进出境运输工具装载的途中必需的燃料、物料和饮食用品，可予免税。

(5) 经海关核准暂时进境或者暂时出境，并在 6 个月内复运出境或者复运进境的货样、展览品、施工机械、工程车辆、工程船舶、供安装设备时使用的仪器和工具、电视或者电影摄制器械、盛装货物的容器以及剧团服装道具，在货物收发货人向海关缴纳相当于税款的保证金或者提供担保后，可予暂时免税。

(6) 为境外厂商加工、装配成品和为制造外销产品而进口的原材料、辅料、零件、部件、配套件和包装物料，海关按照实际加工出口的成品数量免征进口关税，或者对进口料、件先征进口关税，再按照实际加工出口的成品数量予以退税。

(7) 因故退还的中国出口货物，经海关审查属实，可予免征进口关税，但已征收的出口关税不予退还。

(8) 因故退还的境外进口货物，经海关审查属实，可予免征出口关税，但已征收的进口关税不予退还。

(9) 进口货物如有以下情形，经海关查明属实，可酌情减免进口关税。

① 在境外运输途中或者在起卸时，遭受损坏或者损失的；

② 起卸后海关放行前，因不可抗力遭受损坏或者损失的；

③ 海关查验时已经破漏、损坏或者腐烂，经证明不是保管不慎造成的。

(10) 无代价抵偿货物，即进口货物在征税放行后，发现货物残损、短少或品质不良，而由国外承运人、发货人或保险公司免费补偿或更换的同类货物，可以免税。但有残损或质量问题的原进口货物如未退运国外，其进口的无代价抵偿货物应照章征税。

(11) 我国缔结或者参加的国际条约规定减征、免征关税的货物、物品，按照规定予以减免关税。

(12) 法律规定减征、免征的其他货物。

二、特定减免税

(1) 科教用品。

(2) 残疾人专品。

(3) 扶贫、慈善性捐赠物资。

(4) 加工贸易产品。

(5) 边境贸易进口物资等。

三、临时减免税

临时减免税是指法定减免税和特定减免税以外的其他减免税，即由国务院根据《中华人民共和国海关法》对某个单位、某类商品、某个项目或某批进出口货物的特殊情况，给予特别照顾，一案一批，专文下达的减免税。

第五节　行李和邮递物品进口税

行李和邮递物品进口税简称行邮税，是海关对入境旅客行李物品和个人邮递物品征收的进口税。由于其中包含了在进口环节征收的增值税、消费税，因而行邮税也是对个人非贸易性入境物品征收的进口关税和进口工商税收的总称。课税对象包括入境旅客、运输工具、服务人员携带的应税行李物品、个人邮递物品、馈赠物品以及以其他方式入境的个人物品等项物品，简称进口物品。

对准许应税进口旅客行李物品、个人邮递物品以及其他个人自用物品，均应依据《入境旅客行李物品和个人邮递物品进口税税率表》征收行邮税。纳税人是携带应税个人自用物品入境的旅客及运输工具服务人员、进口邮递物品的收件人，以及以其他方式进口应税个人自用物品的收件人。应税个人自用物品，不包括汽车、摩托车及其配件、附件。对进口应税个人自用汽车、摩托车及其配件、附件，以及超过海关规定自用合理数量部分的应税物品应按货物进口程序办理报关验放手续。

《入境旅客行李物品和个人邮递物品进口税税率表》由国务院关税税则委员会审定后，海关总署对外公布实施。我国行邮税税目和税率经过了多次调整，现行行邮税税率分为50%、30%、20%、10%四个档次：属于50%税率的物品为烟、酒、化妆品；属于30%税率的物品，包括高档手表(审定价格人民币 1 万元以上)、高尔夫球及球具；属于 20%税率的物品，包括纺织品及其制成品，摄像机、摄录一体机、数码相机及其他电器用具，照相机、自行车、手表(不包括高档手表)、钟表(含配件、附件)；属于 10%税率的物品，包括书报、刊物、教育专用电影片、幻灯片、原版录音带、录像带，金、银及其制品，食品、饮料和不能归入以上三档的其他商品。

进口税采用从价计征，完税价格由海关参照该项物品的境外正常零售平均价格确定。完税价格乘以进口税税率，即为应纳的进口税税额。海关按照填发税款缴纳书当日有效的税率和完税价格计算征收。纳税人应当在海关放行应税个人有用物品之前缴清税款。

第六节 征 收 管 理

一、关税缴纳

进口货物自运输工具申报进境之日起 14 日内，出口货物在货物运抵海关监管区后装货的 24 小时以前，应由进出口货物的纳税义务人向货物进(出)境地海关申报，海关根据税则归类和完税价格计算应缴纳的关税和进口环节代征税，并填发税款缴款书。纳税义务人应当自海关填发税款缴款书之日起 15 日内，向指定银行缴纳税款。如关税缴纳期限的最后 1 日是周末或法定节假日，则关税缴纳期限顺延至周末或法定节假日过后的第 1 个工作日。为方便纳税义务人，经申请且海关同意，进(出)口货物的纳税义务人可以在设有海关的指运地(启运地)办理海关申报、纳税手续。

关税纳税义务人因不可抗力或者在国家税收政策调整的情形下，不能按期缴纳税款的，经海关总署批准，可以延期缴纳税款，但最长不得超过 6 个月。

二、关税的强制执行

纳税义务人未在关税缴纳期限内缴纳税款，即构成关税滞纳。为保证海关征收关税决定的有效执行和国家财政收入的及时入库，《中华人民共和国海关法》赋予海关对滞纳关税的纳税义务人强制执行的权力。强制措施主要有以下两类。

一是征收关税滞纳金。滞纳金自关税缴纳期限届满滞纳之日起，至纳税义务人缴纳关税之日止，按滞纳税款万分之五的比例按日征收，周末或法定节假日不予扣除。具体计算公式为

关税滞纳金金额=滞纳关税税额×滞纳金征收比率×滞纳天数

二是强制征收。如纳税义务人自海关填发缴款书之日起 3 个月仍未缴纳税款，经海关

关长批准，海关可以采取强制扣缴、变价抵缴等强制措施。强制扣缴即海关从纳税义务人在开户银行或者其他金融机构的存款中直接扣缴税款。变价抵缴即海关将应税货物依法变卖，以变卖所得抵缴税款。

三、关税退还

关税退还是关税纳税义务人按海关核定的税额缴纳关税后，因某种原因的出现，海关将实际征收多于应当征收的税额(称为溢征关税)退还给原纳税义务人的一种行政行为。根据《中华人民共和国海关法》规定，海关多征的税款，海关发现后应当立即退还。

按规定，有下列情形之一的，进出口货物的纳税义务人可以自缴纳税款之日起1年内，书面声明理由，连同原纳税收据向海关申请退税并加算银行同期活期存款利息，逾期不予受理。

(1) 因海关误征，多纳税款的。

(2) 海关核准免验进口的货物，在完税后，发现有短卸情形，经海关审查认可的。

(3) 已征出口关税的货物，因故未将其运出口，申报退关，经海关查验属实的。

对已征出口关税的出口货物和已征进口关税的进口货物，因货物品种或规格原因(非其他原因)原状复运进境或出境的，经海关查验属实的，也应退还已征关税。海关应当自受理退税申请之日起30日内，做出书面答复并通知退税申请人。如果属于其他原因且不能以原状复运进境或出境，不能退税。

四、关税补征和追征

补征和追征是海关在关税纳税义务人按海关核定的税额缴纳关税后，发现实际征收税额少于应当征收的税额(称为短征关税)时，责令纳税义务人补缴所差税款的一种行政行为。《中华人民共和国海关法》根据短征关税的原因，将海关征收原短征关税的行为分为补征和追征两种。由于纳税人违反海关规定造成短征关税的，称为追征；非因纳税人违反海关规定造成短征关税的，称为补征。区分关税追征和补征的目的是为了区别不同情况适用不同的征收时效，超过时效规定的期限，海关就丧失了追补关税的权力。根据《中华人民共和国海关法》规定，进出境货物和物品放行后，海关发现少征或者漏征的税款，应当自缴纳税款或者货物、物品放行之日起1年内，向纳税义务人补征；因纳税义务人违反规定而造成的少征或者漏征的税款，自纳税义务人应缴纳税款之日起3年以内可以追征，并从缴纳税款之日起按日加收少征或者漏征税款万分之五的滞纳金。

五、关税纳税争议

为保护纳税人的合法权益，我国《中华人民共和国海关法》和《进出口关税条例》都规定，当纳税义务人对海关确定的进出口货物的征税、减税、补税或者退税等有异议时，有提出申诉的权利。在纳税义务人同海关发生纳税争议时，可以向海关申请复议，但同时应当在规定期限内按海关核定的税额缴纳关税，逾期则构成滞纳，海关有权按规定采取强制执行措施。

纳税争议的内容一般为进出境货物和物品的纳税义务人对海关在原产地认定、税则归类、税率或汇率适用、完税价格确定、关税减征、免征、追征、补征和退还等征税行为是否合法或适当，是否侵害了纳税义务人的合法权益，而对海关征收关税的行为表示异议。

纳税争议的申诉程序：纳税义务人自海关填发税款缴款书之日起 30 日内，向原征税海关的上一级海关书面申请复议。逾期申请复议的，海关不予受理。海关应当自收到复议申请之日起 60 日内做出复议决定，并以复议决定书的形式正式答复纳税义务人；纳税义务人对海关复议决定仍然不服的，可以自收到复议决定书之日起 15 日内，向人民法院提起诉讼。

复习思考题

一、名词解释

完税价格　到岸价格　滑动关税　报复性关税　反倾销税　反补贴税　保障性关税

二、问答题

1. 一般进口货物的完税价格是如何确定的？
2. 出口货物的完税价格是如何确定的？
3. 进出口货物完税价格中的运输费用及相关费用、保险费如何计算？
4. 特别关税包括哪些内容？在什么条件下征收？
5. 简要说明行邮税纳税人、纳税对象、税率及计算方法。

三、计算题

1. 有进出口经营权的某外贸公司，2015 年 10 月经有关部门批准从境外进口小轿车 40 辆，每辆小轿车货价 20 万元，运抵我国海关前发生的运输费用、保险费用无法确定，经海关查实其他运输公司相同业务的运输费用占货价的比例为 2%。该公司向海关缴纳了相关税款，并取得了完税凭证。(提示：小轿车关税税率为 60%、增值税税率为 17%、消费税税率为 9%),计算小轿车在进口环节应缴纳的关税、消费税和增值税。

2. 有进出口经营权的某外贸公司,2015 年 10 月发生以下经营业务:经有关部门批准从境外进口小轿车 30 辆,每辆小轿车货价 15 万元,运抵我国海关前发生的运输费用、保险费用无法确定,经海关查实其他运输公司相关业务的运输费用占货价的 2%。该公司向海关缴纳了相关税款,取得了完税凭证。

要求:计算小轿车在进口环节应纳的关税、增值税和消费税。(小轿车关税税率为 60%、货物关税税率为 20%、增值税税率为 17%、消费税税率为 9%)

3. 某市大型商贸公司为增值税一般纳税人,兼营商品加工、批发、零售和进口业务,2015 年 12 月相关经营业务如下:进口化妆品一批,支付国外的买价 220 万元、国外的采购代理人佣金 6 万元、国外的经纪费 4 万元;支付运抵我国海关地前的运输费用 20 万元、装卸费用和保险费用 11 万元;支付海关地再运往商贸公司的运输费用 8 万元、装卸费用和保险费用 3 万元。要求:分别计算该公司进口环节应缴纳的关税、增值税和消费税。(关税税率为 20%)

4. 某具有金银首饰经营资质的企业海运进口一批金银首饰,海关审定货价折合人民币 7876 万元,运保费无法确定,海关按同类货物同程运输费固定运费折合人民币 10.1 万元,该批货物进口关税税率为 15%。请计算:

(1) 进口环节应纳的关税。

(2) 进口环节应纳的消费税。

(3) 进口环节应纳的增值税。

第八章　企业所得税

【知识要点】

通过对本章内容的学习，要重点掌握不同纳税人企业所得税收入总额内涵、不征税收入、免税收入、各种费用扣除标准及企业所得税计算等内容。该章内容的难点在于各种费用扣除标准及企业所得税的计算，尤其是在计算应纳税所得额时的对企业利润额的增减调整内容。

第一节　企业所得税构成要素

企业所得税是国家对企业取得的生产经营所得和其他所得征收的一种税。它是国家直接参与企业利润分配的主要形式。企业所得税分别由国家税务局和地方税务局负责征收管理，所得收入由中央政府与地方政府共享，是中央政府和地方政府税收收入的主要来源之一。

一、纳税人

企业所得税是对我国境内的企业和其他取得收入的组织的生产经营所得和其他所得征收的所得税。企业所得税的纳税义务人，是在中华人民共和国境内的企业和其他取得收入的组织。个人独资企业和合伙企业不属于企业所得税的纳税人。根据《中华人民共和国企业所得税法》，企业分为居民企业和非居民企业，这是根据企业纳税义务范围的宽窄进行的分类方法。不同的企业在向中国政府缴纳所得税时，纳税义务不同。

(一)居民企业

居民企业，是指依法在中国境内成立，或者依照外国(地区)法律成立但实际管理机构在中国境内的企业。这里的企业包括国有企业、集体企业、私营企业、联营企业、股份制企业、外商投资企业、外国企业以及有生产、经营所得和其他所得的其他组织。

在国际上，居民企业判定的标准有注册地标准、实际管理机构地标准和总机构所在地标准等。我国在新的企业所得税法中采用了注册地标准和实际管理机构地标准相结合的办法判定居民企业。居民企业承担无限的纳税义务，要就其来源于中国境内和境外的所得缴纳所得税。

(二)非居民企业

非居民企业,是指依照外国(地区)法律成立且实际管理机构不在中国境内,但在中国境内设立机构、场所的,或者在中国境内未设立机构、场所,但有来源于中国境内所得的企业。非居民企业承担有限的纳税义务,一般只就其来源于我国境内的所得缴纳所得税。

二、纳税对象

企业所得税的征税对象,是指企业的生产经营所得、其他所得和清算所得。

具体来说主要包括销售货物所得、提供劳务所得、转让财产所得、股息红利等权益性投资所得、利息所得、租金所得、特许权使用费所得、接受捐赠所得和其他所得。

对于非居民企业在中国境内未设立机构、场所的,或者虽设立机构、场所但取得的所得与其所设机构、场所没有实际联系的,对其来源于中国境内的所得征收企业所得税时,多采用源泉扣缴的方式,由支付人代扣代缴,国际上称为预提所得税。

三、税率

企业所得税实行比例税率。比例税率简便易行,透明度高,不会因征税而改变企业间收入分配比例,有利于促进效率的提高。现行规定是:

(一)基本税率

企业所得税的基本税率为 25%。适用于居民企业和在中国境内设有机构、场所且所得与机构、场所有关联的非居民企业。

(二)低税率

低税率为 20%,现减按 10%的税率征收企业所得税。适用于在中国境内未设立机构、场所的,或者虽设立机构、场所但取得的所得与其所设机构、场所没有实际联系的非居民企业。

第二节 应纳税所得额的计算

企业所得税的应纳税所得额是企业所得税的计税依据,其基本公式为

应纳税所得额=收入总额-不征税收入-免税收入-各项扣除-以前年度亏损

一、收入总额

(一)一般收入的确认

企业以货币形式和非货币形式从各种来源取得的收入，为收入总额。包括以下几类。

(1) 销售货物收入，是指企业销售商品、产品、原材料、包装物、低值易耗品以及其他存货取得的收入。

(2) 劳务收入，是指企业从事建筑安装、修理修配、交通运输、仓储租赁、金融保险、邮电通信、咨询经纪、文化体育、科学研究、技术服务、教育培训、餐饮住宿、中介代理、卫生保健、社区服务、旅游、娱乐、加工以及其他劳务服务活动取得的收入。

(3) 转让财产收入，是指企业转让固定资产、生物资产、无形资产、股权、债权等财产取得的收入。

(4) 股息、红利等权益性投资收益，是指企业因权益性投资从被投资方取得的收入。除国务院财政、税务主管部门另有规定外，股息、红利等权益性投资收益，按照被投资方做出利润分配决定的日期确认收入的实现。

(5) 利息收入，是指企业将资金提供他人使用但不构成权益性投资，或者因他人占用本企业资金取得的收入，包括存款利息、贷款利息、债券利息、欠款利息等收入。利息收入，按照合同约定的债务人应付利息的日期确认收入的实现。

(6) 租金收入，是指企业提供固定资产、包装物或者其他有形资产的使用权取得的收入。租金收入，按照合同约定的承租人应付租金的日期确认收入的实现。

(7) 特许权使用费收入，是指企业提供专利权、非专利技术、商标权、著作权以及其他特许权的使用权取得的收入。特许权使用费收入，按照合同约定的特许权使用人应付特许权使用费的日期确认收入的实现。

(8) 接受捐赠收入，是指企业接受的来自其他企业、组织或者个人无偿给予的货币性资产、非货币性资产。接受捐赠收入，按照实际收到捐赠资产的日期确认收入的实现。

(9) 其他收入，是指企业取得的除以上收入外的其他收入，包括企业资产溢余收入、逾期未退包装物押金收入、确实无法偿付的应付款项、已作坏账损失处理后又收回的应收款项、债务重组收入、补贴收入、违约金收入、汇兑收益等。

(二)特殊收入的确认

(1) 以分期收款方式销售货物的，按照合同约定的收款日期确认收入的实现。

(2) 企业受托加工制造大型机械设备、船舶、飞机，以及从事建筑、安装、装配工程业务或者提供其他劳务等，持续时间超过 12 个月的，按照纳税年度内完工进度或者完成的工作量确认收入的实现。

(3) 采取产品分成方式取得收入的，按照企业分得产品的日期确认收入的实现，其收入额按照产品的公允价值确定。

(4) 企业发生非货币性资产交换，以及将货物、财产、劳务用于捐赠、偿债、赞助、集资、广告、样品、职工福利或者利润分配等用途的，应当视同销售货物、转让财产或者提供劳务，但国务院财政、税务主管部门另有规定的除外。

(三)处置资产收入的确认

(1) 企业发生下列情形的处置资产，除将资产转移至境外以外，由于资产所有权属在形式和实质上均不发生改变，可作为内部处置资产，不视同销售确认收入，相关资产的计税基础延续计算。

① 将资产用于生产、制造、加工另一产品。

② 改变资产形状、结构或性能。

③ 改变资产用途(如自建商品房转为自用或经营)。

④ 将资产在总机构及其分支机构之间转移。

⑤ 上述两种或两种以上情形的混合。

⑥ 其他不改变资产所有权属的用途。

(2) 企业将资产移送他人的下列情形，因资产所有权属已发生改变而不属于内部处置资产，应按规定视同销售确定收入。

① 用于市场推广或销售。

② 用于交际应酬。

③ 用于职工奖励或福利。

④ 用于股息分配。

⑤ 用于对外捐赠。

⑥ 其他改变资产所有权属的用途。

(3) 企业发生用于市场推广或销售、用于交际应酬、用于职工奖励或福利、用于股息分配、用于对外捐赠、其他改变资产所有权属的用途的情形时，属于企业自制的资产，应按企业同类资产同期对外销售价格确定销售收入；属于外购的资产，可按购入时的价格确定销售收入。

二、不征税收入和免税收入

(一)不征税收入

(1) 财政拨款。

(2) 依法收取并纳入财政管理的行政事业性收费、政府性基金。

(3) 全国社会保障基金理事会、社会保障基金投资管理人管理的社会保障基金银行存款利息收入和社会保障基金从证券市场取得的收入。

(4) 国务院规定的其他不征税收入。

(二)免税收入

(1) 国债利息收入。

(2) 符合条件的居民企业之间的股息、红利等权益性收益。

(3) 在中国境内设立机构、场所的非居民企业从居民企业取得与该机构、场所有实际联系的股息、红利等权益性投资收益，但不包括连续持有居民企业公开发行并上市流通的股票不足 12 个月取得的投资收益。

(4) 符合条件的非营利组织的收入。

三、扣除项目的范围

《企业所得税法》规定，企业实际发生的与取得收入有关的、合理的支出，包括成本、费用、税金、损失和其他支出，准予在计算应纳税所得额时扣除。

(1) 成本。成本是指企业在生产经营活动中发生的销售成本、销货成本、业务支出以及其他耗费，即企业销售商品(产品、材料、下脚料、废料、废旧物资等)、提供劳务、转让固定资产、无形资产(包括技术转让)的成本。

(2) 费用。费用是指企业每一个纳税年度为生产、经营商品和提供劳务等所发生的销售(经营)费用、管理费用和财务费用。已经计入成本的有关费用除外。

(3) 税金。税金是指企业发生的除企业所得税和允许抵扣的增值税以外的企业缴纳的各项税金及其附加。即企业按规定缴纳的消费税、营业税、城市维护建设税、关税、资源税、土地增值税、房产税、车船税、土地使用税、印花税、教育费附加等产品销售税金及附加。

(4) 损失。损失是指企业在生产经营活动中发生的固定资产和存货的盘亏、毁损、报废损失，转让财产损失，呆账损失，坏账损失，自然灾害等不可抗力因素造成的损失以及其他损失。

(5) 扣除的其他支出。扣除的其他支出是指除成本、费用、税金、损失外，企业在生产经营活动中发生的与生产经营活动有关的、合理的支出。

四、扣除项目及其标准

(一)工资、薪金支出

企业发生的合理的工资、薪金支出准予据实扣除。工资、薪金支出是企业每一纳税年度支付给本企业任职或与其有雇佣关系的员工的所有现金或非现金形式的劳动报酬,包括基本工资、资金、津贴、补贴、年终加薪、加班工资,以及与任职或者是受雇有关的其他支出。

(二)职工福利费、工会经费、职工教育经费

企业发生的职工福利费、工会经费、职工教育经费按标准扣除,未超过标准的按实际数扣除,超过标准的只能按标准扣除。

(1) 企业发生的职工福利费支出,不超过工资、薪金总额14%的部分准予扣除。

(2) 企业拨缴的工会经费,不超过工资、薪金总额2%的部分准予扣除。

(3) 除国务院财政、税务主管部门另有规定外,企业发生的职工教育经费支出,不超过工资、薪金总额2.5%的部分准予扣除,超过部分准予结转以后纳税年度扣除。

(三)社会保险费

(1) 企业依照国务院有关主管部门或者省级人民政府规定的范围和标准为职工缴纳的"五险一金",即基本养老保险费、基本医疗保险费、失业保险费、工伤保险费、生育保险费等基本社会保险费和住房公积金,准予扣除。

(2) 企业为投资者或者职工支付的补充养老保险费、补充医疗保险费,在国务院财政、税务主管部门规定的范围和标准内,准予扣除。企业依照国家有关规定为特殊工种职工支付的人身安全保险费和符合国务院财政、税务主管部门规定可以扣除的商业保险费准予扣除。

(3) 企业参加财产保险,按照规定缴纳的保险费,准予扣除。企业为投资者或者职工支付的商业保险费,不得扣除。

(四)利息费用

(1) 非金融企业向金融企业借款的利息支出、金融企业的各项存款利息支出和同业拆借利息支出、企业经批准发行债券的利息支出可据实扣除。

(2) 非金融企业向非金融企业借款的利息支出,不超过按照金融企业同期同类贷款利率

计算的数额的部分可据实扣除，超过部分不许扣除。

(3) 关联企业利息费用的扣除。企业从其关联方接受的债权性投资与权益性投资的比例超过规定标准而发生的利息支出，不得在计算应纳税所得额时扣除。

(4) 企业向自然人借款的利息支出在企业所得税税前的扣除。

(五)借款费用

(1) 企业在生产经营活动中发生的合理的不需要资本化的借款费用，准予扣除。

(2) 企业为购置、建造固定资产、无形资产和经过 12 个月以上的建造才能达到预定可销售状态的存货发生借款的，在有关资产购置、建造期间发生的合理的借款费用，应予以资本化，作为资本性支出计入有关资产的成本；有关资产交付使用后发生的借款利息，可在发生当期扣除。

(六)汇兑损失

企业在货币交易中，以及纳税年度终了时将人民币以外的货币性资产、负债按照期末即期人民币汇率中间价折算为人民币时产生的汇兑损失，除已经计入有关资产成本以及与向所有者进行利润分配相关的部分外，准予扣除。

(七)业务招待费

企业发生的与生产经营活动有关的业务招待费支出，按照发生额的 60%扣除，但最高不得超过当年销售(营业)收入的 5‰。当年销售(营业)收入还包括《中华人民共和国企业所得税法实施条例》第 25 条规定的视同销售(营业)收入额。

(八)广告费和业务宣传费

企业发生的符合条件的广告费和业务宣传费支出，除国务院财政、税务主管部门另有规定外，不超过当年销售(营业)收入 15%的部分，准予扣除；超过部分，准予结转以后纳税年度扣除。

(九)环境保护专项资金

企业依照法律、行政法规有关规定提取的用于环境保护、生态恢复等方面的专项资金，准予扣除。上述专项资金提取后改变用途的，不得扣除。

(十)保险费

企业参加财产保险，按照规定缴纳的保险费，准予扣除。

(十一)租赁费

企业根据生产经营活动需要租入固定资产支付的租赁费，按以下方法扣除。

(1) 以经营租赁方式租入固定资产发生的租赁费支出，按照租赁期限均匀扣除。经营性租赁是指所有权不转移的租赁。

(2) 以融资租赁方式租入固定资产发生的租赁费支出，按照规定构成融资租入固定资产价值的部分应当提取折旧费用，分期扣除。

(十二)劳动保护费

企业发生的合理的劳动保护支出，准予扣除。

(十三)公益性捐赠支出

公益性捐赠，是指企业通过公益性社会团体、公益性群众团体或者县级(含县级)以上人民政府及其部门，用于《中华人民共和国公益事业捐赠法》规定的公益事业的捐赠。

企业发生的公益性捐赠支出，不超过年度利润总额 12%的部分，准予扣除。年度利润总额，是指企业依照国家统一会计制度的规定计算的年度会计利润。

(十四)有关资产的费用

企业转让各类固定资产发生的费用，允许扣除。企业按规定计算的固定资产折旧费、无形资产和递延资产的摊销费，准予扣除。

(十五)总机构分摊的费用

非居民企业在中国境内设立的机构、场所，就其中国境外总机构发生的与该机构、场所生产经营有关的费用，能够提供总机构出具的费用汇集范围、定额、分配依据和方法等证明文件，并合理分摊的，准予扣除。

(十六)资产损失

企业当期发生的固定资产和流动资产盘亏、毁损净损失，由其提供清查盘存资料经主管税务机关审核后，准予扣除；企业因存货盘亏、毁损、报废等原因不得从销项税金中抵扣的进项税金，应视同企业财产损失，准予与存货损失一起在所得税前按规定扣除。

(十七)其他项目

依照有关法律、行政法规和国家有关税法规定准予扣除的如会员费、合理的会议费、差旅费、违约金、诉讼费用等。

五、不得扣除的项目

(1) 向投资者支付的股息、红利等权益性投资收益款项。

(2) 企业所得税税款。

(3) 税收滞纳金。税收滞纳金是指纳税人违反税收法规，被税务机关处以的滞纳金。

(4) 罚金、罚款和被没收财物的损失。罚金、罚款和被没收财物的损失是指纳税人违反国家有关法律、法规规定，被有关部门处以的罚款，以及被司法机关处以的罚金和被没收财物。

(5) 超过规定标准的捐赠支出。

(6) 赞助支出。赞助支出是指企业发生的与生产经营活动无关的各种非广告性质的支出。

(7) 未经核定的准备金支出。未经核定的准备金支出是指不符合国务院财政、税务主管部门规定的各项资产减值准备、风险准备等准备金支出。

(8) 企业之间支付的管理费、企业内营业机构之间支付的租金和特许权使用费，以及非银行企业内营业机构之间支付的利息。

(9) 与取得收入无关的其他支出。

六、亏损弥补

亏损，是指企业依照《中华人民共和国企业所得税法》及其暂行条例的规定，将每一纳税年度的收入总额减除不征税收入、免税收入和各项扣除后小于零的数额。税法规定，企业某一纳税年度发生的亏损可以用下一年度的所得弥补，下一年度的所得不足以弥补的，可以逐年延续弥补，但最长不得超过 5 年。而且，企业在汇总计算缴纳企业所得税时，其境外营业机构的亏损不得抵减境内营业机构的盈利。

第三节　企业所得税的计算

一、居民企业应纳税额的计算

居民企业应缴纳所得税税额的基本计算公式为

应纳税额=应纳税所得额×适用税率-减免税额-抵免税额

公式中的应纳税所得额有直接计算法和间接计算法两种方式。

直接计算法下的计算公式为

$$应纳税所得额=收入总额-征税收入-免税收入-各项扣除金额$$
$$-允许弥补的以前年度亏损$$

间接计算法下的计算公式为

$$应纳税所得额=会计利润总额\pm纳税调整项目金额$$

公式中的减免税额和抵免税额,是指依照企业所得税法和国务院的税收优惠规定减征、免征和抵免的应纳税额。之所以规定有抵免税额,是因为我国政府在对本国纳税人境外所得征税时,纳税人境外所得已在境外缴纳税收,为避免对同一笔所得重复征税,允许其境外已纳税额全部或部分冲抵我国应纳税额。这种减除重复征税的办法被称为抵免法。

我国税法规定,企业取得的下列所得已在境外缴纳的所得税税额,可以从其当期应纳税额中抵免,抵免限额为该项所得依照中国税法规定计算的应纳税额;超过抵免限额的部分,可以在以后 5 个年度内,用每年度抵免限额抵免当年应抵税额后的余额进行抵补。这里的"企业取得的下列所得"包括:①居民企业来源于中国境外的应税所得;②非居民企业在中国境内设立机构、场所,取得发生在中国境外但与该机构、场所有实际联系的应税所得。

要计算企业应纳税额,准确确定企业的抵免税额十分关键,需要确定企业已在境外缴纳所得税税额和抵免限额。

二、境外所得抵免税额的计算

(一)抵免税额的确定

运用抵免法减除重复征税时,纳税人境外所得已纳税额可从当期应纳税额中抵免,但各个国家通常采取的是有限额的抵免。我国也采取限额抵免。抵免限额是企业来源于中国境外的所得,依照企业所得税法及其实施条例的规定计算的应纳税额。

抵免限额是允许纳税人抵免本国税款的最高数额。不一定等于纳税人的实际抵免税额,其实际抵免税额需要比较纳税人已在境外缴纳的所得税税额和抵免限额后确定。纳税人来源于境外所得已在境外实际缴纳的税额低于抵免限额时,则实际抵免税额为已在境外实际缴纳的所得税税额;纳税人来源于境外所得已在境外实际缴纳的税额高于抵免限额时,则实际抵免税额为抵免限额。企业抵免企业所得税税额时,应当提供中国境外税务机关出具的税款所属年度的有关纳税凭证。

(二)抵免限额的计算

抵免限额是企业来源于中国境外的所得,依照企业所得税法及其实施条例的规定计算的应纳税额。而居住国纳税人在同一纳税年度来自中国境外的所得很可能来自几个国家,在国外可能负担了几个国家的税款。在这种情况下，抵免限额的计算有分国限额抵免法和综合限额抵免法两种计算方法，我国明确使用分国限额抵免法计算抵免限额。

所谓分国限额抵免法，就是居住国政府对其居民来自每一个非居住国的所得分别计算出其各自的抵免限额。具体计算公式如下：

抵免限额＝中国境内、境外所得依照企业所得税法的规定计算的应纳税总额×来源于某国(地区)的应纳税所得额÷中国境内、境外应纳税所得总额

(三)已在境外缴纳所得税税额的确定

已在境外缴纳所得税税额是指企业来源于中国境外的所得依照中国境外税收法律以及相关规定应当缴纳并已实际缴纳的企业所得税性质的税款。但不包括以下各项：

(1) 按照境外所得税法律及相关规定属于错缴或错征的境外所得税税款。

(2) 按照税收协定规定不应征收的境外所得税税款。

(3) 因少缴或迟缴境外所得税而追加的利息、滞纳金或罚款。

(4) 境外所得税纳税人或者其利害关系人从境外征税主体得到实际返还或补偿的境外所得税税款。

(5) 按照我国《企业所得税法》及其实施条例规定，已经免征我国企业所得税的境外所得负担的境外所得税税款。

(6) 按照国务院财政、税务主管部门有关规定已经从企业境外应纳税所得额中扣除的境外所得税税款。

(四)间接抵免

境外所得的税收抵免可分为直接抵免和间接抵免。上面我们所提到的计算主要是针对直接抵免而言。我国很久以来在实践中只给予直接抵免，2008 年新的企业所得税法中开始引入间接抵免办法。

所谓直接抵免，是指居住国纳税人用其直接缴纳的外国税款冲抵其在本国应缴纳的税额。主要适用于属于同一法人实体的总公司与海外分公司之间的企业所得税抵免和母公司与子公司之间的预提所得税抵免。

所谓间接抵免，是指居住国纳税人用其间接缴纳的国外税额冲抵在本国应缴纳的税额。主要适用于母公司与海外子公司之间分配股利，子公司在所在国缴纳的企业所得税抵免。

我国税法规定，居民企业从其直接或者间接控制的外国企业分得的来源于中国境外的股息、红利等权益性投资收益，外国企业在境外实际缴纳的所得税税额中属于该项所得负担的部分，可以作为该居民企业的可抵免境外所得税税额，在规定的抵免限额内抵免。直接控制，是指居民企业直接持有外国企业 20%以上股份。间接控制，是指居民企业以间

接持股方式持有外国企业 20%以上股份，具体认定办法由国务院财政、税务主管部门另行制定。

(五)超限抵免额的处理

在计算实际应抵免的境外已缴纳和间接负担的所得税税额时，企业在境外一国(地区)当年缴纳和间接负担的符合规定的所得税税额低于所计算的该国(地区)抵免限额的，应以该项税额作为境外所得税抵免额从企业应纳税总额中据实抵免；超过抵免限额的，当年应以抵免限额作为境外所得税抵免额进行抵免，超过抵免限额的余额允许从次年起在连续 5 个纳税年度内，用每年度抵免限额抵免当年应抵税额后的余额进行抵补。

三、居民企业核定征收应纳税额的计算

(一)核定征收企业所得税的范围

核定征收办法适用于居民企业纳税人，纳税人具有下列情形之一的，核定征收企业所得税。

(1) 依照法律、行政法规的规定可以不设置账簿的。

(2) 依照法律、行政法规的规定应当设置但未设置账簿的。

(3) 擅自销毁账簿或者拒不提供纳税资料的。

(4) 虽设置账簿，但账目混乱或者成本资料、收入凭证、费用凭证残缺不全，难以查账的。

(5) 发生纳税义务，未按照规定的期限办理纳税申报，经税务机关责令限期申报，逾期仍不申报的。

(6) 申报的计税依据明显偏低，又无正当理由的。

特殊行业、特殊类型的纳税人和一定规模以上的纳税人不适用核定征收办法。专门从事股权(股票)投资业务的企业，不得核定征收企业所得税。对依法按核定应税所得率方式核定征收企业所得税的企业，取得的转让股权(股票)收入等转让财产收入，应全额计入应税收入额，按照主营项目(业务)确定适用的应税所得率计算征税；若主营项目(业务)发生变化，应在当年汇算清缴时，按照变化后的主营项目(业务)重新确定适用的应税所得率计算征税。

(二)核定征收的办法

税务机关应根据纳税人具体情况，对核定征收企业所得税的纳税人，核定应税所得率或者核定应纳所得税额。

(1) 具有下列情形之一的，核定其应税所得率。

① 能正确核算(查实)收入总额，但不能正确核算(查实)成本费用总额的。

② 能正确核算(查实)成本费用总额，但不能正确核算(查实)收入总额的。

③ 通过合理方法，能计算和推定纳税人收入总额或成本费用总额的。

纳税人不属于以上情形的，核定其应纳所得税额。

(2) 税务机关采用下列方法核定征收企业所得税。

① 参照当地同类行业或者类似行业中经营规模和收入水平相近的纳税人的税负水平核定。

② 按照应税收入额或成本费用支出额定率核定。

③ 按照耗用的原材料、燃料、动力等推算或者测算核定。

④ 按照其他合理方法核定。

采用前款所列一种方法不足以正确核定应纳税所得额或应纳税额的，可以同时采用两种以上的方法核定。采用两种以上方法测算的应纳税额不一致时，可按测算的应纳税额从高核定。

采用应税所得率方式核定征收企业所得税的，应纳所得税额计算公式如下：

应纳税所得额=应纳税所得额×适用税率

应纳税所得额=应税收入额×应税所得率

或：应纳税所得额=成本(费用)支出额÷(1-应税所得率)×应税所得率

实行应税所得率方式核定征收企业所得税的纳税人，经营多业的，无论其经营项目是否单独核算，均由税务机关根据其主营项目确定适用的应税所得率。

主营项目应为纳税人所有经营项目中，收入总额或者成本(费用)支出额或者耗用原材料、燃料、动力数量所占比重最大的项目。

应税所得率按表 8-1 规定的幅度标准确定。

表 8-1　应税所得率的幅度标准

行　业	应税所得率/%
农、林、牧、渔业	3～10
制造业	5～15
批发和零售贸易业	4～15
交通运输业	7～15
建筑业	8～20
饮食业	8～25
娱乐业	15～30
其他行业	10～30

纳税人的生产经营范围、主营业务发生重大变化，或者应纳税所得额或应纳税额增减

变化达到 20%的，应及时向税务机关申报调整已确定的应纳税额或应税所得率。

(三)核定征收企业所得税的管理

(1) 主管税务机关应及时向纳税人送达《企业所得税核定征收鉴定表》，及时完成对其核定征收企业所得税的鉴定工作。

纳税人应在收到《企业所得税核定征收鉴定表》后 10 个工作日内，填好该表并报送主管税务机关。纳税人收到《企业所得税核定征收鉴定表》后，未在规定期限内填列、报送的，税务机关视同纳税人已经报送，按上述程序进行复核认定。

(2) 纳税人实行核定应税所得率方式的，按下列规定申报纳税。

① 主管税务机关根据纳税人应纳税额的大小确定纳税人按月或者按季预缴，年终汇算清缴。预缴方法一经确定，一个纳税年度内不得改变。

② 纳税人应依照确定的应税所得率计算纳税期间实际应缴纳的税额，进行预缴。按实际数额预缴有困难的，经主管税务机关同意，可按上一年度应纳税额的 1/12 或 1/4 预缴，或者按经主管税务机关认可的其他方法预缴。

③ 纳税人预缴税款或年终进行汇算清缴时，应按规定填写《中华人民共和国企业所得税月(季)度预缴纳税申报表(B 类)》，在规定的纳税申报时限内报送主管税务机关。

四、非居民企业应纳税额的计算

(一)非居民企业应纳税所得的计算

非居民企业的应纳税所得是非居民企业的计税依据。对于在中国境内未设立机构、场所的，或者虽设立机构、场所但取得的所得与其所设机构、场所没有实际联系的非居民企业的所得，按照下列方法计算。

(1) 股息、红利等权益性投资收益和利息、租金、特许权使用费所得，以收入全额为应纳税所得额。

(2) 转让财产所得，以收入全额减除财产净值后的余额为应纳税所得额。

(3) 其他所得，参照前两项规定的方法计算应纳税所得额。

(二)非居民企业实际征收率

实际征收率是指《企业所得税法》及其实施条例等相关法律、法规规定的税率，或者税收协定规定的更低的税率。

(三)非居民企业应纳所得税额的计算

企业所得税应纳税额=应纳税所得额×实际征收率

(四)征收管理

非居民企业的应纳所得税额由扣缴义务人代扣代缴。在每次向非居民企业支付或者到期应支付所得时，应从支付或者到期应支付的款项中扣缴企业所得税；扣缴义务人每次代扣代缴税款时，应当向其主管税务机关报送《中华人民共和国扣缴企业所得税报告表》(简称扣缴表)及相关资料，并自代扣之日起 7 日内缴入国库；扣缴义务人对外支付或者到期应支付的款项为人民币以外货币的，在申报扣缴企业所得税时，应当按照扣缴当日国家公布的人民币汇率中间价，折合成人民币计算应纳税所得额。

第四节　企业所得税的税收优惠

税收优惠，是指国家运用税收政策在税收法律、行政法规中规定对某一部分特定企业和课税对象给予减轻或免除税收负担的一种措施。在新的企业所得税法中，税收优惠的方式改变了以往单一的免税或减税的直接优惠方式，增加了很多间接的优惠方式，如加速折旧、加计扣除、税前扣除等方式。下面按不同的优惠方式对企业所得税中的优惠加以介绍。

一、免征与减征优惠

企业的下列所得，可以免征、减征企业所得税。企业如果从事国家限制和禁止发展的项目，不得享受企业所得税优惠。

(一)从事农、林、牧、渔业项目的所得

企业从事农、林、牧、渔业项目的所得，包括免征和减征两部分。

(1) 企业从事下列项目的所得，免征企业所得税。

① 蔬菜、谷物、薯类、油料、豆类、棉花、麻类、糖料、水果、坚果的种植。

② 农作物新品种的选育。

③ 中药材的种植。

④ 林木的培育和种植。

⑤ 牲畜、家禽的饲养。

⑥ 林产品的采集。

⑦ 灌溉、农产品初加工、兽医、农技推广、农机作业和维修等农、林、牧、渔服务业项目。

⑧ 远洋捕捞。

(2) 企业从事下列项目的所得，减半征收企业所得税。

① 花卉、茶以及其他饮料作物和香料作物的种植。

② 海水养殖、内陆养殖。

(二)从事国家重点扶持的公共基础设施项目投资经营的所得

国家重点扶持的公共基础设施项目，是指《公共基础设施项目企业所得税优惠目录》规定的港口码头、机场、铁路、公路、城市公共交通、电力、水利等项目。

(1) 企业从事国家重点扶持的公共基础设施项目的投资经营的所得，自项目取得第一笔生产经营收入所属纳税年度起，第一年至第三年免征企业所得税，第四年至第六年减半征收企业所得税。

(2) 企业承包经营、承包建设和内部自建自用本条规定的项目，不得享受本条规定的企业所得税优惠。

(3) 企业投资经营符合《公共基础设施项目企业所得税优惠目录》规定条件和标准的公共基础设施项目，采用一次核准、分批次(如码头、泊位、航站楼、跑道、路段、发电机组等)建设的，凡同时符合以下条件的，可按每一批次为单位计算所得，并享受企业所得税"三免三减半"优惠。

① 不同批次在空间上相互独立；

② 每一批次自身具备取得收入的功能；

③ 以每一批次为单位进行会计核算，单独计算所得，并合理分摊期间费用。

(三)从事符合条件的环境保护、节能节水项目的所得

符合条件的环境保护、节能节水项目，包括公共污水处理、公共垃圾处理、沼气综合开发利用、节能减排技术改造、海水淡化等。项目的具体条件和范围由国务院财政、税务主管部门同国务院有关部门制定，报国务院批准后公布施行。

企业从事符合条件的环境保护、节能节水项目的所得，自项目取得第一笔生产经营收入所属纳税年度起，第一年至第三年免征企业所得税，第四年至第六年减半征收企业所得税。

(四)符合条件的技术转让所得

居民企业技术转让所得不超过 500 万元的部分，免征企业所得税；超过 500 万元的部分，减半征收企业所得税。

二、减计收入优惠

企业综合利用资源，生产符合国家产业政策规定的产品所取得的收入，可以在计算应纳税所得额时减计收入。减计收入，是指企业以《资源综合利用企业所得税优惠目录》规定的资源作为主要原材料，生产国家非限制和禁止并符合国家和行业相关标准的产品取得的收入，减按90%计入收入总额。

三、税前扣除优惠

创业投资企业从事国家需要重点扶持和鼓励的创业投资，可以按投资额的一定比例抵扣应纳税所得额。具体是指创业投资企业采取股权投资方式投资于未上市的中小高新技术企业两年以上的，可以按照其投资额的 70%在股权持有满两年的当年抵扣该创业投资企业的应纳税所得额；当年不足抵扣的，可以在以后纳税年度结转抵扣。

四、加计扣除优惠

(一)研究开发费

研究开发费用的加计扣除，是指企业为开发新技术、新产品、新工艺发生的研究开发费用，未形成无形资产计入当期损益的，在按照规定据实扣除的基础上，按照研究开发费用的50%加计扣除；形成无形资产的，按照无形资产成本的150%摊销。

(二)企业安置残疾人员所支付的工资

企业安置残疾人员所支付的工资的加计扣除，是指企业安置残疾人员的，在按照支付给残疾职工工资据实扣除的基础上，按照支付给残疾职工工资的100%加计扣除。

五、加速折旧优惠

企业的固定资产由于技术进步等原因，确需加速折旧的，可以缩短折旧年限或者采取加速折旧的方法。可采用以上折旧方法的固定资产是指：

(1) 由于技术进步，产品更新换代较快的固定资产。

(2) 常年处于强震动、高腐蚀状态的固定资产。采取缩短折旧年限方法的，最低折旧年限不得低于规定折旧年限的 60%；采取加速折旧方法的，可以采取双倍余额递减法或者年数总和法。

六、税额抵免优惠

企业购置用于环境保护、节能节水、安全生产等专用设备的投资额，可以按一定比例实行税额抵免。税额抵免，是指企业购置并实际使用《环境保护专用设备企业所得税优惠目录》、《节能节水专用设备企业所得税优惠目录》和《安全生产专用设备企业所得税优惠目录》规定的环境保护、节能节水、安全生产等专用设备的，该专用设备的投资额的 10%可以从企业当年的应纳税额中抵免；当年不足抵免的，可以在以后 5 个纳税年度结转抵免。

七、高新技术企业优惠

国家需要重点扶持的高新技术企业，减按 15%的税率征收企业所得税。

八、小型微利企业优惠

(一)小型微利企业认定

符合条件的小型微利企业减按 20%的税率征收企业所得税。其中小型微利企业的条件如下。

(1) 工业企业，年度应纳税所得额不超过 30 万元，从业人数不超过 100 人，资产总额不超过 3000 万元。

(2) 其他企业，年度应纳税所得额不超过 30 万元，从业人员不超过 80 人，资产总额不超过 1000 万元。

(二)小型微利企业的优惠政策

自 2015 年 1 月 1 日至 2017 年 12 月 31 日，对年应纳税所得额低于 20 万元(含 20 万元)的小型微利企业，其所得减按 50%计入应纳税所得额，按 20%的税率缴纳企业所得税。

小型微利企业预缴时享受企业所得税优惠政策，按照以下规定执行。

(1) 查账征收的小型微利企业。上一纳税年度符合小型微利企业条件，且年度应纳税所得额不超过 20 万元(含)的，分别按照以下情况处理。

① 本年度按照实际利润额预缴企业所得税的，预缴时累计实际利润额不超过 20 万元的，可以享受小型微利企业所得税减半征税政策；超过 20 万元的，应当停止享受减半征税政策。

② 本年度按照上年度应纳税所得额的季度(或月份)平均额预缴企业所得税的，可以享受小型微利企业减半征税政策。

(2) 定率征税的小型微利企业。上一纳税年度符合小型微利企业条件，且年度应纳税所得额不超过 20 万元(含)的，本年度预缴企业所得税时，累计应纳税所得额不超过 20 万元的，可以享受减半征税政策；超过 20 万元的，不享受减半征税政策。

(3) 定额征税的小型微利企业，由主管税务机关根据优惠政策规定相应调减定额后，按照原办法征收。

(4) 本年度新办的小型微利企业预缴企业所得税时，凡累计实际利润额或应纳税所得额不超过 20 万元的，可以享受减半征税政策；超过 20 万元的，停止享受减半征税政策。

(5) 企业根据本年度生产经营情况，预计本年度符合小型微利企业条件的，季度、月份预缴企业所得税时，可以享受小型微利企业所得税优惠政策。

(6) 企业预缴时享受了小型微利企业优惠政策，但年度汇算清缴超过规定标准的，应按规定补缴税款。

第五节 征 收 管 理

一、纳税地点

(1) 除税收法律、行政法规另有规定外，居民企业以企业登记注册地为纳税地点；但登记注册地在境外的，以实际管理机构所在地为纳税地点。企业注册登记地是指企业依照国家有关规定登记注册的住所地。

(2) 居民企业在中国境内设立不具有法人资格的营业机构的，应当汇总计算并缴纳企业所得税。企业汇总计算并缴纳企业所得税时，应当统一核算应纳税所得额，具体办法由国务院财政、税务主管部门另行制定。

(3) 非居民企业在中国境内设立机构、场所的，应当就其所设机构、场所取得的来源于中国境内的所得，以及发生在中国境外但与其所设机构、场所有实际联系的所得，以机构、场所所在地为纳税地点。非居民企业在中国境内设立两个或者两个以上机构、场所的，经税务机关审核批准，可以选择由其主要机构、场所汇总缴纳企业所得税。非居民企业经批准汇总缴纳企业所得税后，需要增设、合并、迁移、关闭机构、场所或者停止机构、场所业务的，应当事先由负责汇总申报缴纳企业所得税的主要机构、场所向其所在地税务机关报告；需要变更汇总缴纳企业所得税的主要机构、场所的，依照前款规定办理。

(4) 非居民企业在中国境内未设立机构、场所的，或者虽设立机构、场所但取得的所得与其所设机构、场所没有实际联系的所得，以扣缴义务人所在地为纳税地点。

(5) 除国务院另有规定外，企业之间不得合并缴纳企业所得税。

二、纳税期限

企业所得税按年计征，分月或者分季预缴，年终汇算清缴，多退少补。

企业所得税的纳税年度，自公历1月1日起至12月31日止。企业在一个纳税年度的中间开业，或者由于合并、关闭等原因终止经营活动，使该纳税年度的实际经营期不足12个月的，应当以其实际经营期为一个纳税年度。企业清算时，应当以清算期间作为一个纳税年度。

自年度终了之日起 5 个月内，企业应向税务机关报送年度企业所得税纳税申报表，并汇算清缴，结清应缴应退税款。

企业在年度中间终止经营活动的，应当自实际经营终止之日起60日内，向税务机关办理当期企业所得税汇算清缴。

三、纳税申报

按月或按季预缴的，应当自月份或者季度终了之日起15日内，向税务机关报送预缴企业所得税纳税申报表，预缴税款。除核定征收应纳税额的居民企业在预缴税款或年终汇算清缴时，填写《中华人民共和国企业所得税月(季)度预缴纳税申报表(B 类)》外，一般纳税人都使用 A 类申报表申报。

企业在报送企业所得税纳税申报表时，应当按照规定附送财务会计报告和其他有关资料。

企业应当在办理注销登记前，就其清算所得向税务机关申报并依法缴纳企业所得税。

企业在纳税年度内无论盈利还是亏损，都应当依照《企业所得税法》第五十四条规定的期限，向税务机关报送预缴企业所得税纳税申报表、年度企业所得税纳税申报表、财务会计报告和税务机关规定应当报送的其他有关资料。

中华人民共和国企业所得税年度纳税申报表见表8-2。

表8-2　中华人民共和国企业所得税年度纳税申报表(A 类)

行　次	类　别	项　目	金　额
1	利润总额计算	一、营业收入	
2		减：营业成本	
3		营业税金及附加	
4		销售费用	
5		管理费用	

续表

行 次	类 别	项 目	金 额
6	利润总额计算	财务费用	
7		资产减值损失	
8		加：公允价值变动收益	
9		投资收益	
10		二、营业利润(1-2-3-4-5-6-7+8+9)	
11		加：营业外收入	
12		减：营业外支出	
13		三、利润总额(10+11-12)	
14	应纳税所得额计算	减：境外所得	
15		加：纳税调整增加额	
16		减：纳税调整减少额	
17		减：免税、减计收入及加计扣除	
18		加：境外应税所得抵减境内亏损	
19		四、纳税调整后所得(13-14+15-16-17+18)	
20		减：所得减免	
21		减：抵扣应纳税所得额	
22		减：弥补以前年度亏损	
23		五、应纳税所得额(19-20-21-22)	
24	应纳税额计算	税率(25%)	
25		六、应纳所得税额(23×24)	
26		减：减免所得税额	
27		减：抵免所得税额	
28		七、应纳税额(25-26-27)	
29		加：境外所得应纳所得税额	
30		减：境外所得抵免所得税额	
31		八、实际应纳所得税额(28+29-30)	
32		减：本年累计实际已预缴的所得税额	
33		九、本年应补(退)所得税额(31-32)	
34		其中：总机构分摊本年应补(退)所得税额	
35		财政集中分配本年应补(退)所得税额	
36		总机构主体生产经营部门分摊本年应补(退)所得税额	

行 次	类 别	项 目	金 额
37	附列资料	以前年度多缴的所得税额在本年抵减额	
38		以前年度应缴未缴在本年入库所得税额	

复习思考题

一、问答题

1. 如何界定企业所得税纳税人？

2. 简述亏损弥补的方式。

3. 列举企业所得税准予扣除的项目及扣除标准。

4. 简要说明居民企业与非居民企业计算企业所得税方面的差距。

5. 简要说明企业所得税有哪些税收优惠措施。

二、计算题

1. 某居民企业 2015 年度产品销售收入 6000 万元，车队对外提供运输服务时取得运费收入 200 万元，仓库对外出租的收入是 750 万元，国债利息收入为 80 万元，将自产产品用于利润分配确认收入 60 万元。当年发生管理费用 500 万元，其中，业务招待费 80 万元；销售费用 1000 万元，全部为广告和业务宣传费；财务费用 300 万元，其中向非金融企业借款 1500 万元，利息费用 120 万元(金融机构同类、同期贷款利率为 7%)。求该企业 2015 年度所得税前可以扣除的期间费用。

2. 某外国银行在中国境内设立一个分行，该分行本纳税年度来源于中国境内的应纳税所得额为 3000 万元；将从中国吸收的存款贷给某外国的一个企业，取得利息收入 300 万元，并且按照 20% 的税率在该国缴纳企业所得税 60 万元，计算该分行境外企业所得税的抵免限额并汇总计算应纳中国企业所得税税额。

3. 甲企业在 2015 年境内所得 200 万元人民币，来自 A 国经营所得折合人民币 28 万元(税后)，特许权所得折合人民币 10 万元(税前)，A 国政府对其经营所得征税折合人民币 12 万元，对特许权征税折合人民币 2 万元。甲企业 2016 年境内所得 160 万元，其中来自 A 国特许权所得折合人民币 32 万元(税后)，2014 年 A 国政府对其使用 20% 的税率征收。计算：

(1) 2015 年境内外所得总额。

(2) 2015 年境外所得税款扣除限额。

(3) 2015 年我国汇总缴纳的所得税。

(4) 2016 年境内外所得总额。

(5) 2016 年所得税款扣除限额。

(6) 2016 年在我国汇总的所得税。

4. 表 8-3 是经税务机关审定的 A 企业 7 年应纳税所得额的具体情况，假设该企业一直执行 5 年亏损弥补规定，请计算 A 企业 7 年需缴纳的企业所得税。

表 8-3　A 企业 2008—2014 年应纳税所得额情况

单位：万元

年份	2008	2009	2010	2011	2012	2013	2014
应纳税所得额	−100	30	−40	20	10	30	80

5. 甲企业为一居民企业，是增值税一般纳税人，主要从事液晶电视的生产，在 2015 年度发生下列业务。

(1) 销售液晶电视不含税收入 9600 万元，对应的液晶电视销售成本为 6660 万元。

(2) 购进原材料共计 4000 万元，取得增值税专用发票上注明的进项税额 680 万元，支付购买材料运输费共计 330 万元，取得运输发票。

(3) 转让技术所有权获得收入 800 万元，直接与技术所有权转让相关的成本和费用为 150 万元。

(4) 出租设备获得租金 200 万元，接受原材料捐赠取得增值税专用发票材料金额 60 万元，增值税进项税额 10.2 万元，获得国债利息收入 50 万元。

(5) 销售费用 1650 万元，其中广告费 1400 万元。

(6) 财务费用 80 万元，其中含向非金融企业借款 500 万元支付的利息 40 万元(当年金融企业贷款年利率为 5.9%)。

(7) 管理费用 850 万元，其中招待费用 90 万元。

(8) 计入成本、费用中的实际工资 540 万元，发生的工会经费 15 万元，职工福利费 82 万元，教育经费 18 万元。

(9) 营业外支出 300 万元，其中包括通过公益性团体向贫困山区的捐款 150 万元。(其中：上述销售费用、管理费用、财务费用不涉及技术转让费。相关票据均得到主管税务机关的认证)

请计算：

(1) 2015 年缴纳增值税的税额。

(2) 2015 年缴纳的城市维护建设税和教育费附加的金额。

(3) 2015 年企业的会计利润。

(4) 业务招待费应调整的应纳税所得额。

(5) 广告费应调整的应纳税所得额。

(6) 工会经费、职工福利费、教育经费应调整的应纳税所得额。

(7) 财务费用应调整的应纳税所得额。

(8) 公益性捐赠应调整的应纳税所得额。

(9) 2015 年度缴纳企业所得税的税额。

第九章　个人所得税

【知识要点】

通过本章的学习，要掌握个人所得税的主要构成要素及征收管理等内容，重点要掌握应纳税所得额及各种情况下个人所得税税金的计算。了解个人所得税在调节收入分配差距方面的作用，同时也要了解现行个人所得税的税制模式存在的不足及改革趋势。

第一节　个人所得税基础理论

一、个人所得税的概念

个人所得税是以自然人取得的各类应税所得为征税对象而征收的一种所得税，是政府利用税收对个人收入进行调节的一种手段。作为征税对象的个人所得，有狭义和广义之分。狭义的个人所得，仅限于每年经常、反复发生的所得。广义的个人所得，是指个人在一定期间内，通过各种来源或方式所获得的一切利益，而不论这种利益是偶然的，还是临时的，是货币、有价证券的，还是实物的。目前，包括我国在内的世界各国所实行的个人所得税，大多以这种广义解释的个人所得概念为基础。

二、个人所得税的计税原理

个人所得税的计税依据是个人的纯所得，所以，计税时应以纳税人的收入或报酬扣除有关费用后的余额为计税依据。有关费用一方面是指与获取收入和报酬有关的经营费用；另一方面是指维持纳税人自身及家庭生活需要的费用。具体分为三类：第一，与应税收入相配比的经营成本和费用；第二，与个人总体能力相匹配的免税扣除和家庭生计扣除；第三，为了体现特定社会目标而鼓励的支出，称为"特别费用扣除"，如慈善捐赠等。

三、个人所得税征收模式

(一)分类征收制

将纳税人不同来源、性质的所得项目，分别规定不同的税率征税。如苏丹、约旦等国家。

(二)综合征收制

对纳税人全年的各项所得加以汇总,就其总额进行征税。如美国、德国等发达国家。

(三)混合征收制

对纳税人不同来源、性质的所得先分别按照不同的税率征税,然后将全年的各项所得进行汇总征税。如英国、日本等国家。

目前,我国个人所得税的征收采用的是第一种模式,即分类征收制。

第二节　个人所得税构成要素

一、纳税人

个人所得税的纳税人是负有纳税义务的人,包括中国公民、个体工商户以及在中国有所得的外籍人员(包括无国籍人员)和香港、澳门、台湾地区同胞。纳税人依据住所和居住时间两个标准,区分为居民和非居民,分别承担不同的纳税义务。

(一)居民纳税义务人

居民纳税义务人是指在中国境内有住所,或者无住所而在中国境内居住满1年的个人。居民纳税义务人负有无限纳税义务。其所取得的应纳税所得,无论是来源于中国境内还是中国境外任何地方,都要在中国缴纳个人所得税。

所谓在中国境内有住所的个人,是指因户籍、家庭、经济利益关系,而在中国境内习惯性居住的个人。这里所说的习惯性居住是指个人因学习、工作、探亲等原因消除之后,没有理由在其他地方继续居留时,所要回到的地方,而不是指实际居住或在某一个特定时期内的居住地。尽管该纳税义务人在一个纳税年度内,甚至连续几个纳税年度,都未在中国境内居住过1天,他仍然是中国居民纳税义务人,应就其来自全球的应纳税所得,向中国缴纳个人所得税。

所谓在境内居住满1年,是指在一个纳税年度(即公历1月1日起至12月31日止)内,在中国境内居住满365日。在计算居住天数时,对临时离境应视同在华居住,不扣减其在华居住的天数。这里所说的临时离境,是指在一个纳税年度内,一次不超过30日或者多次累计不超过90日的离境。综上可知,个人所得税的居民纳税义务人包括以下两类。

(1) 在中国境内定居的中国公民和外国侨民。但不包括虽具有中国国籍,却并没有在中国大陆定居,而是侨居海外的华侨和居住在香港、澳门、台湾的同胞。

(2) 从公历 1 月 1 日起至 12 月 31 日止，居住在中国境内的外国人、海外侨胞和香港、澳门、台湾同胞。这些人如果在一个纳税年度内，一次离境不超过 30 日，或者多次离境累计不超过 90 日的，仍应被视为全年在中国境内居住，从而判定为居民纳税义务人。

现行税法中关于"中国境内"的概念，是指中国大陆地区，目前还不包括香港、澳门和台湾地区。

(二)非居民纳税义务人

非居民纳税义务人是在中国境内无住所又不居住或者无住所而在境内居住不满 1 年的个人。非居民纳税义务人承担有限纳税义务，即仅就其来源于中国境内的所得，向中国缴纳个人所得税。

自 2004 年 7 月 1 日起，对境内居住的天数和境内实际工作期间按以下规定计算。

(1) 判定纳税义务及在中国境内居住的天数。对在中国境内无住所的个人，需要计算确定其在中国境内居住天数，以便依照税法和协定或安排的规定判定其在华负有何种纳税义务时，均应以该个人实际在华逗留天数计算。上述个人入境、离境、往返或多次往返境内外的当日，均按 1 天计算其在华实际逗留天数。

(2) 计算在中国境内实际工作期间。对在中国境内、境外机构同时担任职务或仅在境外机构任职的境内无住所个人，计算其境内工作期间时，对其入境、离境、往返或多次往返境内外的当日，均按半天计算为在华实际工作天数。

自 2000 年 1 月 1 日起，个人独资企业和合伙企业投资者也为个人所得税的纳税义务人。

二、征税对象

(一)工资、薪金所得

工资、薪金所得，是指个人因任职或者受雇而取得的工资、薪金、奖金、年终加薪、劳动分红、津贴、补贴以及任职或者受雇有关的其他所得。但是，独生子女补贴、托儿补助费、差旅费津贴、误餐补助及执行公务员工资制度未纳入基本工资总额的补贴、津贴差额和家属成员的副食品补贴，不征收个人所得税。

(二)个体工商户的生产、经营所得

个体工商户的生产、经营所得的判定标准，包括以下几个方面。

(1) 个体工商户从事工业、手工业、建筑业、交通运输业、商业、饮食业、服务业、修理业及其他行业取得的所得。

(2) 个人经政府有关部门批准，取得执照，从事办学、医疗、咨询以及其他有偿服务活

动取得的所得。

(3) 上述个体工商户和个人取得的与生产、经营有关的各项应税所得。

(4) 个人因从事彩票代销业务而取得所得，应按照"个体工商户的生产、经营所得"项目计征个人所得税。

(5) 从事个体出租车运营的出租车驾驶员取得的收入，按个体工商户的生产、经营所得项目缴纳个人所得税。

(6) 个体工商户和从事生产、经营的个人，取得与生产、经营活动无关的其他各项应税所得，应分别按照其他应税项目的有关规定，计算征收个人所得税，应按照"股息、利息、红利"税目的规定单独计征个人所得税。

(7) 个人独资企业、合伙企业的个人投资者以企业资金为本人、家庭成员及其相关人员支付与企业生产经营无关的消费性支出及购买汽车、住房等财产性支出，视为企业对个人投资者利润分配，并入投资者个人的生产经营所得，依照"个体工商户的生产、经营所得"项目计征个人所得税。

(8) 其他个人从事个体工商业生产、经营取得的所得。

(三)对企事业单位的承包经营、承租经营的所得

对企事业单位的承包经营、承租经营所得，是指个人承包经营或承租经营以及转包、转租取得的所得。承包项目可分多种，如生产经营、采购、销售、建筑安装等各种承包。转包包括全部转包或部分转包。

(四)劳务报酬所得

劳务报酬所得，是指个人独立从事各种非雇佣劳务所取得的所得。内容如下：设计、装潢、安装、制图、化验、测试、医疗、法律、会计、咨询、讲学、新闻、翻译、审稿、书画、雕刻、影视、录音、录像、演出、表演、广告、展览、技术服务、介绍服务、经纪服务、代办服务及其他劳务。

(五)稿酬所得

稿酬所得，是指个人因其作品以图书、报刊形式出版、发表而取得的所得。对不以图书、报刊形式出版、发表的翻译、审稿、书画等所得，应划为劳务报酬所得。

(六)特许权使用费所得

特许权使用费所得，是指个人提供专利权、商标权、著作权、非专利技术以及其他特许权的使用权取得的所得。提供著作权的使用权取得的所得，不包括稿酬所得。

(七)利息、股息、红利所得

利息、股息、红利所得，是指个人拥有债权、股权而取得的利息、股息、红利所得。利息，是指个人拥有债权而取得的利息，包括存款利息、贷款利息和各种债券的利息。按税法规定，个人取得的利息所得，除国债和国家发行的金融债券利息外，应当依法缴纳个人所得税。股息、红利，是指个人拥有股权取得的股息、红利。按照一定的比率对每股发给的息金叫股息。公司、企业应分配的利润，按股份分配的叫红利。股息、红利所得，除另有规定外，都应当缴纳个人所得税。

(八)财产租赁所得

财产租赁所得，是指个人出租建筑物、土地使用权、机器设备、车船以及其他财产取得的所得。

(九)财产转让所得

财产转让所得，是指个人转让有价证券、股权、建筑物、土地使用权、机器设备、车船以及其他财产取得的所得。但股票转让所得，国务院规定暂不征收个人所得税。

(十)偶然所得

偶然所得，是指个人得奖、中奖、中彩以及其他偶然性质的所得。得奖是指参加各种有奖竞赛活动，取得名次得到的奖金；中奖、中彩是指参加各种有奖活动，经过规定程序，抽中、摇中号码而取得的奖金。

(十一)经国务院财政部门确定征税的其他所得

除上述列举的各项个人应税所得外，其他确有必要征税的个人所得，由国务院财政部门确定。个人取得的所得，难以界定应纳税所得项目的，由主管税务机关确定。

三、税率

(一)工资、薪金所得适用税率

工资、薪金所得适用七级超额累进税率，税率为3%～45%，见表9-1。

表 9-1　工资、薪金所得个人所得税税率表

级　数	全月含税应纳税所得额	全月不含税应纳税所得额	税率/%	速算扣除数/元
1	不超过 1500 元的部分	不超过 1455 元的部分	3	0
2	1500～4500 元的部分	1455～4155 元的部分	10	105
3	4500～9000 元的部分	4155～7755 元的部分	20	555
4	9000～35 000 元的部分	7755～27 255 元的部分	25	1005
5	35 000～55 000 元的部分	27 255～41 255 元的部分	30	2755
6	55 000～80 000 元的部分	41 255～57 505 元的部分	35	5505
7	超过 80 000 元的部分	超过 57 505 元的部分	45	13 505

注：①本表所称全月含税应纳税所得额和全月不含税应纳税所得额，是指依照税法的规定，以每月收入额减除费用 3500 元后的余额或者减除附加减除费用后的余额。

②本表中的全月含税应纳税所得额，也称含税级距，适用于税款由纳税人负担的工资、薪金所得；本表所称全月不含税应纳税所得额，也称不含税级距，适用于由他人(单位)代付税款的工资、薪金所得。

(二)个体工商户的生产、经营所得和对企事业单位的承包经营、承租经营所得适用税率

个体工商户的生产、经营所得和对企事业单位的承包经营、承租经营所得，适用 5%～35%的五级超额累进税率，见表 9-2。

表 9-2　个体工商户的生产、经营所得和对企事业单位的承包经营、承租经营所得个人所得税税率表

级　数	全年含税应纳税所得额	全年不含税应纳税所得额	税率/%	速算扣除数/元
1	不超过 15 000 元的部分	不超过 14 250 元的部分	5	0
2	15 000～30 000 元的部分	14 250～27 750 元的部分	10	750
3	30 000～60 000 元的部分	27 750～51 750 元的部分	20	3750
4	60 000～100 000 元的部分	51 750～79 750 元的部分	30	9750
5	超过 100 000 元的部分	超过 79 750 元的部分	35	14 750

注：本表所称全年应纳税所得额，对个体工商户的生产、经营所得来源，是指以每一纳税年度的收入总额，减除成本、费用、税金、损失、其他支出以及允许弥补的以前年度亏损后的余额；对企事业单位的承包经营、承租经营所得来源，是指以每一纳税年度的收入总额，减除必要费用后的余额。

个人独资企业和合伙企业的生产经营所得，也适用 5%～35%的五级超额累进税率。

(三)稿酬所得适用税率

稿酬所得，适用比例税率，税率为 20%，并按应纳税额减征 30%，故其实际税率为 14%。

(四)劳务报酬所得适用税率

劳务报酬所得，适用比例税率，税率为 20%。对劳务报酬所得一次收入畸高的，可以实行加成征收。对应纳税所得额超过 20 000～50 000 元的部分，依照税法规定计算应纳税额后再按照应纳税额加征五成；超过 50 000 元的部分，加征十成。因此，劳务报酬所得实际上适用 20%、30%、40%的三级超额累进税率，见表 9-3。

表 9-3　劳务报酬所得个人所得税税率表

级　数	每次应纳税所得额	税率/%
1	不超过 20 000 元的部分	20
2	20 000～50 000 元的部分	30
3	超过 50 000 元的部分	40

注：本表所称每次应纳税所得额，是指每次收入额减除费用 800 元(每次收入额不超过 4000 元时)或者减除20%的费用(每次收入额超过 4000 元时)后的余额。

(五)特许权使用费所得，利息、股息、红利所得，财产租赁所得，财产转让所得，偶然所得和其他所得适用税率

特许权使用费所得，利息、股息、红利所得，财产租赁所得，财产转让所得，偶然所得和其他所得，适用比例税率，税率为 20%。从 2007 年 8 月 15 日起，居民储蓄利息税率调为 5%，自 2008 年 10 月 9 日起暂免征收储蓄存款利息的个人所得税。对个人出租住房取得的所得减按 10%的税率征收个人所得税。

四、计税依据：应纳税所得额

个人所得税的应纳税所得额是以某项应税项目的收入额减去税法规定的该项费用减除标准后的余额，为该项应纳税所得额。

(一)费用减除标准

(1) 工资、薪金所得，以每月应税工资性收入额(不包括按规定缴纳的基本养老保险费、基本医疗保险费、失业保险费和住房公积金，简称"三费一金")减去费用减除标准后的余额为应纳税所得额。现行费用减除标准为 3500 元。但下列人员每月工资、薪金所得在减除3500 元费用的基础上，再减除 1300 元。再减除的费用，这里所称的 1300 元，即附加减除费用。附加减除费用适用的范围包括：

① 在中国境内的外商投资企业和外国企业中工作取得工资、薪金所得的外籍人员。

② 应聘在中国境内的企业、事业单位、社会团体、国家机关中工作取得工资、薪金所得的外籍专家。

③ 在中国境内有住所而在中国境外任职或者受雇取得工资、薪金所得的个人。

④ 远洋运输船员。

⑤ 财政部确定的取得工资、薪金所得的其他人员。

华侨和香港、澳门、台湾同胞参照上述附加减除费用标准执行。

(2) 个体工商户的生产、经营所得，以每一纳税年度的收入总额，减除成本、费用、税金、损失、其他支出以及允许弥补的以前年度亏损后的余额，为应纳税所得额。成本是指个体工商户在生产经营活动中发生的销售成本、销货成本、业务支出以及其他耗费；费用是指个体工商户在生产经营活动中发生的销售费用、管理费用和财务费用，已经计入成本的有关费用除外；税金是指个体工商户在生产经营活动中发生的除个人所得税和允许抵扣的增值税以外的各项税金及其附加；损失是指个体工商户在生产经营活动中发生的固定资产和存货的盘亏、毁损、报废损失，转让财产损失，坏账损失，自然灾害等不可抗力因素造成的损失以及其他损失；其他支出是指除成本、费用、税金、损失外，个体工商户在生产经营活动中发生的与生产经营活动有关的、合理的支出。从事生产、经营的纳税义务人未提供完整、准确的纳税资料，不能正确计算应纳税所得额的，由主管税务机关核定其应纳税所得额。

(3) 对企事业单位的承包经营、承租经营所得，以每一纳税年度的收入总额，减除必要费用后的余额，为应纳税所得额。每一纳税年度的收入总额，是指纳税义务人按照承包经营、承租经营合同规定分得的经营利润和工资、薪金性质的所得；所说的减除必要费用，是指按月减除 3500 元。

(4) 劳务报酬所得、稿酬所得、特许权使用费所得、财产租赁所得，每次收入不超过 4000 元的，减除费用 800 元；4000 元以上的，减除 20%的费用，其余额为应纳税所得额。

(5) 财产转让所得，以转让财产的收入额减除财产原值和合理费用后的余额，为应纳税所得额。财产原值，具体包括：

① 有价证券，为买入价以及买入时按照规定交纳的有关费用。

② 建筑物，为建造费或者购进价格以及其他有关费用。

③ 土地使用权，为取得土地使用权所支付的金额，开发土地的费用以及其他有关费用。

④ 机器设备、车船，为购进价格、运输费、安装费以及其他有关费用。

⑤ 其他财产，参照以上方法确定。

⑥ 利息、股息、红利所得，偶然所得和其他所得，以每次收入额为应纳税所得额。个人通过公开发行和转让市场取得中国境内上市公司股票，其股息、红利所得，持股期限超过 1 个月至 1 年的，暂减按 50%计入应纳税所得额；持股期限超过 1 年的，暂减按 25%计入应纳税所得额。

(二)每次收入的确定

《个人所得税法》对纳税义务人取得的劳务报酬所得，稿酬所得，特许权使用费所得，利息、股息、红利所得，财产租赁所得，偶然所得和其他所得等七项所得，都是明确应该按次计算征税的。具体包括：

(1) 劳务报酬所得。只有一次性收入的，以取得该项收入为一次；属于同一事项连续取得收入的，以 1 个月内取得的收入为一次。

(2) 稿酬所得。稿酬所得以每次出版、发表取得的收入为一次。具体又可细分为以下几个方面。

① 同一作品再版取得的所得，应视作另一次稿酬所得计征个人所得税。

② 同一作品先在报刊上连载，然后再出版，或先出版，再在报刊上连载的，应视为两次稿酬所得征税。即连载作为一次，出版作为另一次。

③ 同一作品在报刊上连载取得收入的，以连载完成后取得的所有收入合并为一次，计征个人所得税。

④ 同一作品在出版和发表时，以预付稿酬或分次支付稿酬等形式取得的稿酬收入，应合并计算为一次。

⑤ 同一作品出版、发表后，因添加印数而追加稿酬的，应与以前出版、发表时取得的稿酬合并计算为一次，计征个人所得税。

(3) 特许权使用费所得。特许权使用费所得以某项使用权的一次转让所取得的收入为一次。

(4) 财产租赁所得。财产租赁所得以 1 个月内取得的收入为一次。

(5) 利息、股息、红利所得。利息、股息、红利所得以支付利息、股息、红利时取得的收入为一次。

(6) 偶然所得。偶然所得以每次收入为一次。

(7) 其他所得。其他所得以每次收入为一次。

第三节　个人所得税的计算

一、工资、薪金所得应纳税额的计算

工资、薪金所得应纳税额的计算公式为

$$应纳税额=应纳税所得额×适用税率-速算扣除数$$
$$=(每月收入额-3500 元或4800 元)×适用税率-速算扣除数$$

二、个体工商户、个人独资企业和合伙企业的生产、经营所得的应纳税额计算

(一)个体工商户的生产、经营所得应纳税额的计算

个体工商户的生产、经营所得应纳税额的计算公式为

应纳税额=应纳税所得额×适用税率-速算扣除数

或=(全年收入总额-成本、费用、税金以及损失)×适用税率-速算扣除数

(二)个人独资企业和合伙企业应纳个人所得税的计算

个人独资企业和合伙企业生产经营所得的个人所得税计算有以下两种方法。

第一种：查账征税。

(1) 个人独资企业和合伙企业投资者的生产经营所得依法计征个人所得税时，个人独资企业和合伙企业投资者本人的费用扣除标准统一确定为 42 000/年，即 3500 元/月。投资者的工资不得在税前扣除。

(2) 投资者及其家庭发生的生活费用不允许在税前扣除。

(3) 企业生产经营和投资者及其家庭生活共用的固定资产，难以划分的，由主管税务机关根据企业的生产经营类型、规模等具体情况，核定准予在税前扣除的折旧费用的数额或比例。

(4) 企业向其从业人员实际支付的合理的工资、薪金支出，允许在税前据实扣除。

(5) 企业拨缴的工会经费、发生的职工福利费、职工教育经费支出分别在工资薪金总额2%、14%、2.5%的标准内据实扣除。

(6) 每一纳税年度发生的广告费和业务宣传费用不超过当年销售(营业)收入 15%的部分，可据实扣除；超过部分，准予在以后纳税年度结转扣除。

(7) 每一纳税年度发生的与其生产经营业务直接相关的业务招待费支出，按照发生额的60%扣除，但最高不得超过当年销售(营业)收入的 5‰。

(8) 企业计提的各种准备金不得扣除。

(9) 投资者兴办两个或两个以上企业，并且企业性质全部是独资的，年度终了后，汇算清缴时，应纳税款的计算按以下方法进行，计算公式如下：

应纳税所得额=∑各个企业的经营所得

应纳税额=应纳税所得额×税率-速算扣除数

本企业应纳税额=应纳税额×本企业的经营所得÷∑各企业的经营所得

本企业应补缴的税额=本企业应纳税额-本企业预缴的税额

第二种：核定征收。有下列情形之一的，税务机关应当采取核定征收方式征收所得税。

(1) 企业依照国家有关规定应当设置账簿而没有设置账簿的；

(2) 企业虽然设置账簿，但账目混乱或者成本资料、收入凭证、费用凭证残缺不全，难以查账的；

(3) 纳税人发生纳税义务，没有按照规定的期限办理纳税申报，经税务机关责令限期申报逾期仍不申报的。

核定征收方式，包括定额征收、核定应税所得率征收以及其他合理的征收方式。

实行核定应税所得率征收方式的，应纳所得税额的计算公式如下：

$$应纳所得税额=应纳税所得额×适用税率$$

应纳税所得额=收入总额×应税所得率，或=成本费用支出额÷(1-应税所得率)×应税所得率。应税所得率应按表9-4规定的标准执行。

表9-4　个人所得税应税所得率表

单位：%

行　业	应税所得率
工业、交通运输业、商业	5～20
建筑业、房地产开发业	7～20
饮食服务业	7～25
娱乐业	20～40
其他行业	10～30

三、对企事业单位的承包经营、承租经营所得应纳税额的计算

对企事业单位的承包经营、承租经营所得，其个人所得税应纳税额的计算公式为

$$应纳税额=应纳税所得额×适用税率-速算扣除数$$

$$或=(纳税年度收入总额-必要费用)×适用税率-速算扣除数$$

这里需要说明的是，对企事业单位的承包经营、承租经营所得，以每一纳税年度的收入总额，减除必要费用(现规定每月可以减除 3500 元)后的余额为应纳税所得额。在一个纳税年度中，承包经营或者承租经营期限不足 1 年的，以其实际经营期为纳税年度；对企事业单位的承包经营、承租经营所得适用的速算扣除数，同个体工商户的生产、经营所得适用的速算扣除数。

四、劳务报酬所得应纳税额的计算

对劳务报酬所得，其个人所得税应纳税额的计算公式如下。

(一)每次收入不足 4000 元的

$$应纳税额=应纳税所得额×适用税率$$
$$=(每次收入额-800)×20\%$$

(二)每次收入在 4000 元以上的

$$应纳税额=应纳税所得额×适用税率=每次收入额×(1-20\%)×20\%$$

(三)每次收入的应纳税所得额超过 20 000 元的

$$应纳税额=应纳税所得额×适用税率-速算扣除数$$

$$或=每次收入额×(1-20\%)×适用税率-速算扣除数$$

劳务报酬所得适用的速算扣除数见表 9-5。

表 9-5　劳务报酬所得适用的速算扣除数表

级　数	每次应纳税所得额	税率/%	速算扣除数/元
1	不超过 20 000 元的部分	20	0
2	超过 20 000～50 000 元的部分	30	2000
3	超过 50 000 元的部分	40	7000

五、稿酬所得应纳税额的计算

稿酬所得应纳税额的计算公式如下。

(一)每次收入不足 4000 元的

$$应纳税额=应纳税所得额×适用税率×(1-30\%)$$
$$=(每次收入额-800)×20\%×(1-30\%)$$

(二)每次收入在 4000 元以上的

$$应纳税额=应纳税所得额×适用税率×(1-30\%)$$
$$=每次收入额×(1-20\%)×20\%×(1-30\%)$$

六、特许权使用费所得应纳税额的计算

特许权使用费所得应纳税额的计算公式如下。

(一)每次收入不足 4000 元的

$$应纳税额=应纳税所得额×适用税率=(每次收入额-800)×20\%$$

(二)每次收入在 4000 元以上的

$$应纳税额=应纳税所得额×适用税率=每次收入额×(1-20\%)×20\%$$

七、利息、股息、红利所得应纳税额的计算

利息、股息、红利所得应纳税额的计算公式为
$$应纳税额=应纳税所得额×适用税率=每次收入额×20\%$$

八、财产租赁所得应纳税额的计算

财产租赁所得一般以个人每次取得的收入，定额或定率减除规定费用后的余额为应纳税所得额。每次收入不超过 4000 元，定额减除费用 800 元；每次收入在 4000 元以上，定率减除 20%的费用。财产租赁所得以 1 个月内取得的收入为一次。

在确定财产租赁的应纳税所得额时，纳税人在出租财产过程中缴纳的税金和教育费附加，可持完税(缴款)凭证，从其财产租赁收入中扣除。准予扣除的项目，除了规定费用和有关税、费外，还准予扣除能够提供有效、准确凭证，证明由纳税人负担的该出租财产实际开支的修缮费用。允许扣除的修缮费用，以每次 800 元为限。一次扣除不完的，准予在下一次继续扣除，直到扣完为止。

个人出租财产所得的财产租赁收入，在计算缴纳个人所得税时，应依次扣除以下费用。

(1) 财产租赁过程中缴纳的税费。

(2) 由纳税人负担的该出租财产实际开支的修缮费用。

(3) 税法规定的费用扣除标准。

应纳税额的计算公式为

① 每次(月)收入不超过 4000 元的：

应纳税所得额=每次(月)收入额-准予扣除项目-修缮费用(800 元为限)-800 元

② 每次(月)收入超过 4000 元的：

应纳税所得额=应纳税所得额×适用税率=(每次(月)收入额-准予扣除项目
-修缮费用(800 元为限))×(1-20%)

九、财产转让所得应纳税额的计算

一般情况下财产转让所得应纳税额的计算公式为

$$应纳税额=应纳税所得额×适用税率$$
$$=(收入总额-财产原值-合理税费)×20\%$$

十、偶然所得应纳税额的计算

偶然所得应纳税额的计算公式为
$$应纳税额=应纳税所得额×适用税率$$
$$=每次收入额×20\%$$

十一、其他所得应纳税额的计算

其他所得应纳税额的计算公式为
$$应纳税额=应纳税所得额×适用税率，或=每次收入额×20\%$$

在实际计算中，在对纳税人的境外所得征税时，会存在其境外所得已在来源国家或者地区缴税的实际情况。基于国家之间对同一所得应避免双重征税的原则，我国在对纳税人的境外所得行使税收管辖权时，对该所得在境外已纳税额采取了分不同情况从应征税额中予以扣除的做法。

税法规定，纳税义务人从中国境外取得的所得，准予其在应纳税额中扣除已在境外缴纳的个人所得税税额。但扣除额不得超过该纳税义务人境外所得依照我国税法规定计算的应纳税额。

纳税义务人在中国境外一个国家或者地区实际已经缴纳的个人所得税税额，低于依照上述规定计算出的该国家或者地区扣除限额的，应当在中国缴纳差额部分的税款；超过该国家或者地区扣除限额的，其超过部分不得在本纳税年度的应纳税额中扣除，但是可以在以后纳税年度的该国家或者地区扣除限额的余额中补扣，补扣期限最长不得超过 5 年。

第四节　税　收　优　惠

一、免征个人所得税的优惠

(1) 省级人民政府、国务院部委和中国人民解放军军以上单位，以及外国组织颁发的科学、教育、技术、艺术、卫生、体育、环境保护等方面的奖金。

(2) 国债和国家发行的金融债券利息。这里所说的国债利息，是指个人持有中华人民共和国财政部发行的债券而取得的利息所得以及 2009 年、2010 年和 2011 年发行的地方政府债券利息所得；所说的国家发行的金融债券利息，是指个人持有经国务院批准发行的金融债券而取得的利息所得。

(3) 按照国家统一规定发给的补贴、津贴。这里所说的按照国家统一规定发给的补贴、津贴，是指按照国务院规定发给的政府特殊津贴和国务院规定免纳个人所得税的补贴、津贴。

发给中国科学院资深院士和中国工程院资深院士每人每年 1 万元的资深院士津贴免予征收个人所得税。

(4) 福利费、抚恤金、救济金。这里所说的福利费，是指根据国家有关规定，从企业、事业单位、国家机关、社会团体提留的福利费或者工会经费中支付给个人的生活补助费；所说的救济金，是指国家民政部门支付给个人的生活困难补助费。

(5) 保险赔款。

(6) 军人的转业费、复员费。

(7) 按照国家统一规定发给干部、职工的安家费、退职费、退休工资、离休工资、离休生活补助费。

(8) 依照我国有关法律规定应予免税的各国驻华使馆、领事馆的外交代表、领事官员和其他人员的所得。

(9) 中国政府参加的国际公约以及签订的协议中规定免税的所得。

(10) 关于发给见义勇为者的奖金问题。对乡、镇(含乡、镇)以上人民政府或经县(含县)以上人民政府主管部门批准成立的有机构、有章程的见义勇为基金或者类似性质组织，奖励见义勇为者的奖金或奖品，经主管税务机关核准，免征个人所得税。

(11) 企业和个人按照省级以上人民政府规定的比例提取并缴付的住房公积金、医疗保险金、基本养老保险金、失业保险金，不计入个人当期的工资、薪金收入，免予征收个人所得税，超过规定的比例缴付的部分计征个人所得税。

(12) 对个人取得的教育储蓄存款利息所得以及国务院财政部门确定的其他专项储蓄存款或者储蓄性专项基金存款的利息所得，免征个人所得税。

(13) 储蓄机构内从事代扣代缴工作的办税人员取得的扣缴利息税手续费所得，免征个人所得税。

(14) 生育妇女按照县级以上人民政府根据国家有关规定制定的生育保险办法，取得的生育津贴、生育医疗费或其他属于生育保险性质的津贴、补贴，免征个人所得税。

(15) 对第二届高等学校教学名师奖奖金，免予征收个人所得税；第二届高等学校教学名师奖获奖人数为 100 人，每人奖金 2 万元。

(16) 对工伤职工及其近亲属按照《工伤保险条例》规定取得的工伤保险待遇，免征个人所得税。

(17) 外籍个人以非现金形式或实报实销形式取得的住房补贴、伙食补贴、搬迁费、洗衣费。

(18) 外籍个人按合理标准取得的境内、外出差补贴。

(19) 外籍个人取得的探亲费、语言训练费、子女教育费等,经当地税务机关审核批准为合理的部分。可以享受免征个人所得税优惠的探亲费,仅限于外籍个人在我国的受雇地与其家庭所在地(包括配偶或父母居住地)之间搭乘交通工具,且每年不超过两次的费用。

(20) 个人举报、协查各种违法、犯罪行为而获得的奖金。

(21) 个人办理代扣代缴税款手续,按规定取得的扣缴手续费。

(22) 个人转让自用5年以上并且是唯一的家庭居住用房取得的所得。

(23) 对按《国务院关于高级专家离休退休若干问题的暂行规定》和《国务院办公厅关于杰出高级专家暂缓离休审批问题的通知》精神,达到离休、退休年龄,但确因工作需要,适当延长离休、退休年龄的高级专家(指享受国家发放的政府特殊津贴的专家、学者),其在延长离休、退休期间的工资、薪金所得,视同退休工资、离休工资免征个人所得税。

(24) 外籍个人从外商投资企业取得的股息、红利所得。

(25) 凡符合下列条件之一的外籍专家取得的工资、薪金所得可免征个人所得税。

① 根据世界银行专项贷款协议由世界银行直接派往我国工作的外国专家。

② 联合国组织直接派往我国工作的专家。

③ 为联合国援助项目来华工作的专家。

④ 援助国派往我国专为该国无偿援助项目工作的专家。

⑤ 根据两国政府签订文化交流项目来华工作两年以内的文教专家,其工资、薪金所得由该国负担的。

⑥ 根据我国大专院校国际交流项目来华工作两年以内的文教专家,其工资、薪金所得由该国负担的。

⑦ 通过民间科研协定来华工作的专家,其工资、薪金所得由该国政府机构负担的。

(26) 股权分置改革中非流通股股东通过对价方式向流通股股东支付的股份、现金等收入,暂免征收流通股股东应缴纳的个人所得税。

(27) 对被拆迁人按照国家有关城镇房屋拆迁管理办法规定的标准取得的拆迁补偿款,免征个人所得税。

(28) 自2006年6月1日起,对保险营销员佣金中的展业成本,免征个人所得税;对佣金中的劳务报酬部分,扣除实际缴纳的营业税金及附加后,依照税法有关规定计算征收个人所得税。保险营销员的佣金由展业成本和劳务报酬构成,所谓"展业成本"即营销费。根据目前保险营销员展业的实际情况,佣金中展业成本的比例暂定为40%。

(29) 证券经纪人从证券公司取得的佣金收入,应按照"劳务报酬所得"项目缴纳个人所得税。证券经纪人佣金收入由展业成本和劳务报酬构成,对展业成本部分不征收个人所得税，证券经纪人展业成本的比例暂定为每次收入额的 40%。证券经纪人以 1 个月内取得的佣金收入为一次收入，其每次收入先减去实际缴纳的营业税及附加，再减去规定的展业成本，余额按个人所得税规定计算缴纳个人所得税。

(30) 2013 年 1 月 1 日以后，个人从公开发行和转让市场取得的上市公司股票，持股期限在 1 个月以内(含 1 个月)的，其股息红利所得全额计入应纳税所得额；持股期限在 1 个月以上至 1 年(含 1 年)的，暂减按 50%计入应纳税所得额；持股期限超过 1 年的，暂减按 25%计入应纳税所得额。按上述标准计算的应纳税所得额统一适用 20%的税率计征个人所得税。上市公司是指在上海证券交易所、深圳证券交易所挂牌交易的上市公司；持股期间是指个人从公开发行和转让市场取得上市公司股票之日至转让交割该股票之日前一日的持有时间。

(31) 经国务院财政部门批准免税的所得。

二、减征个人所得税的优惠

(1) 残疾、孤老人员和烈属的所得。
(2) 因严重自然灾害造成重大损失的。
(3) 其他经国务院财政部门批准减税的。

第五节 征 收 管 理

一、自行申报纳税

自行申报纳税，是由纳税人自行在税法规定的纳税期限内，向税务机关申报取得的应税所得项目和数额，如实填写个人所得税纳税申报表，并按照税法规定计算应纳税额，据此缴纳个人所得税的一种方法。

(一)自行申报纳税的纳税义务人

(1) 自 2006 年 1 月 1 日起，年所得 12 万元以上的。
(2) 从中国境内两处或者两处以上取得工资、薪金所得的。
(3) 从中国境外取得所得的。
(4) 取得应税所得，没有扣缴义务人的。
(5) 国务院规定的其他情形。

(二)自行申报纳税的内容

年所得 12 万元以上的纳税人,在纳税年度终了后,应当填写《个人所得税纳税申报表(适用于年所得 12 万元以上的纳税人申报)》,并在办理纳税申报时报送主管税务机关,同时报送个人有效身份证件复印件,以及主管税务机关要求报送的其他有关资料。

(三)自行申报纳税的申报期限

(1) 年所得 12 万元以上的纳税人,在纳税年度终了后 3 个月内向主管税务机关办理纳税申报。

(2) 个体工商户和个人独资、合伙企业投资者取得的生产、经营所得应纳的税款,分月预缴的,纳税人在每月终了后 15 日内办理纳税申报;分季预缴的,纳税人在每个季度终了后 15 日内办理纳税申报;纳税年度终了后,纳税人在 3 个月内进行汇算清缴。

(3) 纳税人年终一次性取得对企事业单位的承包经营、承租经营所得的,自取得所得之日起 30 日内办理纳税申报;在 1 个纳税年度内分次取得承包经营、承租经营所得的,在每次取得所得后的次月 15 日内申报预缴;纳税年度终了后 3 个月内汇算清缴。

(4) 从中国境外取得所得的纳税人,在纳税年度终了后 30 日内向中国境内主管税务机关办理纳税申报。

(5) 除以上规定的情形外,纳税人取得其他各项所得须申报纳税的,在取得所得的次月 15 日内向主管税务机关办理纳税申报。

(四)自行申报纳税的申报方式

纳税人可以采取数据电文、邮寄等方式申报,也可以直接到主管税务机关申报,或者采取符合主管税务机关规定的其他方式申报。纳税人采取邮寄方式申报的,以邮政部门挂号信函收据作为申报凭据,以寄出的邮戳日期为实际申报日期。纳税人也可以委托有税务代理资质的中介机构或者他人代为办理纳税申报。

(五)自行申报纳税的申报地点

(1) 在中国境内有任职、受雇单位的,向任职、受雇单位所在地主管税务机关申报。

(2) 在中国境内有两处或者两处以上任职、受雇单位的,选择并固定向其中一处单位所在地主管税务机关申报。

(3) 在中国境内无任职、受雇单位,年所得项目中有个体工商户的生产、经营所得或者对企事业单位的承包经营、承租经营所得(以下统称生产、经营所得)的,向其中一处实际经营所在地主管税务机关申报。

(4) 在中国境内无任职、受雇单位，年所得项目中无生产、经营所得的，向户籍所在地主管税务机关申报。在中国境内有户籍，但户籍所在地与中国境内经常居住地不一致的，选择并固定向其中一地主管税务机关申报。在中国境内没有户籍的，向中国境内经常居住地主管税务机关申报。

(5) 其他所得的纳税人，纳税申报地点分别为：

① 从两处或者两处以上取得工资、薪金所得的，选择并固定向其中一处单位所在地主管税务机关申报。

② 从中国境外取得所得的，向中国境内户籍所在地主管税务机关申报。在中国境内有户籍，但户籍所在地与中国境内经常居住地不一致的，选择并固定向其中一地主管税务机关申报。在中国境内没有户籍的，向中国境内经常居住地主管税务机关申报。

③ 个体工商户向实际经营所在地主管税务机关申报。

④ 个人独资、合伙企业投资者兴办两个或两个以上企业的，区分不同情形确定纳税申报地点。兴办的企业全部是个人独资性质的，分别向各企业的实际经营管理所在地主管税务机关申报；兴办的企业中含有合伙性质的，向经常居住地主管税务机关申报；兴办的企业中含有合伙性质，个人投资者经常居住地与其兴办企业的经营管理所在地不一致的，选择并固定向其参与兴办的某一合伙企业的经营管理所在地主管税务机关申报；除以上情形外，纳税人应当向取得所得所在地主管税务机关申报。

纳税人不得随意变更纳税申报地点，因特殊情况变更纳税申报地点的，须报原主管税务机关备案。

(六)自行申报纳税的申报管理

(1) 主管税务机关应当将各类申报表，登载到税务机关的网站上，或者摆放到税务机关受理纳税申报的办税服务厅，免费供纳税人随时下载或取用。

(2) 主管税务机关应当在每年法定申报期间，通过适当方式，提醒年所得 12 万元以上的纳税人办理自行纳税申报。个人所得税纳税申报表见附件表 9-6。

(3) 受理纳税申报的主管税务机关根据纳税人的申报情况，按照规定办理税款的征、补、退、抵手续。

(4) 主管税务机关按照规定为已经办理纳税申报并缴纳税款的纳税人开具完税凭证。

(5) 税务机关依法为纳税人的纳税申报信息保密。

(6) 纳税人变更纳税申报地点，并报原主管税务机关备案的，原主管税务机关应当及时将纳税人变更纳税申报地点的信息传递给新的主管税务机关。

(7) 主管税务机关对已办理纳税申报的纳税人建立纳税档案，实施动态管理。

二、代扣代缴纳税

代扣代缴，是指按照税法规定负有扣缴税款义务的单位或者个人，在向个人支付应纳税所得时，应计算应纳税额，从其所得中扣除并缴入国库，同时向税务机关报送扣缴个人所得税报告表。

(一)扣缴义务人和代扣代缴的范围

1. 扣缴义务人

凡支付个人应纳税所得的企业(公司)、事业单位、机关、社团组织、军队、驻华机构、个体户等单位或者个人，为个人所得税的扣缴义务人。

2. 代扣代缴的范围

扣缴义务人向个人支付下列所得，应代扣代缴个人所得税。

(1) 工资、薪金所得。

(2) 对企事业单位的承包经营、承租经营所得。

(3) 劳务报酬所得。

(4) 稿酬所得。

(5) 特许权使用费所得。

(6) 利息、股息、红利所得。

(7) 财产租赁所得。

(8) 财产转让所得。

(9) 偶然所得。

(10) 经国务院财政部门确定征税的其他所得。

扣缴义务人向个人支付应纳税所得(包括现金、实物和有价证券)时，不论纳税人是否属于本单位人员，均应代扣代缴其应纳的个人所得税税款。

(二)扣缴义务人的义务及应承担的责任

(1) 扣缴义务人应指定支付应纳税所得的财务会计部门或其他有关部门的人员为办税人员，由办税人员具体办理个人所得税的代扣代缴工作。

代扣代缴义务人的有关领导要对代扣代缴工作提供便利，支持办税人员履行义务；确定办税人员或办税人员发生变动时，应将名单及时报告主管税务机关。

(2) 扣缴义务人的法人代表(或单位主要负责人)、财会部门的负责人及具体办理代扣代缴税款的有关人员，共同对依法履行代扣代缴义务负法律责任。

(3) 同一扣缴义务人的不同部门支付应纳税所得时，应报办税人员汇总。

(4) 扣缴义务人在代扣税款时，必须向纳税人开具税务机关统一印制的代扣代收税款凭证，并详细注明纳税人姓名、工作单位、家庭住址和居民身份证或护照号码(无上述证件的，可用其他能有效证明身份的证件)等个人情况。对工资、奖金所得和利息、股息、红利所得等，因纳税人数众多、不便一一开具代扣代收税款凭证的，经主管税务机关同意，可不开具代扣代收税款凭证，但应通过一定形式告知纳税人已扣缴税款。纳税人为持有完税依据而向扣缴义务人索取代扣代收税款凭证的，扣缴义务人不得拒绝。

扣缴义务人应主动向税务机关申领代扣代收税款凭证，据以向纳税人扣税。非正式扣税凭证，纳税人可以拒收。

(5) 扣缴义务人对纳税人的应扣未扣的税款，其应纳税款仍然由纳税人缴纳，扣缴义务人应承担应扣未扣税款 50%以上至 3 倍的罚款。

(6) 扣缴义务人应设立代扣代缴税款账簿，正确反映个人所得税的扣缴情况，并如实填写"扣缴个人所得税报告表"及其他有关资料。

(7) 关于行政机关、事业单位工资发放方式改革后扣缴个人所得税问题：

① 行政机关、事业单位改革工资发放方式后，随着支付工资所得单位的变化，其扣缴义务人也有所变化。根据《个人所得税法》第八条规定，凡是有向个人支付工薪所得行为的财政部门(或机关事务管理、人事等部门)、行政机关、事业单位均为个人所得税的扣缴义务人。

② 财政部门(或机关事务管理、人事等部门)向行政机关、事业单位工作人员发放工资时应依法代扣代缴个人所得税。行政机关、事业单位在向个人支付与其任职、受雇有关的其他所得时，应将个人的这部分所得与财政部门(或机关事务管理、人事等部门)发放的工资合并计算应纳税额，并就应纳税额与财政部门(或机关事务管理、人事等部门)已扣缴税款的差额部分代扣代缴个人所得税。

(三)代扣代缴期限

扣缴义务人每月所扣的税款，应当在次月 15 日内缴入国库，并向主管税务机关报送"扣缴个人所得税报告表"、代扣代收税款凭证和包括每一纳税人姓名、单位、职务、收入、税款等内容的支付个人收入明细表以及税务机关要求报送的其他有关资料。

扣缴义务人违反上述规定不报送或者报送虚假纳税资料的，一经查实，其未在支付个人收入明细表中反映的向个人支付的款项，在计算扣缴义务人应纳税所得额时不得作为成本费用扣除。

扣缴义务人因有特殊困难不能按期报送"扣缴个人所得税报告表"及其他有关资料的，经县级税务机关批准，可以延期申报。

复习思考题

一、问答题

1. 评价不同个人所得税征收模式的优劣。

2. 简要说明居民纳税人与非居民纳税人的判定标准。

3. 简要说明速算扣除数是如何得来的。

二、计算题

1. 职员王某本月取得工资收入 6000 元、奖金收入 3000 元、各类应纳税补贴收入 1000 元,按照规定允许扣除的基本养老保险费、基本医疗保险费、失业保险费、住房公积金和企业年金分别为其上述收入总额的 8%、2%、1%、12% 和 4%,计算王某本月上述所得应纳个人所得税税额。

2. 某外国公司驻华办事处常驻雇员杰克本月领取薪金 60 000 元(人民币,下同),按照规定可以扣除的各种社会保险费等支出 5000 元,计算杰克的上述薪金应纳个人所得税税额。

3. 赵某是某一领域的专家,下面是赵某 2016 年的收入情况。

(1) 每月工资为 6200 元。

(2) 一次性获得专有技术使用费 45 000 元。

(3) 赵某去德国期间,其著作被译成德文出版,获得版权收入 40 000 欧元(1 欧元=9.3 人民币),在法国该项所得已缴纳个人所得税折合人民币 30 000 元。

(4) 出版专著一次性获得稿酬 30 000 元。

请计算:

(1) 赵某工资应缴纳的个人所得税金额。

(2) 赵某专有技术所得应缴纳的个人所得税。

(3) 赵某在德国版权收入回国应补缴的个人所得税。

(4) 赵某稿酬应缴纳的个人所得税。

(5) 赵某在 2016 年共缴纳的个人所得税税额。

4. Mark 是在中国工作的外籍人员,在中国境内无住所,其所在国与中国签订了税收协定,Mark 已经在中国居住满 5 年,2016 年是 Mark 在中国境内居住的第 6 年,并且居住满 1 年,其收入如下。

(1) 每月从中国境内任职企业得到工资 30 000 元,从境外获得的工资折合成人民币为 10 000 元,不能提供在中国境外同时任职的证明。

(2) 2016 年 5 月将境内一门市房出租，租赁期为 1 年，每月租金 4500 元，当月发生修缮费用 1200 元(不考虑其他税费)。

(3) 从境内外商投资企业获得红利 15 000 元。

(4) 11 月份获得某公司董事费收入 40 000 元，通过国家机关向农村义务教育捐款 15 000 元。

请计算：

(1) 2016 年 Mark 每月工资应缴纳的个人所得税。

(2) Mark 租赁所得应缴纳的个人所得税。

(3) Mark 的董事会收入应缴纳的个人所得税。

(4) 2016 年，Mark 在中国境内合计应缴纳的个人所得税。

5. 张某平时没有工资收入，从 2015 年起承包一个招待所，规定从净利润中上交承包费 15 000 元，其余收入归张某所有，2015 年该招待所利润总额为 150 000 元，所得税率为 25%，但在年终时发现，招待所漏记餐饮收入 20 000 元，招待超支 2000 元，请计算：

(1) 2015 年招待所应缴纳的企业所得税额。

(2) 张某应缴纳的个人所得税额。

6. 中国公民张某在国内某单位任职，2015 年 10 月份取得如下收入。

(1) 工资收入 4000 元，当月奖金 1500 元，季度奖 2400 元。

(2) 接受某公司邀请担任技术顾问，一次性取得收入 36 000 元。

(3) 将一套住房出租，月租金 5000 元，当月支付房屋修缮费 200 元。

(4) 因汽车失窃，获得保险公司赔偿 80 000 元。

(5) 取得购买国债利息 500 元。

要求：计算李某当月应纳的个人所得税。

7. 张某自 2010 年起任某上市公司高级工程师，2014 年取得的部分收入如下。

(1) 1 月份取得公司支付工资 8500 元，另取得地区津贴 1800 元，差旅费津贴 1600 元。

(2) 公司于 2012 年实行股票期权计划。2012 年 1 月 12 日张先生获得公司授权的股票期权 20 000 份(该期权不可公开交易)，授予价格为每份 3 元。当日公司的股票收盘价格为 4.68 元。公司规定的股票期权行权期限是 2014 年 2 月 20 日至 9 月 20 日。张某于 2014 年 2 月 23 日对 8000 份股票期权实施行权，当日公司的股票收盘价为 6.8 元。

(3) 5 月份取得财政部发行国债的利息 1400 元，取得 2013 年某省发行的地方政府债券的利息 670 元，取得某国内上市公司发行的公司债券利息 840 元。

(4) 7 月 10 日张某对剩余的股票期权全部实施行权，当日过票收盘价为 7.5 元。

计算张某 2014 年取得的各种收入应缴纳的个人所得税税额。

附件：

表 9-6 个人所得税纳税申报表
（适用于年所得 12 万元以上的纳税人申报）

填表日期：　　　年　　月　　日　　　　金额单位：人民币元（列至角分）

所得年份：　　　年

纳税人姓名		国籍(地区)		身份证照类型		身份证照号码	
任职、受雇单位		任职受雇单位税务代码		任职受雇单位所属行业		职务	职业
在华天数		境内有效联系地址			境内有效联系地址邮编		联系电话
此行由取得经营所得的纳税人填写	经营单位纳税人识别号				经营单位纳税人名称		

所得项目	年所得额			应纳税所得额	应纳税额	已缴(扣)税额	抵扣税额	减免税额	应补税额	应退税额	备注
	境内	境外	合计								
1. 工资、薪金所得											
2. 个体工商户的生产、经营所得											
3. 对企事业单位的承包经营、承租经营所得											
4. 劳务报酬所得											
5. 稿酬所得											
6. 特许权使用费所得											
7. 利息、股息、红利所得											
8. 财产租赁所得											
9. 财产转让所得							—	—		—	
其中：股票转让所得											
个人房屋转让所得											
10. 偶然所得											
11. 其他所得											
合计											

我声明，此纳税申报表是根据《中华人民共和国个人所得税法》及有关法律、法规的规定填报的，我保证它是真实的、可靠的、完整的。

纳税人（签字）：　　　　　　　　　　　　　　联系电话：

代理人（签章）：

税务机关受理时间：　　　年　　月　　日

税务机关受理人（签字）：　　　　　　　　　　受理申报税务机关名称（盖章）：

第十章 资 源 税 类

【知识要点】

资源税类是对自然资源征收的各种税的总称，包括资源税、土地增值税、城镇土地使用税等税种。通过本章的学习，重点要掌握资源税、土地增值税、城镇土地使用税规定的纳税义务人、税率、计税依据、应纳税额的计算及征收管理等内容，同时要正确认识开征与调整资源税的目的，领悟到现行资源税对合理开发和高效利用资源的经济效应与社会效应。

第一节 资 源 税

一、资源税的概念

资源税是对在我国领域及管辖海域开采应税矿产品和生产盐的单位和个人，就其应税数量征收的一种税。在中华人民共和国领域及管辖海域开采《中华人民共和国资源税暂行条例》规定的矿产品或者生产盐的单位和个人，为资源税的纳税义务人，应缴纳资源税。

二、资源税的特点

(一)征税范围较窄

自然资源是生产资料或生活资料的天然来源，它包括的范围很广，如矿产资源、土地资源、水资源、动植物资源等。目前我国的资源税征税范围较窄，仅选择了部分级差收入差异较大，资源较为普遍，易于征收管理的矿产品和盐列为征税范围。随着我国经济的快速发展，对自然资源的合理利用和有效保护将越来越重要，因此，资源税的征税范围应逐步扩大。中国资源税目前的征税范围包括矿产品和盐两大类。

(二)实行差别税额从量征收

我国现行资源税实行从量定额征收，一方面税收收入不受产品价格、成本和利润变化的影响，能够稳定财政收入；另一方面有利于促进资源开采企业降低成本，提高经济效率。同时，资源税按照资源条件好、收入多的多征，资源条件差、收入少的少征的原则，根据矿产资源等级分别确定不同的税额，以有效地调节资源级差收入。

(三)实行源泉课征

不论采掘或生产单位是否属于独立核算,资源税均规定在采掘或生产地源泉控制征收,这样既照顾了采掘地的利益,又避免了税款的流失。这与其他税种由独立核算的单位统一缴纳不同。

三、资源税构成要素

(一)纳税人

资源税的纳税义务人是指在中华人民共和国领域及管辖海域开采应税资源的矿产品或者生产盐的单位和个人。这里所说的单位是指国有企业、集体企业、私有企业、股份企业、外商投资企业和外国企业、其他企业和行政单位、事业单位、军事单位、社会团体及其他单位。这里所说的个人是指个体经营者及其他个人。

根据《关于调整原油、天然气资源有关政策的通知》(财税〔2014〕73号)规定,开采海洋或陆地上油气资源的中外合作油气田,在2011年11月1日前已签订的合同继续缴纳矿区使用税,不缴纳资源税,自2011年11月1日起缴纳资源税,不再缴纳矿区使用税。

纳税人销售未税矿产品,以收购单位为扣缴义务人。未税矿产品是指资源税纳税人在销售其矿产品时不能向扣缴义务人提供"资源税管理证明"的矿产品。收购单位包括独立矿山、联合企业及其他收购未税矿产品的单位。独立矿山是指只有采矿或只有选矿并实行独立核算、自负盈亏的单位,其生产的原矿和精矿主要用于对外销售。联合企业是指采矿、选矿、冶炼(或加工)连续生产的企业或采矿、冶炼(或加工)连续生产的企业,其采矿单位一般是该企业的二级或二级以下的核算单位。其他收购未税矿产品的单位,包括收购未税矿产品的个体户在内。以收购单位为扣缴义务人,主要是为了加强对资源税的征收和管理,防止一些税源小、零散、不定期开采应税资源产品的纳税人逃避税收。

(二)税目、税率

(1) 原油,是指开采的天然原油,不包括人造石油。

(2) 天然气,是指专门开采或与原油同时开采的天然气,暂不包括煤矿生产的天然气。

(3) 煤炭,是指原煤,不包括洗煤、选煤及其他煤炭制品。

(4) 其他非金属原矿,是指上列产品和井矿盐以外的非金属矿原矿。

(5) 黑色金属原矿,包括铁矿石、锰矿石和铬矿石。

(6) 有色金属原矿,包括稀土矿、铜矿石、铅锌矿石、铝土矿、钨矿石、锡矿石、锑矿石、钼矿石、黄金矿、钒矿石和未列举的其他有色金属矿原矿。

(7) 盐，包括固体盐和液体盐。固体盐，包括海盐、湖盐、原盐和井矿盐。液体盐，是指卤水。

资源税税目、税率表见表 10-1。

表 10-1 资源税税目、税率表

税　目		税　率
一、原油		销售额的 6%～10%
二、天然气		销售额的 6%～10%
三、煤炭		销售额的 2%～10%
四、其他非金属矿原矿	普通非金属矿原矿	每吨或者每立方米 0.5～20 元
	贵重非金属矿原矿	每千克或者每克拉 0.5～20 元
五、黑色金属矿原矿		每吨 2～30 元
六、有色色属矿原矿	稀土矿	每吨 0.4～60 元
	其他有色金属矿原矿	每吨 0.4～30 元
七、盐	固体盐	每吨 10～60 元
	液体盐	每吨 2～10 元

(三)扣缴义务人的扣缴义务

(1) 独立矿山、联合企业收购未税矿产品的单位，按照本单位应税产品税额标准，依据收购的数量代扣代缴资源税。

(2) 其他收购单位收购的未税矿产品，按税务机关核定的应税产品税额标准，依据收购的数量代扣代缴资源税。

(四)计税依据

1. 确定资源税课税数量的基本方法

纳税人开采或者生产应税产品销售的，以销售数量为课税数量；纳税人开采或者生产应税产品自用的，以自用(非生产用)数量为课税数量。自用于连续生产应税产品的，不纳资源税。

2. 特殊情况课税数量的确定方法

实际生产经营活动中，有些情况是比较特殊的，因此，有些具体情况的课税数量采取如下办法。

(1) 纳税人不能准确提供应税产品销售数量或移送使用数量的，以应税产品的产量或主管税务机关确定的折算比，换算成的数量为课税数量。

(2) 对于连续加工前无法正确计算原煤移送使用量的煤炭，可按加工产品的综合回收率，将加工产品实际销量和自用量折算成原煤数量，以此作为课税数量。

$$综合回收率=(原煤入洗后的等级品合计数量÷入洗的原煤数量)×100\%$$

(3) 金属和非金属矿产品原矿，因无法准确掌握纳税人移送使用原矿数量的，可将其精矿按选矿比折算成原矿数量，以此作为课税数量，其计算公式为

$$选矿比=精矿数量÷耗用原矿数量$$

(4) 销售数量，包括纳税人开采或生产应税产品的实际销售数量和视同销售的自用数量。

(5) 纳税人以自产的液体盐加工固体盐，按固体盐税额征税，以加工的固体盐数量为课税数量。纳税人以外购的液体盐加工成固体盐，其加工固体盐所耗用液体盐的已纳税额准予抵扣。

对于纳税人开采或者生产不同税目应税产品的，应当分别核算；不能准确提供不同税目应税产品的课税数量的，从高适用税额。

四、 资源税应纳税额的计算

按照从价定率或者从量定额的办法，分别以应税产品的销售数额乘以纳税人具体适用的应税比率或者应税产品的课税数量乘以纳税人适用的定额税率，计算应纳税额，具体计算公式如下。

(1) 实行从价定率征收的：

$$应纳税额=销售额×适用比率$$

(2) 实行从量定额征收：

$$应纳税额=课税数量×单位税额$$

$$代扣代缴应纳税额=收购未税矿产品的数量×适用的单位税额$$

(3) 自 2014 年 12 月 1 日起在全国范围内实施煤炭资源税从价计征改革，煤炭应税产品包括原煤和以原煤加工的洗选煤。

(4) 为便于征管，对开采稠油、高凝油、高含硫天然气、低丰度油气资源及三次开采油的陆上油田企业，根据 2014 年以前年度符合减税规定的原油、天然气销售额占其原油、天然气总销售额的比例，确定资源税综合减征率和实际征收率，计算资源税应纳税额。

$$综合减征率=\sum(减税项目销售额×减征幅度×6\%)÷总销售额$$

$$实际征收率=6\%-综合减征率$$

$$应纳税额=总销售额×实际征收率$$

五、税收优惠

资源税贯彻普遍征收、级差调节的原则思想，因此规定的减免税项目比较少。

(1) 开采原油过程中用于加热、修井的原油，免税。

(2) 纳税人开采或者生产应税产品过程中，因意外事故或者自然灾害等原因遭受重大损失的，由省、自治区、直辖市人民政府酌情决定减税或者免税。

(3) 自 2007 年 2 月 1 日起，北方海盐资源税暂减按每吨 15 元征收，南方海盐、湖盐、井矿盐资源税暂减按每吨 10 元征收，液体盐资源税暂减按每吨 2 元征收。

(4) 铁矿石资源税减按 80%征收。

(5) 尾矿再利用，不再征收资源税。

(6) 自 2010 年 6 月 1 日起，纳税人在新疆开采的原油、天然气，自用于连续生产原油、天然气，不缴纳资源税；自用于其他方面的，视同销售，依照本规定计算缴纳资源税。

(7) 从 2007 年 1 月 1 日起，对地面抽采煤层气暂不征收资源税。煤层气是指赋存于煤层及其围岩中与煤炭资料伴生的非常规天然气，也称煤矿瓦斯。

(8) 国务院规定的其他减税、免税项目。

纳税人的减税、免税项目，应当单独核算课税数量；未单独核算或者不能准确提供课税数量的，不予减税或者免税。

六、征收管理

(一)纳税义务发生时间

(1) 纳税人销售应税产品，其纳税义务发生时间为：①纳税人采取分期收款结算方式的，其纳税义务发生时间，为销售合同规定的收款日的当天。②纳税人采取预收货款结算方式的，其纳税义务发生时间，为发出应税产品的当天。③纳税人采取其他结算方式的，其纳税义务发生时间，为收讫销售款或者取得索取销售款凭据的当天。

(2) 纳税人自产自用应税产品的纳税义务发生时间，为移送使用应税产品的当天。

(3) 扣缴义务人代扣代缴税款的纳税义务发生时间，为支付首笔货款或者开具应支付货款凭据的当天。

(二)纳税期限

纳税期限是纳税人发生纳税义务后缴纳税款的期限。资源税的纳税期限为 1 日、3 日、5 日、10 日、15 日或者 1 个月，纳税人的纳税期限由主管税务机关根据实际情况具体核定。不能按固定期限计算纳税的，可以按次计算纳税。

纳税人以 1 个月为一期纳税的,自期满之日起 10 日内申报纳税;以 1 日、3 日、5 日、10 日或者 15 日为一期纳税的,自期满之日起 5 日内预缴税款,于次月 1 日起 10 日内申报纳税并结清上月税款。

(三)纳税地点

(1) 凡是缴纳资源税的纳税人,都应当向应税产品的开采或者生产所在地主管税务机关缴纳税款。

(2) 如果纳税人在本省、自治区、直辖市范围内开采或者生产应税产品,其纳税地点需要调整的,由所在地省、自治区、直辖市税务机关决定。

(3) 如果纳税人应纳的资源税属于跨省开采,其下属生产单位与核算单位不在同一省、自治区、直辖市的,对其开采的矿产品一律在开采地纳税,其应纳税款由独立核算、自负盈亏的单位,按照开采地的实际销售量(或者自用量)及适用的单位税额计算划拨。

(4) 扣缴义务人代扣代缴的资源税,也应当向收购地主管税务机关缴纳。

第二节　土地增值税

一、土地增值税的概念

土地增值税是对有偿转让国有土地使用权及地上建筑物和其他附着物产权,取得增值收入的单位和个人征收的一种税。

二、纳税义务人

土地增值税的纳税义务人为转让国有土地使用权、地上的建筑及其附着物并取得收入的单位和个人,包括内外资企业、行政事业单位、个体经营者、中外籍个人等。

三、征税范围

根据《土地增值税暂行条例》及其实施细则的规定,土地增值税的征税范围包括:

(1) 转让国有土地使用权。这里所说的"国有土地",是指按国家法律规定属于国家所有的土地。

(2) 地上的建筑物及其附着物连同国有土地使用权一并转让。这里所说的"地上的建筑物"是指建于土地上的一切建筑物,包括地上地下的各种附属设施。这里所说的"附着物"是指附着于土地上的不能移动或一经移动即遭损坏的物品。

(3) 存量房地产的买卖。存量房地产是指已经建成并已投入使用的房地产，其房屋所有人将房屋产权和土地使用权一并转让给其他单位和个人。

准确界定土地增值税的征税范围标准：

(1) 土地增值税是对转让国有土地使用权及其地上建筑物和附着物的行为征税。这里，转让的土地，其使用权是否为国家所有，是判定是否属于土地增值税征税范围的标准之一。

(2) 土地增值税是对国有土地使用权及其地上的建筑物和附着物的转让行为征税。这里，土地使用权、地上的建筑物及其附着物的产权是否发生转让是判定是否属于土地增值税征税范围的标准之二。

(3) 土地增值税是对转让房地产并取得收入的行为征税。这里，是否取得收入是判定是否属于土地增值税征税范围的标准之三。

四、税率

土地增值税实行四级超率累进税率，见表 10-2。

表 10-2　土地增值税四级超率累进税率　　　　　　　　单位：%

级　数	增值额与扣除项目金额的比率	税　率	速算扣除系数
1	不超过 50%的部分	30	0
2	超过 50%至 100%的部分	40	5
3	超过 100%至 200%的部分	50	15
4	超过 200%的部分	60	35

五、应税收入与扣除项目

(一)应税收入的确定

根据《土地增值税暂行条例》及其实施细则的规定，纳税人转让房地产取得的应税收入，应包括转让房地产的全部价款及有关的经济收益。从收入的形式来看，包括货币收入、实物收入和其他收入。

1. 货币收入

货币收入是指纳税人转让房地产而取得的现金、银行存款、支票、银行本票、汇票等各种信用票据和国库券、金融债券、企业债券、股票等有价证券。这些类型的收入其实质都是转让方因转让土地使用权、房屋产权而向取得方收取的价款。货币收入一般比较容易确定。

2．实物收入

实物收入是指纳税人转让房地产而取得的各种实物形态的收入，如钢材、水泥等建材，房屋、土地等不动产等。实物收入的价值不太容易确定，一般要对这些实物形态的财产进行估价。

3．其他收入

其他收入是指纳税人转让房地产而取得的无形资产收入或具有财产价值的权利，如专利权、商标权、著作权、专有技术使用权、土地使用权、商誉权等。这种类型的收入比较少见，其价值需要进行专门的评估。

(二)扣除项目的确定

计算土地增值税应纳税额，并不是直接对转让房地产所取得的收入征税，而是要对收入额减除国家规定的各项扣除项目金额后的余额计算征税(这个余额就是纳税人在转让房地产中获取的增值额)。因此，要计算增值额，首先必须确定扣除项目。税法准予纳税人从转让收入额中减除的扣除项目包括如下几项。

1．取得土地使用权所支付的金额

取得土地使用权所支付的金额包括两方面内容：一是纳税人为取得土地使用权所支付的地价款。如果是以协议、招标、拍卖等出让方式取得土地使用权的，地价款为纳税人所支付的土地出让金；如果是以行政划拨方式取得土地使用权的，地价款为按照国家有关规定补交的土地出让金；如果是以转让方式取得土地使用权的，地价款为向原土地使用权人实际支付的地价款。二是纳税人在取得土地使用权时按国家统一规定缴纳的有关费用。它系指纳税人在取得土地使用权过程中为办理有关手续，按国家统一规定缴纳的有关登记、过户手续费。

2．房地产开发成本

房地产开发成本是指纳税人房地产开发项目实际发生的成本，包括土地的征用及拆迁补偿费、前期工程费、建筑安装工程费、基础设施费、公共配套设施费、开发间接费用。其中，①土地征用及拆迁补偿费，包括土地征用费、耕地占用税、劳动力安置费、安置动迁用房支出及有关地上、地下附着物拆迁补偿的净支出等。②前期工程费包括规划、设计、项目可行性研究和水文、地质、勘察、测绘、"三通一平"等支出。③建筑安装工程费指以出包方式支付给承包单位的建筑安装工程费或以自营方式发生的建筑安装工程费。④基础设施费包括开发小区内道路、供水、供电、供气、排污、排洪、通讯、照明、环卫、绿化等工程发生的支出。⑤公共配套设施费包括不能有偿转让的开发小区内公共配套设施发生的支出。⑥开发间接费用指直接组织、管理开发项目发生的费用,包括工资、职工福利费、折旧费、修理费、办公费、水电费、劳动保护费、周转房摊销等。

3. 房地产开发费用

房地产开发费用是指与房地产开发项目有关的销售费用、管理费用和财务费用。①纳税人能够按转让房地产项目计算分摊利息支出,并能提供金融机构的贷款证明的,其允许扣除的房地产开发费用为:利息+(取得土地使用权所支付的金额+房地产开发成本)×5%以内。这里的"利息"最高不能超过按商业银行同类同期贷款利率计算的金额。②纳税人不能按转让房地产项目计算分摊利息支出或不能提供金融机构贷款证明的,其允许扣除的房地产开发费用为:(取得土地使用权所支付的金额+房地产开发成本)×10%以内。③房地产开发企业既向金融机构借款,又有其他借款的,其房地产开发费用计算扣除时不能同时适用①、②项所述两种办法。④土地增值税清算时,已经计入房地产开发成本利息支出,应调整至财务费用中计算。

①、②全部使用自有资金,没有利息支出的,按照以上方法扣除。

此外,财政部、国家税务总局对扣除项目金额利息支出的计算问题做了专门规定:一是利息的上浮幅度按国家的有关规定执行,超过上浮幅度的部分不允许扣除;二是对于超过贷款期限的利息部分加罚的利息不允许扣除。

4. 与转让房地产有关的税金

与转让房地产有关的税金是指在转让房地产时缴纳的营业税、城市维护建设税、印花税。因转让房地产缴纳的教育费附加,也可视同税金予以扣除。

需要明确的是,房地产开发企业按照《施工、房地产开发企业财务制度》有关规定,其在转让时缴纳的印花税应列入管理费用中,故在此不允许再单独扣除。其他纳税人缴纳的印花税,按产权转移书据所载金额的5‰(贴花)允许扣除。

5. 其他扣除项目

对从事房地产开发的纳税人可按取得土地使用权所支付的金额与房地产开发成本之和,加计20%的扣除。此条优惠只适用于从事房地产开发的纳税人,除此之外的其他纳税人不适用。这样规定,目的是为了抑制炒买炒卖房地产的投机行为,保护正常开发投资者的积极性。

6. 旧房及建筑物的评估价格

旧房及建筑物的评估价格是指在转让已使用的房屋及建筑物时,由政府批准设立的房地产评估机构评定的重置成本价乘以成新度折扣率后的价格。评估价格须经当地税务机关确认。这里的重置成本价的含义是对旧房及建筑物，按转让时的建材价格及人工费用计算，建造同样面积、同样层次、同样结构、同样建设标准的新房及建筑物所需花费的成本费用。成新度折扣率的含义是：按旧房的新旧程度作一定比例的折扣。例如，一幢房屋已使用近10年，建造时的造价为1000万元，按转让时的建材及人工费用计算，建同样的新房需花费4000万元，该房有六成新，则该房的评估价格为：4000×60%=2400(万元)。

此外，转让旧房的，应按房屋及建筑物的评估价格、取得土地使用权所支付的地价款和按国家统一规定缴纳的有关费用及在转让环节缴纳的税金作为扣除项目金额计征土地增值税。对取得土地使用权时未支付地价款或不能提供已支付的地价款凭据的，在计征土地增值税时不允许扣除。

六、应纳税额的计算

(一)增值额的确定

土地增值税纳税人转让房地产所取得的收入减除规定的扣除项目金额后的余额，为增值额。纳税人有下列情形之一的，按照房地产评估价格计算征收。

(1) 隐瞒、虚报房地产成交价格的。

(2) 提供扣除项目金额不实的。

(3) 转让房地产的成交价格低于房地产评估价格，又无正当理由的。

(二)应纳税额的计算方法

土地增值税按照纳税人转让房地产所取得的增值额和规定的税率计算征收。土地增值税的计算公式是

$$应纳税额=增值额×适用税率-扣除项目金额×速算扣除系数$$

七、税收优惠

(一)建造普通标准住宅的税收优惠

纳税人建造普通标准住宅(在各省、自治区和直辖市人民政府根据国务院办公厅的有关规定制定的标准范围内从严掌握)出售，增值额未超过扣除项目金额20%的，免征土地增值税。

企业、事业单位、社会团体和其他组织转让旧房作为廉租住房、经济适用住房房源，增值额未超过扣除项目金额20%的，免征土地增值税。

(二)国家征用、收回的房地产的税收优惠

因国家建设需要依法征用、收回的房地产，免征土地增值税。这里所说的"因国家建设需要依法征用、收回的房地产"，是指因城市实施规划、国家建设的需要而被政府批准征用的房产或收回的土地使用权。因城市实施规划、国家建设的需要而搬迁，由纳税人自行转让原房地产的，比照有关规定免征土地增值税。

(三)个人转让房地产的税收优惠

个人因工作调动或改善居住条件而转让原自用住房，经向税务机关申报核准，凡居住满 5 年或 5 年以上的，免予征收土地增值税；居住满 3 年未满 5 年的，减半征收土地增值税。居住未满 3 年的，按规定计征土地增值税。

(四)对企事业单位、社会团体以及其他组织转让旧房作为公共租赁住房房源的税收优惠

对企事业单位、社会团体以及其他组织转让旧房作为公共租赁住房房源的且增值税额未超过扣除项目金额20%的，免征土地增值税。

八、征收管理

(一)纳税地点

土地增值税的纳税人应向房地产所在地主管税务机关办理纳税申报，并在税务机关核定的期限内缴纳土地增值税。这里所说的"房地产所在地"，是指房地产的坐落地。纳税人转让的房地产坐落在两个或两个以上地区的，应按房地产所在地分别申报纳税。

在实际工作中，纳税地点的确定又可分为以下两种情况。

(1) 纳税人是法人的。当转让的房地产坐落地与其机构所在地或经营所在地一致时，则在办理税务登记的原管辖税务机关申报纳税即可；如果转让的房地产坐落地与其机构所在地或经营所在地不一致时，则应在房地产坐落地所管辖的税务机关申报纳税。

(2) 纳税人是自然人的。当转让的房地产坐落地与其居住所在地一致时，则在住所所在地税务机关申报纳税；当转让的房地产坐落地与其居住所在地不一致时，在办理过户手续所在地的税务机关申报纳税。

(二)纳税申报

土地增值税的纳税人应在转让房地产合同签订后的 7 日内，到房地产所在地主管税务机关办理纳税申报，并向税务机关提交房屋及建筑物产权、土地使用权证书，土地转让、

房产买卖合同，房地产评估报告及其他与转让房地产有关的资料，纳税人因经常发生房地产转让而难以在每次转让后申报的，经税务机关审核同意后，可以定期进行纳税申报，具体期限由税务机关根据情况确定。

此外，对于纳税人预售房地产所取得的收入，凡当地税务机关规定预征土地增值税的，纳税人应当到主管税务机关办理纳税申报，并按规定比例预交，待办理决算后，多退少补；凡当地税务机关规定不预征土地增值税的，也应在取得收入时先到税务机关登记或备案。

第三节　城镇土地使用税

一、城镇土地使用税的概念

城镇土地使用税是以国有土地或集体土地为征税对象，对拥有土地使用权的单位和个人征收的一种税。

二、纳税义务人

在城市、县城、建制镇、工矿区范围内使用土地的单位和个人，为城镇土地使用税的纳税人。城镇土地使用税的纳税人通常包括以下几类。

(1) 拥有土地使用权的单位和个人。

(2) 拥有土地使用权的单位和个人不在土地所在地的，其土地的实际使用人和代管人为纳税人。

(3) 土地使用权未确定或权属纠纷未解决的，其实际使用人为纳税人。

(4) 土地使用权共有的，共有各方都是纳税人，由共有各方分别纳税。

几个人或几个单位共同拥有一块土地的使用权，这块土地的城镇土地使用税的纳税人应是对这块土地拥有使用权的每一个人或每一个单位。他们应以其实际使用的土地面积占总面积的比例，分别计算缴纳土地使用税。

三、征税范围

城镇土地使用税的征税范围，包括在城市、县城、建制镇和工矿区内的国家所有和集体所有的土地。上述城市、县城、建制镇和工矿区分别按以下标准确认。

(1) 城市是指经国务院批准设立的市。

(2) 县城是指县人民政府所在地。

(3) 建制镇是指经省、自治区、直辖市人民政府批准设立的建制镇。

（4）工矿区是指工商业比较发达，人口比较集中，符合国务院规定的建制镇标准，但尚未设立建制镇的大中型工矿企业所在地，工矿区须经省、自治区、直辖市人民政府批准。

上述城镇土地使用税的征税范围中，城市的土地包括市区和郊区的土地，县城的土地是指县人民政府所在地的城镇的土地，建制镇的土地是指镇人民政府所在地的土地。建立在城市、县城、建制镇和工矿区以外的工矿企业则不需缴纳城镇土地使用税。

四、计税依据

城镇土地使用税以纳税人实际占用的土地面积为计税依据，土地面积计量标准为每平方米，即税务机关根据纳税人实际占用的土地面积，按照规定的税额计算应纳税额，向纳税人征收土地使用税。纳税人实际占用的土地面积按下列办法确定。

（1）由省、自治区、直辖市人民政府确定的单位组织测定土地面积的，以测定的面积为准。

（2）尚未组织测量，但纳税人持有政府部门核发的土地使用证书的，以证书确认的土地面积为准。

（3）尚未核发土地使用证书的，应由纳税人申报土地面积，据以纳税，待核发土地使用证以后再作调整。

（4）对在城镇土地使用税征税范围内单独建造的地下建筑用地，按规定征收城镇土地使用税。其中，已取得地下土地使用权证的，按土地使用权证确认的土地面积计算应征税款；未取得地下土地使用权证或地下土地使用权证上未标明土地面积的，按地下建筑垂直投影面积计算应征税款。对上述地下建筑用地暂按应征税款的50%征收城镇土地使用税。

五、税率

城镇土地使用税税率表见表10-3。

表 10-3　城镇土地使用税税率

级　别	人口/人	每平方米税额/元
大城市	50 万以上	1.5～30
中等城市	20 万～50 万	1.2～24
小城市	20 万以下	0.9～18
县城、建制镇、工矿区		0.6～12

各省、自治区、直辖市人民政府可根据市政建设情况和经济繁荣程度在规定税额幅度内，确定所辖地区的适用税额幅度。经济落后地区，土地使用税的适用税额标准可适当降

低，但降低额不得超过上述规定最低税额的 30%。经济发达地区的适用税额标准可以适当提高，但须报财政部批准。

六、应纳税额的计算

城镇土地使用税的应纳税额可以通过纳税人实际占用的土地面积乘以该土地所在地段的适用税额求得。其计算公式为

全年应纳税额=实际占用应税土地面积(平方米)×适用税额

七、税收优惠

(一)法定免缴土地使用税的优惠

(1) 国家机关、人民团体、军队自用的土地。

(2) 由国家财政部门拨付事业费的单位自用土地。

(3) 宗教寺庙、公园、名胜古迹自用的土地。

(4) 市政街道、广场、绿化地带等公共用地。

(5) 直接用于农、林、牧、渔业的生产用地。

(6) 经批准开山填海整治的土地和改造的废弃土地，从使用的月份起免缴土地使用税 5 年至 10 年。

(7) 对非营利性医疗机构、疾病控制机构和妇幼保健等卫生机构自用的土地，免征城镇土地使用税。对营利性医疗机构(取得的收入直接用于改善医疗条件的)自用的土地自其取得执业登记之日起免征城镇土地使用税 3 年。

(8) 企业办的学校、医院、托儿所、幼儿园，其用地能与企业其他用地明确区分的，免征土地使用税。

(9) 免税单位无偿使用纳税单位的土地(如公安、海关等单位使用的铁路、民航等单位的土地)，免征土地使用税。

(10) 对行使国家行政管理职能的中国人民银行总行(含国家外汇管理局)所属分支机构自用的土地，免征城镇土地使用税。

(11) 为了体现国家的产业政策，支持重点产业的发展，对石油、电力、煤炭等能源用地，民用港口、铁路等交通用地和水利设施用地，三线调整企业、盐业、采石场、邮电等一些特殊用地划分了征免税界限和给予政策性减免税照顾。

(二)省、自治区、直辖市地方税务局确定减免土地使用税的优惠

(1) 个人所有的居住房屋及院落用地。

(2) 房产管理部门在房租调整改革前经租的居民住房用地。

(3) 免税单位职工家属的宿舍用地。

(4) 民政部门举办的安置残疾人占一定比例的福利工厂用地。

(5) 集体和个人办的各类学校、医院、托儿所、幼儿园用地。

(6) 对基建项目在建期间使用的土地，原则上应照章征收城镇土地使用税。但对有些基建项目，特别是国家产业政策扶持发展的大型基建项目，其占地面积大，建设周期长，在建期间又没有经营收入，为照顾其实际情况，对纳税人纳税确有困难的，可由各省、自治区、直辖市地方税务局根据具体情况予以免征或减征土地使用税。

(7) 城镇内的集贸市场(农贸市场)用地，按规定应征收城镇土地使用税。为了促进集贸市场的发展及照顾各地的不同情况，各省、自治区、直辖市地方税务局可根据具体情况自行确定对集贸市场用地征收或者免征城镇土地使用税。

(8) 房地产开发公司建造商品房的用地，原则上应按规定计征城镇土地使用税。但在商品房出售之前纳税确有困难的，其用地是否给予缓征或减征、免征照顾，可由各省、自治区、直辖市地方税务局根据从严的原则结合具体情况确定。

(9) 原房管部门代管的私房，落实政策后，有些私房产权已归还给房主，但由于各种原因，房屋仍由原住户居住，并且住户仍是按照房管部门在房租调整改革之前确定的租金标准向房主缴纳租金。对这类房屋用地，房主缴纳土地使用税确有困难的，可由各省、自治区、直辖市地方税务局根据实际情况，给予定期减征或免征城镇土地使用税的照顾。

(10) 对于各类危险品仓库、厂房所需的防火、防爆、防毒等安全防范用地，可由各省、自治区、直辖市地方税务局确定，暂免征收城镇土地使用税。

(11) 企业搬迁后原场地不使用的、企业范围内的荒山等尚未利用的土地，免征城镇土地使用税。免征税额由企业在申报缴纳城镇土地使用税时自行计算扣除，并在申报表附表或备注栏中作相应说明。

对搬迁后原场地不使用的和企业范围内的荒山等尚未利用的土地，凡企业申报暂免征收城镇土地使用税的，应事先向土地所在地的主管税务机关报送有关部门的批准文件或认定书等相关证明材料，以备税务机关查验。具体报送材料由各省、自治区、直辖市和计划单列市地方税务局确定。

企业按上述规定暂免征收城镇土地使用税的土地开始使用时，应从使用的次月起自行计算和申报缴纳城镇土地使用税。

(12) 经贸仓库、冷库均不宜免征城镇土地使用税。对纳税确有困难的企业，可向企业所在地的地方税务机关提出减免税申请，由省、自治区、直辖市地方税务局审核后，报国家税务总局批准，享受减免城镇土地使用税的照顾。

(13) 向居民供热并向居民收取采暖费的供热企业暂免征收城镇土地使用税。"供热企业"包括专业供热企业、兼营供热企业、单位自供热及为小区居民供热的物业公司等，不包括从事热力生产但不直接向居民供热的企业。

对既向居民供热，又向非居民供热的企业，可按向居民供热收取的收入占其总供热收入的比例划分征免税界限；对于兼营供热的企业，可按向居民供热收取的收入占其生产经营总收入的比例划分征免税界限。

八、征收管理

(一)纳税期限

城镇土地使用税实行按年计算、分期缴纳的征收方法，具体纳税期限由省、自治区、直辖市人民政府确定。目前，各地一般规定为每个季度缴纳一次或者半年缴纳一次，每次征期15天或者一个月。

(二)纳税义务发生时间

(1) 纳税人购置新建商品房，自房屋交付使用之次月起，缴纳城镇土地使用税。

(2) 纳税人购置存量房，自办理房屋权属转移、变更登记手续，房地产权属登记机关签发房屋权属证书之次月起，缴纳城镇土地使用税。

(3) 纳税人出租、出借房产，自交付出租、出借房产之次月起，缴纳城镇土地使用税。

(4) 以出让或转让方式有偿取得土地使用权的，应由受让方从合同约定交付土地时间的次月起缴纳城镇土地使用税；合同未约定交付时间的，由受让方从合同签订的次月起缴纳城镇土地使用税。

(5) 纳税人新征用的耕地，自批准征用之日起满1年时开始缴纳土地使用税。

(6) 纳税人新征用的非耕地，自批准征用次月起缴纳土地使用税。

(7) 自2009年1月1日起，纳税人因土地的权利发生变化而依法终止城镇土地使用税纳税义务的，其应纳税款的计算应截止到土地权利发生变化的当月末。

(三)纳税地点和征收机构

城镇土地使用税在土地所在地缴纳。

纳税人使用的土地不属于同一省、自治区、直辖市管辖的，由纳税人分别向土地所在地的税务机关缴纳土地使用税；在同一省、自治区、直辖市管辖范围内，纳税人跨地区使用的土地，其纳税地点由各省、自治区、直辖市地方税务局确定。

土地使用税由土地所在地的地方税务机关征收，其收入纳入地方财政预算管理，土地使用税征收工作涉及面广，政策性较强，在税务机关负责征收的同时，还必须注意加强同国土管理、测绘等有关部门的联系，及时取得土地的权属资料，沟通情况，共同协作把征收管理工作做好。

复习思考题

一、名词解释

资源税　土地增值税　重置成本　土地增值额　城镇土地使用税

二、简答题

1. 简述资源税的特点。

2. 简要说明土地增值税税法准予纳税人从转让收入额中减除的项目有哪些。

3. 简要说明土地增值税的征税范围标准。

三、计算题

1. 某油田 2015 年 9 月份月初库存原油 40 000 吨，本月生产原油 50 000 吨，本期发出 60 000 吨，其中对外销售 50 000 吨，企业开采原油过程中用于加热、修井自用原油 600 吨，非生产自用原油 9500 吨。另外，采天然气 120 000 立方米，当月销售 100 000 立方米，其余 20 000 立方米全部由油田自用。已知该油田适用的单位税额为每吨 8 元，天然气适用单位税额每千立方米 10 元。计算该油田当月应纳资源税。

2. 某联合企业为增值税一般纳税人，2015 年 12 月生产经营情况如下。

(1) 专门开采的天然气 45 000 千立方米，开采原煤 450 万吨，采煤过程中生产天然气 2800 千立方米。

(2) 销售原煤 280 万吨，取得不含税销售额 22 400 万元。

(3) 以原煤直接加工洗煤 110 万吨，对外销售 90 万吨，取得不含税销售额 15 840 万元。

(4) 企业职工食堂和供热等用原煤 2500 吨。

(5) 销售天然气 37 000 千立方米(含采煤过程中生产的 2000 千立方米)，取得不含税销售额 6660 万元。

(6) 购入采煤用原材料和低值易耗品，取得增值税专用发票，注明支付贷款 7000 万元、增值税税额 1190 万元。支付购原材料运输费 200 万元，取得运输公司开具的普通发票，原材料和低值易耗品验收入库。

(7) 购进采煤机械设备 10 台，取得增值税专用发票，注明每台设备支付货款 25 万元、增值税 4.25 万元，全部投入使用。(提示：资源税单位税额，原煤 3 元/吨，天然气 8 元/千立方米；洗煤与原煤的选矿比为 60%)

要求：① 计算该联合企业 2015 年 12 月应缴纳的资源税。

② 计算该联合企业 2015 年 12 月应缴纳的增值税。

3. 某市房地产开发公司建造一幢普通标准住宅出售，取得销售收入 10 000 万元，分别按国家规定缴纳了营业税、城建税和教育费附加。该公司为建造此住宅支付地价款和有关费用 1000 万元，开发成本 2000 万元，房地产开发费用 500 万元，其中利息支出 200 万元，但由于该司同时建造别墅，贷款利息无法分摊，该地规定房地产开发费用的计提比例为 10%。请计算转让此住宅应缴土地增值税为多少？

4. 深圳某房地产开发公司于 2015 年 7 月份销售一幢商品房，售价为 3000 万元，该幢商品房的土地使用权费及开发成本总计为 1200 万元。已知销售商品房时共缴纳税金 100 万元，当地计征土地增值税时允许扣除的开发费用比例为开发成本的 8%。该公司销售这幢商品房需要缴纳多少土地增值税？

5. 某企业 2015 年度在市区的总公司实际占用土地面积共 30 000 平方米，其中 5000 平方米为厂区内的绿化区，企业的医院共占地 500 平方米，另有 1500 平方米土地借给武警部队作为训练场地；企业分设的 A 机构在市区，实际占地 3000 平方米，其中无偿使用公安机关的一块场地 100 平方米；企业分设的 B 机构在郊区，占地面积 2000 平方米。税率为：市区的土地 5 元/平方米，郊区的土地 3 元/平方米。请计算该企业 2015 年共交土地使用税是多少？

第十一章　财产和行为税类

【知识要点】

通过学习本章内容，要掌握我国现行财产和行为税类的构成及各税种的税金计算和缴纳等内容。让学生理解和认可房产税、车船税、印花税、契税等税种的合理性。

第一节　房　产　税

一、房产税的纳税义务人

房产税是以房屋为征税对象，按照房屋的计税余值或租金收入，向产权所有人征收的一种财产税。房产税以在征税范围内的房屋产权所有人为纳税人，具体包括：

(1) 产权属国家所有的，由经营管理单位纳税；产权属集体和个人所有的，由集体单位和个人纳税。

(2) 产权出典的，由承典人依照房产余值缴纳房产税。

(3) 产权所有人、承典人不在房屋所在地的，由房产代管人或者使用人纳税。

(4) 产权未确定及租典纠纷未解决的，亦由房产代管人或者使用人纳税。

(5) 无租使用其他单位房产的问题。无租使用其他单位房产的应税单位和个人，依照房产余值代缴纳房产税。

(6) 产权属于集体所有制的，由实际使用人纳税。

自 2009 年 1 月 1 日起，外商投资企业、外国企业和组织以及外籍个人，依照《中华人民共和国房产税暂行条例》缴纳房产税。

二、房产税的征税对象、范围

(一)房产税的征税对象

房产税的征税对象是房产。所谓房产，是指有屋面和围护结构(有墙或两边有柱)，能够遮风避雨，可供人们在其中生产、学习、工作、娱乐、居住或贮藏物资的场所。

房地产开发企业建造的商品房，在出售前，不征收房产税；但对出售前房地产开发企业已使用或出租、出借的商品房应按规定征收房产税。

(二)征税范围

房产税的征税范围为城市、县城、建制镇和工矿区。对上述范围的具体解释如下。

(1) 城市是指国务院批准设立的市。

(2) 县城是指县人民政府所在地的地区。

(3) 建制镇是指经省、自治区、直辖市人民政府批准设立的建制镇。

(4) 工矿区是指工商业比较发达、人口比较集中、符合国务院规定的建制镇标准但尚未设立建制镇的大中型工矿企业所在地。开征房产税的工矿区须经省、自治区、直辖市人民政府批准。

房产税的征税范围不包括农村,这主要是为了减轻农民的负担。因为农村的房屋,除农副业生产用房外,大部分是农民居住用房。不将农村房屋纳入房产税征税范围,有利于农业发展、繁荣农村经济,有利于社会稳定。

三、计税依据与税率

(一)计税依据

房产税的计税依据是房产的余值或房产的租金收入。按照房产余值征税的,称为从价计征;按照房产租金收入计征的,称为从租计征。

1. 从价计征

《房产税暂行条例》规定,房产税依照房产原值一次减除10%～30%后的余值计算缴纳。各地扣除比例由当地省、自治区、直辖市人民政府确定。

2. 从租计征

《房产税暂行条例》规定,房产出租的,以房产租金收入为房产税的计税依据。

所谓房产的租金收入,是房屋产权所有人出租房产使用权所得的报酬,包括货币收入和实物收入。

(二)税率

我国现行房产税采用的是比例税率。由于房产税的计税依据分别为从价计征和从租计征两种形式,所以房产税的税率也有两种:一种是按房产原值一次减除10%～30%后的余值计征的,税率为1.2%;另一种是按房产出租的租金收入计征的,税率为12%。从2001年1月1日起,对个人按市场价格出租的居民住房,用于居住的,可暂减按4%的税率征收房产税。

四、应纳税额的计算

房产税的计税依据有两种，与之相适应的应纳税额计算也分为两种，一是从价计征的计算；二是从租计征的计算。

(一)从价计征的计算

从价计征是按房产的原值减除一定比例后的余值计征，其计算公式为

$$应纳税额=应税房产原值×(1-扣除比例)×1.2\%$$

如前所述，房产原值是"固定资产"科目中记载的房屋原价；减除一定比例是省、自治区、直辖市人民政府规定的 10%～30%的减除比例；计征的适用税率为 1.2%。

(二)从租计征的计算

从租计征是按房产的租金收入计征，其计算公式为

$$应纳税额=租金收入×12\%(或 4\%)$$

五、税收优惠

目前，房产税的税收优惠政策主要有：

(1) 国家机关、人民团体、军队自用的房产免征房产税。但上述免税单位的出租房产以及非自身业务使用的生产、营业用房，不属于免税范围。

(2) 由国家财政部门拨付事业经费的单位，如学校、医疗卫生单位、托儿所、幼儿园、敬老院、文化、体育、艺术这些实行全额或差额预算管理的事业单位所有的，本身业务范围内使用的房产免征房产税。

(3) 宗教寺庙、公园、名胜古迹自用的房产免征房产税。

(4) 个人所有非营业用的房产免征房产税。

(5) 非营利性医疗机构、疾病控制机构和妇幼保健机构等医疗、卫生机构自用的房产。

(6) 从 2001 年 1 月 1 日起，对按政府规定价格出租的公有住房和廉租住房，包括企业和自收自支事业单位向职工出租的单位自有住房、房管部门向居民出租的公有住房、落实私房政策中带户发还产权并以政府规定租金标准向居民出租的私有住房，暂免征收房产税。

(7) 对已按规定免征城镇土地使用税的企业范围内荒山、林地、湖泊等占地，自 2014 年 1 月 1 日起至 2015 年 12 月 31 日，按应纳税额减半征收城镇土地使用税，自 2016 年 1 月 1 日起，全额征收城镇土地使用税。

(8) 经营公租房的租金收入，免征房产税。

(9) 经财政部批准免税的其他房产。

六、征收管理

(一)纳税义务发生时间

(1) 纳税人将原有房产用于生产经营，从生产经营之月起缴纳房产税。

(2) 纳税人自行新建房屋用于生产经营，从建成之次月起缴纳房产税。

(3) 纳税人委托施工企业建设的房屋，从办理验收手续之次月起缴纳房产税。

(4) 纳税人购置新建商品房，自房屋交付使用之次月起缴纳房产税。

(5) 纳税人购置存量房，自办理房屋权属转移、变更登记手续，房地产权属登记机关签发房屋权属证书之次月起，缴纳房产税。

(6) 纳税人出租、出借房产，自交付出租、出借房产之次月起，缴纳房产税。

(7) 房地产开发企业自用、出租、出借本企业建造的商品房，自房屋使用或交付之次月起，缴纳房产税。

(8) 自 2009 年 1 月 1 日起，纳税人因房产的实物或权利状态发生变化而依法终止房产税纳税义务的，其应纳税款的计算应截止到房产的实物或权利状态发生变化的当月末。

(二)纳税期限

房产税实行按年计算、分期缴纳的征收方法，具体纳税期限由省、自治区、直辖市人民政府确定。目前各地一般规定每个季度缴纳一次或者半年缴纳一次，并在规定的期限以内缴纳。

(三)纳税地点

房产税在房产所在地缴纳。房产不在同一地方的纳税人，应按房产的坐落地点分别向房产所在地的税务机关纳税。

第二节 车 船 税

一、车船税的概念

车船税法是指国家制定的用于调整车船税收与缴纳权利及义务关系的法律规范。

现行车船税法的基本规范，是 2011 年 2 月 25 日，由中华人民共和国第十一届全国人民代表大会常务委员会第十九次会议通过了《中华人民共和国车船税法》(以下简称《车船税法》)，自 2012 年 1 月 1 日起实施。

二、纳税义务人

车船税的纳税义务人，是指在中华人民共和国境内，《车船税税目税额表》中规定的车辆、船舶(以下简称车船)的所有人或者管理人。

三、征税范围

车船税的征税范围，是指在中华人民共和国境内属于车船税法所附《车船税税目税额表》规定的车辆、船舶。

(一)车辆

车辆，包括机动车辆和非机动车辆。机动车辆，指依靠燃油、电力等能源作为动力运行的车辆，如汽车、拖拉机、无轨电车等；非机动车辆，指依靠人力、畜力运行的车辆，如三轮车、自行车、畜力驾驶车等。

(二)船舶

船舶，包括机动船舶和非机动船舶。机动船舶，指依靠燃料等能源作为动力运行的船舶，如客轮、货船、气垫船等；非机动船舶，指依靠人力或者其他力量运行的船舶，如木船、帆船、舢板等。

四、税目与税率

车船税采用定额税率，即对征税的车船规定单位固定税额。车船税的适用税额，依照《车船税法》所附的《车船税税目税额表》(见表 11-1)执行。

表 11-1　车船税税目税额表

目　录		计税单位	年基准税额/元	备　注
乘用车按发动机汽缸容量(排气量分档)	1.0 升(含)以下的	每辆	60～360	核定载客人数 9 人(含)以下
	1.0 升以上至 1.6 升(含)的		300～540	
	1.6 升以上至 2.0 升(含)的		360～660	
	2.0 升以上至 2.5 升(含)的		660～1200	
	2.5 升以上至 3.0 升(含)的		1200～2400	
	3.0 升以上至 4.0 升(含)的		2400～3600	
	4.0 升以上的		3600～5400	

目 录		计税单位	年基准税额/元	备 注
商用车	客车	每辆	480～1440	核定载客人数 9 人(包括电车)以上
	货车	整备质量每吨	16～120	1.包括半挂牵引车、挂车、客货两用汽车、三轮汽车和低速载货汽车等 2.挂车按照货车税额的50%计算
其他车辆	专用作业车	整备质量每吨	16～120	不包括拖拉机
	轮式专用机械车	整备质量每吨	16～120	
摩托车		每辆	36～180	
船舶	机动船舶	净吨位每吨	3～6	拖船、非机动驳船分别按照机动船舶税额的50%计算;游艇的税额另行规定
	游艇	艇身长度每米	600～2000	

车船税确定税额总的原则是:非机动车船的税负轻于机动车船;人力车的税负轻于畜力车;小吨位船舶的税负轻于大船舶。由于车辆和船舶的行驶情况不同,车船税的税额也有所不同。

五、应纳税额的计算

购置的新车船,购置当年的应纳税额自纳税义务发生的当月起按月计算。计算公式为

应纳税额=(年应纳税额÷12)×应纳税月份数

应纳税月份=12-纳税义务发生时间(取月份)+1

六、税收优惠

(一)法定减免

(1) 捕捞、养殖渔船。捕捞、养殖渔船是指在渔业船舶管理部门登记为捕捞船或者养殖船的渔业船舶。不包括在渔业船舶管理部门登记为捕捞船或者养殖船以外类型的渔业船舶。

(2) 军队、武警专用的车船。军队、武警专用的车船是指按照规定在军队、武警车船管理部门登记,并领取军用牌照、武警牌照的车船。

(3) 警用车船。警用车船,是指公安机关、国家安全机关、监狱、劳动教养管理机关和

人民法院、人民检察院领取警用牌照的车辆和执行警务的专用船舶。

(4) 按照有关规定已经缴纳船舶吨税的船舶。

(5) 依照我国有关法律和我国缔结或者参加的国际条约的规定应当予以免税的外国驻华使馆、领事馆和国际组织驻华机构及其有关人员的车船。我国有关法律是指《中华人民共和国外交特权与豁免条例》《中华人民共和国领事特权与豁免条例》。

外国驻华使馆、领事馆和国际组织驻华机构及其有关人员在办理免税事项时，应当向主管地方税务机关出具本机构或个人身份的证明文件和车船所有权证明文件，并申明免税的依据和理由。

(6) 省、自治区、直辖市人民政府可以根据当地实际情况，对城市、农村公共交通车船给予定期减税、免税。

(7) 自 2012 年 1 月 1 日起，使用新能源的车船，可以免征车船税；节约能源的车船，可以减半征收车船税。受地震、洪涝等严重自然灾害影响纳税困难和有其他特殊原因需要免征、减征车船税的车船，可以在一定期限以内免征、减征车船税，具体期限和数额由各省、自治区和直辖市人民政府确定，报国务院备案。

(二)特定减免

(1) 按照规定缴纳船舶吨税的机动船舶，自车船税法实施之日起 5 年内免征车船税。

(2) 临时进入中国境内的外国车船和香港特别行政区、澳门特别行政区、台湾地区的车船，中国境内单位、个人租入外国船舶的，不征收车船税。

(3) 自 2012 年至 2016 年，按规定缴纳船舶吨税的机动船舶，依法不需要在车船登记管理部门登记的机场、港口和铁路站场内部行驶或者作业的车船，可以免征车船税。

七、征收管理

(一)纳税期限

车船税的纳税义务发生时间，为车船管理部门核发的车船登记证书或者行驶证书所记载日期的当月。纳税人未按照规定到车船管理部门办理应税车船登记手续的，以车船购置发票所载开具时间的当月作为车船税的纳税义务发生时间。对未办理车船登记手续且无法提供车船购置发票的，由主管地方税务机关核定纳税义务发生时间。

车船税按年申报缴纳。纳税年度，自公历 1 月 1 日起至 12 月 31 日止。具体申报纳税期限由省、自治区、直辖市人民政府确定。

(二)纳税地点

车船税由地方税务机关负责征收。纳税地点为车船的登记地或者车船税扣缴义务人所

在地。依法不需要办理登记的车船，车船的纳税地点为车船的所有人或者管理人所在地。跨省、自治区、直辖市使用的车船，纳税地点为车船的登记地。

第三节　印　花　税

一、印花税的概念

印花税是以经济活动和经济交往中，书立、领受应税凭证的行为为征税对象征收的一种税。国务院于 1988 年 8 月发布了《中华人民共和国印花税暂行条例》(以下简称《印花税暂行条例》)，自同年 10 月 1 日起施行。

二、纳税义务人

印花税的纳税义务人，是在中国境内书立、使用、领受印花税法所列举的凭证并应依法履行纳税义务的单位和个人。所称单位和个人，是指国内各类企业、事业、机关、团体、部队以及中外合资企业、合作企业、外资企业、外国公司和其他经济组织及其在华机构等单位和个人。上述单位和个人，按照书立、使用、领受应税凭证的不同，可以分别确定为立合同人、立据人、立账簿人、领受人、使用人和各类电子应税凭证的签订人 6 种。其中，各类合同以立合同人为纳税人，产权转移书据以立据人为纳税人，营业账薄以立账簿人为纳税人，权利、许可证照以领受人为纳税人。

值得注意的是，对应税凭证，凡有两方或两方以上当事人共同书立的，其当事人各方都是印花税的纳税人，应各就其所持凭证的计税金额履行纳税义务。

三、印花税税目、税率

印花税税目、税率表见表 11-2。

表 11-2　印花税税目、税率表

税　目	范　围	税　率	纳税人	说　明
(1)购销合同	包括供应、预购、采购、购销结合及协作、调剂、补偿、易货等合同	按购销金额 0.3‰贴花	立合同人	
(2)加工承揽合同	包括加工、定做、修缮、修理、印刷、广告、测绘、测试等合同	按加工或承揽收入0.5‰贴花	立合同人	

续表

税 目	范 围	税 率	纳税人	说 明
(3)建设工程勘察设计合同	包括勘察、设计合同	按收取费用0.5‰贴花	立合同人	
(4)建筑安装工程承包合同	包括建筑、安装工程承包合同	按承包金额0.3‰贴花	立合同人	
(5)财产租赁合同	包括租赁房屋、船舶、飞机、机动车辆、机械、器具、设备等合同	按租赁金额1‰贴花。税额不足1元，按1元贴花	立合同人	
(6)货物运输合同	包括民用航空运输、铁路运输、海上运输、内河运输、公路运输和联运合同	按运输收取的费用0.5‰贴花	立合同人	单据作为合同使用的,按合同贴花
(7)仓储保管合同	包括仓储、保管合同	按仓储收取的保管费用1‰贴花	立合同人	仓单或栈单作为合同使用的,按合同贴花
(8)借款合同	银行及其他金融组织和借款人(不包括银行同业拆借)所签订的借款合同	按借款金额0.05‰贴花	立合同人	单据作为合同使用的,按合同贴花
(9)财产保险合同	包括财产、责任、保证、信用等保险合同	按收取的保险费收入1‰贴花	立合同人	单据作为合同使用的,按合同贴花
(10)技术合同	包括技术开发、转让、咨询、服务等合同	按所记载金额0.3‰贴花	立合同人	
(11)产权转移书据	包括财产所有权和版权、商标专用权、专利权、专有技术使用权等转移书据、土地使用权出让合同、土地使用权转让合同、商品房销售合同	按所记载金额0.5‰贴花	立据人	
(12)营业账簿	生产、经营用账册	记载资金的账簿，按实收资本和资本公积的合计金额0.5‰贴花。其他账簿按件贴花5元	立账簿人	
(13)权利、许可证照	包括政府部门发给的房屋产权证、工商营业执照、商标注册证、专利证、土地使用证	按件贴花5元	领受人	

四、应纳税额的计算

纳税人的应纳税额，根据应纳税凭证的性质，分别按比例税率或者定额税率计算，其计算公式为

$$应纳税额=应税凭证计税金额(或应税凭证件数)×适用税率$$

五、税收优惠

对印花税的减免税优惠主要有：

(1) 对已缴纳印花税凭证的副本或者抄本免税，视同正本使用者除外。

(2) 对财产所有人将财产赠给政府、社会福利单位、学校所立的书据免税。

(3) 对国家指定的收购部门与村民委员会、农民个人书立的农副产品收购合同免税。

(4) 对无息、贴息贷款合同免税。

(5) 对外国政府或者国际金融组织向我国政府及国家金融机构提供优惠贷款所书立的合同免税。

(6) 对房地产管理部门与个人签订的用于生活居住的租赁合同免税。

(7) 对农牧业保险合同免税。

(8) 对与高校学生签订的高校学生公寓租赁合同，免征印花税。

(9) 企业改制过程中有关印花税暂免征收。

(10) 为贯彻落实《国务院关于加快棚户区改造工作意见》，对改造安置住房经营管理单位、开发商与改造安置住房相关的印花税以及购买安置住房的个人涉及的印花税自 2013 年 7 月 4 日起予以免征。

六、征收管理

(一)纳税方法

印花税的纳税办法，根据税额大小、贴花次数以及税收征收管理的需要，分别采用以下三种纳税办法。

1. 自行贴花办法

该办法一般适用于应税凭证较少或者贴花次数较少的纳税人。纳税人书立、领受或者使用印花税法列举的应税凭证的同时，纳税义务即已产生，应当根据应纳税凭证的性质和适用的税目率率，自行计算应纳税额，自行购买印花税票，自行一次贴足印花税票并加以注销或划销，纳税义务才算全部履行完毕。值得注意的是，纳税人购买了印花税票，支付

了税款，国家就取得了财政收入。但就印花税来说，纳税人支付了税款并不等于已履行了纳税义务。纳税人必须自行贴花并注销或划销，这样才算完整地完成了纳税义务。这也就是通常所说的"三自"纳税办法。

对已贴花的凭证，修改后所载金额增加的，其增加部分应当补贴印花税票。凡多贴印花税票者，不得申请退税或者抵用。

2．汇贴或汇缴办法

该办法一般适用于应纳税额较大或者贴花次数频繁的纳税人。一份凭证应纳税额超过500元的，应向当地税务机关申请填写缴款书或者完税证，将其中一联粘贴在凭证上或者由税务机关在凭证上加注完税标记代替贴花。这就是通常所说的"汇贴"办法。

同一种类应纳税凭证，需频繁贴花的，纳税人可以根据实际情况自行决定是否采用按期汇总缴纳印花税的方式，汇总缴纳的期限为1个月。采用按期汇总缴纳方式的纳税人应事先告知主管税务机关。缴纳方式一经选定，1年内不得改变。主管税务机关接到纳税人要求按期汇总缴纳印花税的告知后，应及时登记，制定相应的管理办法，防止出现管理漏洞。对采用按期汇总缴纳方式缴纳印花税的纳税人，应加强日常监督、检查。

实行印花税按期汇总缴纳的单位，对征税凭证和免税凭证汇总时，凡分别汇总的，按本期征税凭证的汇总金额计算缴纳印花税；凡确属不能分别汇总的，应按本期全部凭证的实际汇总金额计算缴纳印花税。

凡汇总缴纳印花税的凭证，应加注税务机关指定的汇缴戳记、编号并装订成册后，将已贴印花或者缴款书的一联粘附册后，盖章注销，保存备查。

经税务机关核准，持有代售许可证的代售户，代售印花税票取得的税款须专户存储，并按照规定的期限，向当地税务机关结报，或者填开专用缴款书直接向银行缴纳，不得逾期不缴或者挪作他用。代售户领存的印花税票及所售印花税票的税款，如有损失，应负责赔偿。

3．委托代征办法

该办法主要是通过税务机关的委托，经由发放或者办理应纳税凭证的单位代为征收印花税税款。税务机关应与代征单位签订代征委托书。所谓发放或者办理应纳税凭证的单位，是指发放权利、许可证照的单位和办理凭证的鉴证、公证及其他有关事项的单位。如按照印花税法规定，工商行政管理机关核发各类营业执照和商标注册证的同时，负责代售印花税票，征收印花税税款，并监督领受单位或个人负责贴花。税务机关委托工商行政管理机关代售印花税票，按代售金额5%的比例支付代售手续费。

印花税法规定，发放或者办理应纳税凭证的单位，负有监督纳税人依法纳税的义务，具体纳税监督事项包括：①应纳税凭证是否已粘贴印花；②粘贴的印花是否足额；③粘贴的印花是否按规定注销。对未完成以上纳税手续的，应督促纳税人当场完成。

(二)纳税环节

印花税应当在书立或领受时贴花。具体是指在合同签订时、账簿启用时和证照领受时贴花。如果合同是在国外签订，并且不便在国外贴花的，应在将合同带入境时办理贴花纳税手续。

(三)纳税地点

印花税一般实行就地纳税。对于全国性商品物资订货会(包括展销会、交易会等)上所签订合同应纳的印花税，由纳税人回其所在地后及时办理贴花完税手续；对地方主办、不涉及省际关系的订货会、展销会上所签合同的印花税，其纳税地点由各省、自治区、直辖市人民政府自行确定。

第四节　契　　税

一、契税的概念

契税是以在中华人民共和国境内转移土地、房屋权属为征税对象，向产权承受人征收的一种财产税。1997年7月7日，国务院重新颁布了《中华人民共和国契税暂行条例》，并于1997年10月1日起施行。契税的特点主要是属于财产转移税并由财产承受人纳税。

二、契税的纳税义务人和征税对象

(一)纳税义务人

契税的纳税义务人是境内转移土地、房屋权属，承受的单位和个人。境内是指中华人民共和国实际税收行政管辖范围内。土地、房屋权属是指土地使用权和房屋所有权。单位是指企业单位、事业单位、国家机关、军事单位和社会团体以及其他组织。个人是指个体经营者及其他个人，包括中国公民和外籍人员。

(二)征税对象

契税的征税对象是境内转移的土地、房屋权属，具体包括以下五项内容。

(1) 国有土地使用权出让。国有土地使用权出让是指土地使用者向国家交付土地使用权出让费用，国家将国有土地使用权在一定年限内让与土地使用者的行为。

(2) 土地使用权的转让。土地使用权的转让是指土地使用者以出售、赠与、交换或者其他方式将土地使用权转移给其他单位和个人的行为。土地使用权的转让不包括农村集体土地承包经营权的转移。

(3) 房屋买卖。房屋买卖即以货币为媒介，出卖者向购买者过渡房产所有权的交易行为。

(4) 房屋赠与。房屋的赠与是指房屋产权所有人将房屋无偿转让给他人所有。

(5) 房屋交换。房屋交换是指房屋所有者之间互相交换房屋的行为。

随着经济形势的发展，有些特殊方式转移土地、房屋权属的，也将视同土地使用权转让、房屋买卖或者房屋赠与。一是以土地、房屋权属作价投资、入股；二是以土地、房屋权属抵债；三是以获奖方式承受土地、房屋权属；四是以预购方式或者预付集资建房款方式承受土地、房屋权属。

(6) 承受国有土地使用权支付的土地出让金。对承受国有土地使用权所应支付的土地出让金，要计征契税。不得因减免土地出让金而减免契税。

三、契税税率

契税实行 3%～5% 的幅度税率。实行幅度税率是考虑到我国经济发展的不平衡，各地经济差别较大的实际情况。因此，各省、自治区、直辖市人民政府可以在 3%～5% 的幅度税率规定范围内，按照本地区的实际情况决定。

四、应纳税额的计算

契税采用比例税率。当计税依据确定以后，应纳税额的计算比较简单。应纳税额的计算公式为

$$应纳税额＝计税依据×税率$$

五、税收优惠

(1) 国家机关、事业单位、社会团体、军事单位承受土地、房屋用于办公、教学、医疗、科研和军事设施的，免征契税。

(2) 城镇职工按规定第一次购买公有住房，免征契税。

(3) 因不可抗力灭失住房而重新购买住房的，酌情减免。不可抗力是指自然灾害、战争等不能预见、不可避免，且不能克服的客观情况。

(4) 土地、房屋被县级以上人民政府征用、占用后，重新承受土地、房屋权属的，由省级人民政府确定是否减免。

(5) 承受荒山、荒沟、荒丘、荒滩土地使用权，并用于农、林、牧、渔业生产的，免征

契税。

(6) 经外交部确认，依照我国有关法律规定以及我国缔结或参加的双边和多边条约或协定，应当予以免税的外国驻华使馆、领事馆、联合国驻华机构及其外交代表、领事官员和其他外交人员承受土地、房屋权属。

(7) 契约优惠的特殊规定。

六、征收管理

(一)纳税义务发生时间

契税的纳税义务发生时间是纳税人签订土地、房屋权属转移合同的当天，或者纳税人取得其他具有土地、房屋权属转移合同性质凭证的当天。

(二)纳税期限

纳税人应当自纳税义务发生之日起 10 日内，向土地、房屋所在地的契税征收机关办理纳税申报，并在契税征收机关核定的期限内缴纳税款。

(三)纳税地点

契税在土地、房屋所在地的征收机关缴纳。

复习与思考题

一、名词解释

契税　契税纳税人

二、简答题

1. 简要说明我国征收契税的目的。
2. 简要说明我国契税征收的范围。

三、计算题

1. 某企业的经营用房原值为 18 000 万元，按照当地规定允许减除 30%后的余值计税，适用税率为 1.2%。请计算其应纳房产税税额。

2. 某航运公司拥有机动船 40 艘(其中净吨位为 600 吨的 10 艘，2000 吨的 20 艘，5000 吨的 10 艘)，600 吨的单位税额为 3 元、2000 吨的单位税额为 4 元、5000 吨的单位税额为 5

元。请计算该航运公司年应纳车船税税额。

3. 王某有两套住房，将一套出售给张某，成交价格为 100 000 元；将另一套两室住房与李某交换成两处一室住房，并支付给李某换房差价款 40 000 元。试计算王某、张某、李某相关行为应缴纳的契税(假设税率为 4%)。

4. 某企业 2015 年共计拥有土地 75 000 平方米，其中子弟学校占地 3000 平方米、幼儿园占地 1500 平方米，企业内部绿化占地 2000 平方米。2014 年度的上半年企业共有房产原值 6000 万元，7 月 1 日起企业将原值 300 万元、占地面积 500 平方米的一栋厂库出租给某商城存放货物，租期 1 年，每月租金收入 2 万元。8 月 12 日对委托施工单位建设的生产车间办理验收手续，由在建工程转入固定资产原值 600 万元。(城镇土地使用税 4 元/平方米；房产税计算余值的扣除比例为 20%)

要求：

(1) 计算企业 2015 年应缴纳的城镇土地使用税。

(2) 计算企业 2015 年应缴纳的房产税。

第十二章 特定目的课税类

【知识要点】

特定目的税是为实现特殊目的而征收的税，它具有政策目的鲜明、超财政目的和灵活性较大的特点。通过本章的学习，要求学生熟悉城市维护建设税、耕地占用税、车辆购置税等税种的基本理论，学会各税种的计算和征收管理方法，理解和领会现阶段各税种实现特定目的的机理。

第一节 城市维护建设税

城市维护建设税是对从事工商经营，缴纳增值税、消费税的单位和个人征收的一种税。城市维护建设税具有税款专款专用、附加税和根据城镇规模设计不同的比例税率三个显著特点。

一、纳税义务人

城市维护建设税(以下简称城建税)的纳税义务人，是指负有缴纳增值税和消费税义务的单位和个人，包括国有企业、集体企业、私营营业、股份制企业、其他企业和行政单位、事业单位、军事单位、社会团体、其他单位，以及个体工商户及其他个人。自 2010 年 2 月 1 日起，对外商投资企业和外国企业及外籍个人(以下简称"外资企业")征收城建税。对外资企业自 2010 年 2 月 1 日(含)之后发生纳税义务的增值税和消费税征收城建税；对外资企业自 2010 年 2 月 1 日(含)之前发生纳税义务的增值税和消费税不征收城建税。

二、城建税的税率

城建税的税率，是指纳税人应缴纳的城建税税额与纳税人实际缴纳的增值税和消费税税额之间的比率。城建税按纳税人所在地的不同，设置了三档地区差别比例税率，即：

(1) 纳税人所在地为市区的，税率为 7%；

(2) 纳税人所在地为县城、建制镇的，税率为 5%；

(3) 纳税人所在地不在市区、县城或者建制镇的，税率为 1%；开采海洋石油资源的中外合作油(气)田所在地在海上，城市维护建设税税率为 1%。

城建税的适用税率，应当按纳税人所在地的规定税率执行。但是，对下列两种情况，可按缴纳增值税和消费税所在地的规定税率就地缴纳城建税。

第一种情况：由受托方代扣代缴、代收代缴增值税和消费税的单位和个人，其代扣代缴、代收代缴的城建税按受托方所在地的适用税率执行。

第二种情况：流动经营等无固定纳税地点的单位和个人，在经营地缴纳增值税和消费税的，其城建税的缴纳按经营地的适用税率执行。

三、计税依据

城建税的计税依据，是指纳税人实际缴纳的增值税和消费税税额。

城建税以增值税和消费税税额为计税依据并与增值税和消费税同时征收，如果要免征或者减征增值税和消费税，也就要同时免征或者减征城建税，但对出口产品退还已缴纳的增值税、消费税的，已缴纳的城建税不予退还。

四、应纳税额的计算

城建税纳税人的应纳税额大小是由纳税人实际缴纳的增值税和消费税税额决定的，其计算公式为

$$应纳税额=纳税人实际缴纳的增值税、消费税税额×适用税率$$

五、税收优惠

(1) 城建税按减免后实际缴纳的增值税和消费税税额计征，即随增值税和消费税的减免而减免。

(2) 对于因减免税而需进行增值税和消费税退库的，城建税也可同时退库。

(3) 海关对进口产品代征的增值税、消费税，不征收城建税。

(4) 为支持国家重大水利工程建设，对国家重大水利工程建设基金免征城市维护建设税。

(5) 对增值税和消费税实行先征后返、先征后退、即征即退办法的，除另有规定外，对随增值税和消费税附征的城建税和教育费附加，一律不予退(返)还。

六、征收管理

纳税环节是纳税人缴纳增值税和消费税的环节。缴纳增值税和消费税的地点就是缴纳城建税的地点。纳税期限与增值税和消费税的纳税期限一致。

第二节　耕地占用税

一、耕地占用税的概念

耕地占用税是对占有耕地建房或从事其他非农业建设的单位和个人，就其实际占用的耕地面积征收的一种税，它属于对特定土地资源占用课税。

二、纳税义务人

耕地占用税的纳税义务人，是占用耕地建房或从事非农业建设的单位和个人。包括企业、行政单位、事业单位、军事单位、社会团体、其他单位，以及个体工商户及其他个人。

三、征税范围

耕地占用税的征税范围包括纳税人为建房或从事其他非农业建设而占用的国家所有和集体所有的耕地。所谓"耕地"是指种植农业作物的土地，包括菜地、园地。其中，园地包括花圃、苗圃、茶园、果园、桑园和其他种植经济林木的土地。占用鱼塘及其他农用土地建房或从事其他非农业建设，也视同占用耕地，必须依法征收耕地占用税。占用已开发从事种植、养殖的滩涂、草场、水面和林地等从事非农业建设，由省、自治区、直辖市本着有利于保护土地资源和生态平衡的原则，结合具体情况确定是否征收耕地占用税。建设直接为农业生产服务的生产设施占用上述农用土地的，农田水利占用耕地的，不征收耕地占用税。

此外，在占用之前三年内属于上述范围的耕地或农用土地，也视为耕地。

四、计税依据

耕地占用税以纳税人占用耕地的面积为计税依据，以平方米为计量单位。

五、税率

耕地占用税税率见表12-1。

表 12-1　各省、自治区、直辖市耕地占用税平均税额

单位：元

地　区	每平方米平均税额
上海	45
北京	40
天津	35
江苏、浙江、福建、广东	30
辽宁、湖北、湖南	25
河北、安徽、江西、山东、河南、重庆、四川	22.5
广西、海南、贵州、云南、陕西	20
山西、吉林、黑龙江	17.5
内蒙古、西藏、甘肃、青海、宁夏、新疆	12.5

六、税额计算

耕地占用税以纳税人实际占用的耕地面积为计税依据，以每平方米土地为计税单位，按适用的定额税率计税。其计算公式为

应纳税额=实际占用耕地面积(平方米)×适用定额税率

七、税收优惠

(一)免征耕地占用税

(1) 军事设施占用耕地。

(2) 学校、幼儿园、养老院、医院占用耕地。学校内经营性场所和教职工住房占用耕地的，不能免征耕地税；医院内职工住房占用耕地的，不能免征耕地税。

(二)减征耕地占用税

(1) 铁路线路、公路线路、飞机场跑道、停机坪、港口、航道占用耕地，减按每平方米2元的税额征收耕地占用税。根据实际需要，国务院财政、税务主管部门及国务院有关部门并报国务院批准后，可以对前款规定的情形免征或者减征耕地占用税。

(2) 农村居民占用耕地新建住宅，按照当地适用税额减半征收耕地占用税。

农村烈士家属、残疾军人、鳏寡孤独以及革命老根据地、少数民族聚居区和边远贫困山区生活困难的农村居民，在规定用地标准以内新建住宅缴纳耕地占用税确有困难的，经

所在地乡(镇)人民政府审核，报经县级人民政府批准后，可以免征或者减征耕地占用税。

免征或者减征耕地占用税后，纳税人改变原占地用途，不再属于免征或者减征耕地占用税情形的，应当按照当地适用税额补缴耕地占用税。

八、征收管理

耕地占用税由地方税务机关负责征收。土地管理部门在通知单位或者个人办理占用耕地手续时，应当同时通知耕地所在地同级地方税务机关。获准占用耕地的单位或者个人应当在收到土地管理部门的通知之日起 30 日内缴纳耕地占用税。土地管理部门凭耕地占用税完税凭证或者免税凭证和其他有关文件发放建设用地批准书。

纳税人临时占用耕地，应当依照本条例的规定缴纳耕地占用税。纳税人在批准临时占用耕地的期限内恢复所占用耕地原状的，全额退还已经缴纳的耕地占用税。

用林地、牧草地、农田水利用地、养殖水面以及渔业水域滩涂等其他农田地建房或者从事非农业建设的，比照本条例的规定征收耕地占用税。建设直接为农业生产服务的生产设施占用前款规定的农用地的，不征收耕地占用税。

第三节　车辆购置税

一、车辆购置税的概念

车辆购置税是以在中国境内购置规定车辆为课税对象，在特定的环节向车辆购置者征收的一种税。就其性质而言，车辆购置税属于直接税的范畴。车辆购置税是 2001 年 1 月 1 日在我国开征的新税种，是在原交通部门收取的车辆购置附加费的基础上，通过"费改税"方式改革而来的。

二、纳税义务人

车辆购置税的纳税人是指在我国境内购置应税车辆的单位和个人。其中购置是指购买使用行为、进口使用行为、受赠使用行为、自产自用行为、获奖使用行为以及以拍卖、抵债、走私、罚没等方式取得并使用的行为，这些行为都属于车辆购置税的应税行为。

三、征税对象与征税范围

车辆购置税的征税范围包括汽车、摩托车、电车、挂车、农用运输车，具体规定如下。

(一)汽车

汽车包括各类汽车。

(二)摩托车

(1) 轻便摩托车：最高设计时速不大于 50 km/h，发动机气缸总排量不大于 50 cm^3 的两个或三个车轮的机动车。

(2) 二轮摩托车：最高设计车速大于 50 km/h，或发动机气缸总排量大于 50 cm^3 的两个车轮的机动车。

(3) 三轮摩托车：最高设计车速大于 50 km/h，发动机气缸总排量大于 50 cm^3，空车质量不大于 400 kg 的三个车轮的机动车。

(三)电车

(1) 无轨电车：以电能为动力，由专用输电电缆供电的轮式公共车辆。

(2) 有轨电车：以电能为动力，在轨道上行驶的公共车辆。

(四)挂车

(1) 全挂车：无动力设备，独立承载，由牵引车辆牵引行驶的车辆。

(2) 半挂车：无动力设备，与牵引车共同承载，由牵引车辆牵引行驶的车辆。

(五)农用运输车

(1) 三轮农用运输车：柴油发动机，功率不大于 7.4 kW，载重量不大于 500 kg，最高车速不大于 40 km/h 的三个车轮的机动车。

(2) 四轮农用运输车：柴油发动机，功率不大于 28 kW，载重量不大于 1500 kg，最高车速不大于 50 km/h 的四个车轮的机动车。

车辆购置税征收范围的调整，由国务院决定并公布。

四、税率

车辆购置税实行统一比例税率，税率为 10%。

五、车辆购置税应纳税额的计算

车辆购置税实行从价定率的方法计算应纳税额，计算公式为

$$应纳税额=计税依据×税率$$

由于应税车辆的来源、应税行为的发生以及计税依据组成的不同,因而,车辆购置税应纳税额的计算方法也有区别。

(一)购买自用应税车辆应纳税额的计算

在应纳税额的计算当中,应注意以下费用的计税规定。

(1) 购买者应随购买车辆支付的工具件和零部件价款作为购车价款的一部分,并入计税依据中征收车辆购置税。

(2) 支付的车辆装饰费应作为价外费用并入计税依据中计税。

(3) 代收款项应区别征税。凡使用代收单位(受托方)票据收取的款项,应视作代收单位价外收费,购买者支付的价费款,应并入计税依据中一并征税;凡使用委托方票据收取,受托方只履行代收义务和收取代收手续费的款项,应按其他税收政策规定征税。

(4) 销售单位开给购买者的各种发票金额中包含增值税税款,因此,计算车辆购置税时,应换算为不含增值税的计税价格。

(5) 购买者支付的控购费,是政府部门的行政性收费,不属于销售者的价外费用范围,不应并入计税价格计税。

(6) 销售单位开展优质销售活动所开票收取的有关费用,应属于经营性收入,企业在代理过程中按规定支付给有关部门的费用,企业已作经营性支出列支核算,其收取的各项费用并在一张发票上难以划分的,应作为价外收入计算征税。

(二)进口自用应税车辆应纳税额的计算

纳税人进口自用的应税车辆应纳税额的计算公式为

$$应纳税额=(关税完税价格+关税+消费税)×税率$$

(三)其他自用应税车辆应纳税额的计算

纳税人自产自用、受赠使用、获奖使用和以其他方式取得并自用应税车辆的,凡不能取得该型车辆的购置价格,或者低于最低计税价格的,以国家税务总局核定的最低计税价格作为计税依据计算征收车辆购置税。其计算公式为

$$应纳税额=最低计税价格×税率$$

(四)特殊情形下自用应税车辆应纳税额的计算

1. 减税、免税条件消失车辆应纳税额的计算

对减税、免税条件消失的车辆,纳税人应按现行规定,在办理车辆过户手续前或者办

理变更车辆登记注册手续前向税务机关缴纳车辆购置税。具体计算公式为

应纳税额=同类型新车最低计税价格×[1-(已使用年限÷规定使用年限)]×100%×税率

2. 未按规定纳税车辆应补税额的计算

纳税人未按规定纳税的，应按现行政策规定的计税价格，区分情况分别确定征税。不能提供购车发票和有关购车证明资料的，检查地税务机关应按同类型应税车辆的最低计税价格征税；如果纳税人回落籍地后提供的购车发票金额与支付的价外费用之和高于核定的最低计税价格的，落籍地主管税务机关还应对其差额计算补税。

应纳税额=最低计税价格×税率

六、税收优惠

(一)车辆购置税减免税规定

我国车辆购置税实行法定减免，减免税范围的具体规定如下。

(1) 外国驻华使馆、领事馆和国际组织驻华机构及其外交人员自用车辆免税。

(2) 中国人民解放军和中国人民武装警察部队列入军队武器装备订货计划的车免税。

(3) 设有固定装置的非运输车辆免税(如挖掘机、平地机、推土机、叉车、装载车、起重机、混凝土泵车和高空作业车等)。

(4) 有国务院规定予以免税或者减税的其他情形的，按照规定免税或减税。"其他情形"的车辆，目前主要有以下几种：①防汛部门和森林消防部门用于指挥、检查、调度、报汛(警)、联络的设有固定装置的指定型号的车辆；②回国服务的留学人员用现汇购买1辆自用国产小汽车；③长期来华定居专家1辆自用小汽车。

(二)车辆购置税的退税

纳税人已经缴纳车辆购置税但在办理车辆登记手续前，因下列原因需要办理退还车辆购置税的，由纳税人申请，征收机构审查后办理退还车辆购置税手续。

(1) 公安机关车辆管理机构不予办理车辆登记注册手续的，凭公安机关车辆管理机构出具的证明办理退税手续，退还全部已缴纳税款。

(2) 因质量等原因发生退回所购车辆的，凭经销商的退货证明办理退税手续。

(3) 符合免税条件的设有固定装置的非运输车辆但已征税的。

(4) 其他依据法律法规规定应予退税的情形。

七、征收管理

(一)纳税申报

车辆购置税实行一车一申报制度。纳税人在办理纳税申报时应如实填写《车辆购置税纳税申报表》，同时提供车主身份证明、车辆价格证明、车辆合格证明及税务机关要求提供的其他资料的原件和复印件，经主管税务机关审核后，由税务机关保存有关复印件，并对已经办理纳税申报的车辆建立车辆购置税征收管理档案。

(二)纳税环节

车辆购置税的征税环节为使用环节，即最终消费环节。具体而言，纳税人应当在向公安机关等车辆管理机构办理车辆登记注册手续前，缴纳车辆购置税。

(三)纳税地点

纳税人购置应税车辆，应当向车辆登记注册地的主管税务机关申报纳税；购置不需办理车辆登记注册手续的应税车辆，应当向纳税人所在地主管税务机关申报纳税。车辆登记注册地是指车辆的上牌落籍地或落户地。

(四)纳税期限

纳税人购买自用的应税车辆，自购买之日起60日内申报纳税；进口自用的应税车辆，应当自进口之日起60日内申报纳税；自产、受赠、获奖和以其他方式取得并自用的应税车辆，应当自取得之日起60日内申报纳税。免税车辆因转让、改变用途等原因，其免税条件消失的，纳税人应在免税条件消失之日起60日内到主管税务机关重新申报纳税。免税车辆发生转让，但仍属于免税范围的，受让方应当自购买或取得车辆之日起60日内到主管税务机关重新申报免税。这里的"购买之日"是指纳税人购车发票上注明的销售日期；"进口之日"是指纳税人报关进口的当天。

(五)车辆购置税的缴税管理

1. 车辆购置税的缴税方法

车辆购置税税款缴纳方法主要有以下几种。

(1) 自报核缴。即由纳税人自行计算应纳税额、自行填报纳税申报表有关资料，向主管税务机关申报，经税务机关审核后，开具完税证明，由纳税人持完税凭证向当地金库或金库经收处缴纳税款。

(2) 集中征收缴纳。包括两种情况：一是由纳税人集中向税务机关统一申报纳税。它适用于实行集中购置应税车辆的单位缴纳和经批准实行代理制经销商的缴纳。二是由税务机关集中报缴税款。即在纳税人向实行集中征收的主管税务机关申报缴纳税款，税务机关开具完税凭证后，由税务机关填写汇总缴款书，将税款集中缴入当地金库或金库经收处。它适用于税源分散、税额较少、税务部门实行集中征收管理的地区。

(3) 代征、代扣、代收。即扣缴义务人按税法规定代扣代缴、代收代缴税款，税务机关委托征收单位代征税款的征收方式。它适用于税务机关委托征收或纳税人依法受托征收税款。

2. 车辆购置税的缴税管理

(1) 税款缴纳方式。纳税人在申报纳税时，税款的缴纳方式主要有现金支付、支票、信用卡和电子结算及委托银行代收、银行划转等方式。

(2) 完税凭证及使用要求。税务机关在征收车辆购置税时，应根据纳税人税款缴纳方式的不同，分别使用税收通用完税凭证、税收转账专用完税凭证和税收通用缴款书三种税票，即纳税人以现金方式向税务机关缴纳车辆购置税的，由主管税务机关开具"税收通用完税凭证"；纳税人以支票、信用卡和电子结算方式缴纳及税务机关委托银行代收税款的，由主管税务机关开具"税收转账专用完税凭证"；纳税人从其银行存款账户直接划转税款的，由主管税务机关开具"税收通用缴款书"。

(六)车辆购置税的退税制度

(1) 已经缴纳车辆购置税的车辆，发生下列情形之一的，纳税人应到车购办申请退税。

① 因质量原因，车辆被退回生产企业或者经销商的。

② 符合免税条件的设有固定装置的非运输车辆但已征税的。

③ 其他依据法律法规应予退税的情景。

(2) 纳税人在车购办申请办理退税手续时，应如实填写《车辆购置税退税申请表》，由本人、单位授权人员到主管税务机关办理退税手续，并提供生产企业或经销商开具的退车证明和退车的发票以及完税证明的正本和副本、公安机关车辆管理机构出具的注销车辆号牌证明或者税务机关要求的其他资料。

(3) 退税款的计算。因质量原因，车辆被退回生产企业或者经销商的，自纳税人办理纳税申报之日起，按已缴税款每满一年扣减10%计算退税额，未满一年的按已缴纳税款额退税；对公安机关车辆管理机构不予办理车辆登记注册手续的车辆，退还全部已缴纳税款。

复习思考题

一、问答题

1. 简要说明车辆购置税的退税制度。

2. 简述耕地占用税的征税范围、计税依据。

二、计算题

1. 2015 年 4 月一家企业实际缴纳增值税 400 000 元，缴纳消费税 200 000 元。计算该企业应缴纳的城建税税额。

2. 一家企业新占用 30 000 平方米耕地用于工业建设，所占耕地适用的定额税率为 30 元/平方米。计算该企业应纳的耕地占用税。

3. 某日，王某从某汽车公司购买一辆小汽车供自己使用，支付了含增值税税款在内的款项 234 000 元，另支付代收临时牌照费 400 元、代收保险费 1500 元，支付购买工具件和零配件价款 5000 元，车辆装饰费 1800 元。所支付的款项均由该汽车公司开具"机动车销售统一发票"和有关票据。请计算王某应缴纳的车辆购置税。

第十三章　税收征收管理

【知识要点】

税收征收管理是国家征税机关对纳税人依法征税和进行税务监督管理的总称。具体包括税务管理、税款征收、税务检查和法律责任等内容。税收征收管理作为国家的行政行为，一方面要维护国家的利益，另一方面还要保护纳税人的合法权益不受侵犯。

第一节　税　务　管　理

根据《中华人民共和国税收征收管理法》规定，税务管理主要包括税务登记管理，账簿、凭证管理，发票管理和纳税申报管理等内容。随着改革的不断深入，税务管理越来越呈现出税务、工商等机构综合管理和信息共享的趋势，税务管理绩效显著提升。

一、税务登记

税务登记是国家征税机关对纳税人的生产、经营活动进行登记并据此对纳税人实施税务管理的一种制度。只要纳税人涉及涉税内容及其变动，就要到相关部门进行登记。税务登记包括企业新设登记、变更登记、注销登记等内容。"三证合一"登记制度改革使税务登记模式发生了很大变化。

为深化商事登记制度改革，健全信息共享机制，推进简政放权，降低纳税人成本，提高国家治理体系和治理能力现代化水平，国务院于 2015 年 6 月 23 日发布《关于加快推进"三证合一"登记制度改革的意见》，推行"三证合一"登记制度。"三证合一"登记制度是指原来企业办理登记时依次申请，分别由工商行政管理部门核发工商营业执照、组织机构代码管理部门核发组织机构代码证、税务部门核发税务登记证，改为工商登记窗口一次申请、合并核发一个载有统一社会信用代码的营业执照的登记制度，即所说的"三证合一、一照一码"。该执照相当于我们居民的唯一的"身份证"。各单位均要予以认可并在全国通用。"三证合一"登记制度改革适用于公司、非公司企业法人、个人独资企业、合伙企业、农民专业合作社等企业类市场主体。

推行"三证合一"登记制度并非是将税务登记取消了，税务登记的法律地位仍然存在。只是在工商登记"一个窗口"统一受理新版营业执照申请后，申请材料和登记信息在部门间共享，各部门数据互换、档案互认。纳税人领取带有统一社会信用代码的营业执照后，无须再次进行税务登记,不再领取税务登记证。企业办理涉税事宜时,在完成补充信息采集后,凭加载统一代码的营业执照代替税务登记证使用。

(一)市场主体申请设立登记

市场主体不同,申请设立登记的表格不同。要注重选择不同类型的表格。工商总局等六部门规定了"不同主体申请设立登记的表格"。从提交的证明或辅助材料来看,不同类型的登记,提交的材料并不相同,工商总局等六部门也共同制定了"不同企业登记申请文书规范"。市场主体申请设立登记,需填写和提交以下材料:

(1) 市场主体登记申请书;

(2) 登记指定代表或者共同委托代理人授权委托书;

(3) 市场主体设立登记申请材料;

(4) 组织机构代码登记申请材料;

(5) 税务登记申请材料。

(二)市场主体申请变更登记

市场主体申请变更登记,需填写和提交以下材料。

(1) 市场主体登记申请书;

(2) 登记指定代表或者共同委托代理人授权委托书;

(3) 市场主体变更登记申请材料;

(4) 组织机构代码变更登记申请材料;

(5) 税务变更登记申请材料。

(三)市场主体申请注销登记

(1) 市场主体登记申请书;

(2) 登记指定代表或者共同委托代理人授权委托书;

(3) 市场主体注销登记申请材料;

(4) 组织机构代码注销登记申请材料;

(5) 税务注销登记申请材料。

"三证合一"登记制度改革后,无论是市场主体申请设立登记、申请变更登记、申请注销登记等的程序,都简化了很多,资料准备的复杂程度,也简单得多。

二、账簿、凭证管理

账簿、凭证管理,是继税务登记之后税收征管的又一重要环节。对纳税人的账簿、凭证进行管理，对于依法征税、依率计征、保证税收征管过程的连续性和有效性具有重要意义。

(一)账簿、凭证的界定

账簿，是用以全面、系统、连续、科学地记录和反映各项经济业务的账册或簿籍。它是编制报表的依据，也是保存会计数据资料的工具和载体。账簿按其登记方式和用途可分为日记账、明细账、总账及其他辅助性账簿。

凭证，是指会计凭证，它是用来记录经济业务、明确经济责任，并据以登记账簿的书面证明。凭证可按填制程序和用途分为两大类：一类是原始凭证，是经济业务发生时所取得或填制的凭证，如套印税务机关发票监制章的专用性票据，财政部门管理的行政性收费收据以及经财政、税务部门认可的其他凭证；另一类是记账凭证，是由会计人员根据审核无误的原始凭证，按其内容应用会计科目和复式记账方法，加以归类整理，并据以确定会计分录和登记账簿的凭证。

(二)设置账簿的范围

从事生产、经营的纳税人应当自领取营业执照或者发生纳税义务之日起 15 日内设置账簿。扣缴义务人应当自税收法律、行政法规规定的扣缴义务发生之日起 10 日内，按照所代扣、代收的税种，分别设置代扣代缴、代收代缴税款账簿。

(三)账簿、凭证的保存和管理

从事生产、经营的纳税人必须按照国务院财政、税务主管部门规定的保管期限保管账簿、记账凭证、完税凭证及其他有关资料。除法律、行政法规另有规定的外，账簿、会计凭证、报表、完税凭证及其他有关资料应当保存 10 年。纳税人不得伪造、变造或擅自销毁账簿、记账凭证、完税凭证及其他有关资料。

三、纳税申报

纳税申报，是纳税人在发生纳税义务后就计算缴纳税款的有关事项向税务机关提出的书面报告，是税务管理的重要环节。纳税申报是纳税人履行纳税义务的法定手续和证明，也是税务机关核定应征税款、开具完税凭证的主要依据。以法律的形式确立纳税申报制度，为实现纳税人自觉如实申报纳税提供了法律依据，也有利于建立科学的税收征管模式。

(一)办理纳税申报的对象

办理纳税申报的对象分以下四种情况。

(1) 负有纳税义务的单位和个人，应在发生纳税义务之后，按税法规定或税务机关核定的期限，如实向主管税务机关办理纳税申报。

(2) 取得临时应税收入或发生应税行为的纳税人，在发生纳税义务之后，即向经营地税务机关办理纳税申报和缴纳税款。

(3) 享有减税、免税待遇的纳税人，在减税、免税期间应当按照规定办理纳税申报。

(4) 扣缴义务人作为间接负有纳税义务的单位和个人，必须在法律、行政法规规定或者税务机关依照法律、行政法规规定的申报期限内报送代扣代缴、代收代缴税款报告表，以及税务机关根据实际需要要求扣缴义务人报送的其他有关资料。

(二)办理纳税申报的要求

办理纳税申报的要求有以下三个方面。

1. 按期申报

纳税申报的期限，一种是法律、行政法规明确规定的；另一种是税务机关按照法律、行政法规的规定，结合纳税人生产经营的实际情况及其应纳税款的多少予以确定的。这两种期限具有同等的法律效力。如果因为不可抗力或财务会计处理上的特殊情况等原因，纳税人、扣缴义务人不能按期办理纳税申报或者报送代扣代缴、代收代缴税款报告表的，经税务机关核准，可以延期申报，但一般不超过 3 个月。纳税人、扣缴义务人因财务会计处理上的特殊情况，不能按期办理纳税申报的延期申报，其税款应按上期或税务机关核定的税额预缴，然后在税务机关批准的延期申报期限内办理纳税结算。

2. 真实申报

这主要体现在各税种的纳税申报表和代扣代缴税款报告表中。纳税人、扣缴义务人发生纳税义务和代扣代缴、代收代缴义务后，应如实填写纳税申报表，并附报财务报表和税务机关要求提供的有关纳税资料。申报的内容一般包括：税种、税目，应纳税项目或者应代扣代收税款项目，适用税率或单位税额，计税依据，扣除项目及标准，应纳税额或应代扣、代收税额，税款所属期限等。此外，纳税人和扣缴义务人应报送下列有关资料：财务会计报表及其说明材料；与纳税有关的合同和协议书；外出经营活动税收管理证明；境内、外公证机构出具的有关证明文件；税务机关规定应当报送的其他有关证件、资料。

纳税人在申报期限内，无论有无应税收入或所得等，都必须持纳税申报表、财务会计报表及其他有关资料，到税务机关办理纳税申报。享受税收减免的纳税人，在减、免税期限内，应按两部分进行纳税申报：一是按正常纳税年度进行申报，并据以计算应纳税额；二是按其享受税收优惠的待遇，依据税收优惠规定计算应纳税额。

3．纳税申报方法

纳税人、扣缴义务人应当在法律、行政法规规定或者税务机关依照法律、行政法规确定的申报期限内，到主管税务机关办理纳税申报或报送代扣代缴、代收代缴税款报告表。纳税人到税务机关办理纳税申报有困难的，经税务机关批准，可以邮寄申报。邮寄申报的，以寄出地的邮戳日期为实际申报日期。邮寄申报是我国法律允许的申报方式，也是国际上通行的做法，随着我国通信事业的发展，邮寄申报的范围将不断扩大。

四、发票的使用和管理

发票，是指在购销商品、提供或者接受服务以及从事其他经营活动中，开具、收取的收付款凭证。发票是财务收支的法定凭证，是会计核算的原始凭证，是税务稽查的重要依据。发票是凭证的一种，但因其管理的重要性和特殊性，所以单独进行说明。

(一)发票的内容

发票一般分为存根联、发票联、记账联三个联次。增值税专用发票还包括一个抵扣联。发票的基本内容包括：发票名称、字轨号码、联次和用途、客户名称、开户银行和账号、商品名称或经营项目、计量单位、数量、单价、金额、开票人、开票日期、开票单位名称等。税务机关对发票印制实行统一管理。

依法办理了税务登记的单位和个人需用发票，应当向主管税务机关提出购票申请，提供经办人身份证明、税务登记证件或其他有关证明，以及财务印章或发票专用章的印模，经主管税务机关审核后发给发票领购簿。申请人按领购簿核准的种类、数量及购票方式领购发票。依法不需办理税务登记的单位和个人，可按规定向主管税务机关领购发票。临时到外省(自治区、直辖市)从事经营活动的单位和个人，可以凭本地税务机关的证明，向经营地的主管税务机关申请领购经营地的发票。对外省(自治区、直辖市)来本地从事临时经营活动的单位和个人，可以要求其提供担保人，或者根据所领购发票的票面限额与数量交纳10 000 元以下的保证金，并限期缴销发票。

(二)发票的开具和保管

销售商品、提供服务以及从事其他经营活动的单位和个人，对外发生经营业务收取款项，收款方应向付款方开具发票；特殊情况下由付款方向收款方开具发票。所有单位和从事生产、经营活动的个人在购买商品、接受服务以及从事其他经营活动支付款项时，应当向收款方取得发票，且不得要求变更品名和金额。开具发票应当按照规定的时间和顺序，逐栏、全部联次一次性如实开具，并加盖单位财务印章或发票专用章。任何单位和个人不能转借、转让、代开发票；未经税务机关批准，不能拆本使用发票；不能自行扩大专业发票使用范围。不符合规定的发票，不得作为报销凭证，任何单位和个人有权拒收。

开具发票的单位和个人应当建立发票使用登记制度，设置发票登记簿，并定期向主管税务机关报告发票使用情况。发票的存放和保管应按税务机关的规定办理，不得丢失和擅自损毁。已经开具的发票存根联和发票登记簿，应当保存 5 年；保存期满，报经税务机关查验后可以销毁。

(三)发票的检查

税务机关在发票检查中享有如下职权：检查印制、领购、开具、取得和保管发票的情况；调出发票查验；查阅、复制与发票有关的凭证、资料；向当事人各方询问与发票有关的情况和资料，可以记录、录音、录像、照相和复制；对被检查人在境外取得的与纳税有关的发票或者凭证有异议的，可以要求其提供境外公证机构或者注册会计师的确认证明；在发票检查中需要核对发票存根联与发票填写情况时，可以向有关单位发出发票填写情况核对表，有关单位应如实填写，按期回报；发票真伪的鉴定权属于税务机关。

第二节　税　款　征　收

税款征收是税务机关按照税收法律、法规的规定，将纳税人应纳税款组织征收入库的一系列活动的总称，是税务管理的核心环节。税款征收是税务机关为国家组织财政收入的行政行为。凡依照法律、行政法规的规定，由税务机关征收的各种税收，其应收的税款、滞纳金和罚款均由税务机关征收。税务机关必须依照法律、行政法规的规定征收税款，税务机关不得违反法律、行政法规的规定开征、停征、多征或者少征税款。

一、税款征收的方式

(一)查账征收

查账征收，是指税务机关按照纳税人提供的账表所反映的经营情况，依照适用税率计算缴纳税款的方式。它适用于账簿、凭证、会计等核算制度比较健全，能够据以如实核算生产经营情况，正确计算应纳税款的纳税人。

(二)查定征收

这是指由税务机关根据纳税人的从业人员、生产设备、采用原材料等因素，在正常生产经营条件下，对其产制的应税产品查实核定产量、销售额并据以计征税款的一种方式。它适用于生产规模较小、账册不健全、产品零星、税源分散的小型厂矿和作坊。

(三)查验征收

这是指税务机关对纳税人应税商品，通过查验数量，按市场一般销售单价计算其销售收入并据以征税的方式。它适用于城乡集贸市场的临时经营和机场、码头等场外经销商品的课税。

(四)定期定额征收

这是指对一些营业额、所得额难以准确计算的小型工商户，经过自报评议，由税务机关核定一定时期的营业额和所得税附征率，实行多税种合并征收、按月入库、年终不进行所得税汇算的一种征收方式。

(五)代扣代缴、代收代缴

前者指持有纳税人收入的单位和个人从持有的纳税人收入中扣缴其应纳税款并向税务机关解缴的行为；后者指与纳税人有经济往来关系的单位和个人借助经济往来关系向纳税人收取其应纳税款并向税务机关解缴的行为。这两种征收方式适用于税源零星分散、不易控管的纳税人。

(六)委托代征

委托代征，是指受委托的有关单位按照税务机关核发的代征证书的要求，以税务机关的名义向纳税人征收一些零散税款的方式。

(七)邮寄申报纳税

这是指纳税人在邮寄纳税申报表的同时，经税务机关审核，汇寄并解缴应纳税款的方式。它适用于距离税务机关较远的郊区以及农村所在地的纳税人。

(八)其他方式

如利用网络申报、用 IC 卡纳税等方式。

二、税款征收的程序

因征收方式不同，税款征收程序也有所不同。税款一般由纳税人直接向国家金库经收处(设在银行)缴纳，国库经收处将收纳的税款，随同缴款书划转支金库后，即为完成税款征收入库。税务机关直接征收税款时，必须开具完税凭证。完税凭证是税务机关收取税款的专用凭证，也是纳税人履行纳税义务的合法证明，其式样由国家税务总局统一制定。完税凭证的种类包括各种完税证、缴款书、印花税票及其他完税证明。

三、与税款征收相关事项

(一)加收滞纳金

纳税人、扣缴义务人未按照法律、法规规定或者税务机关依照法律、法规规定确定的期限缴纳税款，税务机关除有权责令其限期缴纳外，从滞纳税款之日起，应按日加收滞纳税款 0.5‰ 的滞纳金。在批准延期纳税的期限内，不加收滞纳金。加收滞纳金不是处罚，而是纳税人或扣缴义务人因占用国家税金而应交纳的一种补偿。

(二)税款的多退少补和追征

税款征收额度的要求是：依法征税、依率计征、应收尽收、多退少补。纳税人超过应纳税额缴纳的税款，税务机关应自发现之日起 10 以内办理退还手续；纳税人自结算缴纳税款之日起 3 年内发现的，可以向税务机关要求退还，并加算银行同期存款利息，税务机关应当自接到纳税人提交的退税申请之日起 30 日以内查实，并办理退还手续，退税利息按照税务机关办理退税手续当天中国人民银行规定的活期存款利率计算。因税务机关的责任，致使纳税人、扣缴义务人未缴或者少缴税款的，税务机关在 3 年内可以要求纳税人、扣缴义务人补缴税款，但是不得加收滞纳金。因纳税人、扣缴义务人计算错误等失误，未缴或者少缴税款的，税务机关在 3 年内可以追征税款、滞纳金；有特殊情况的(指税款累计数额在 10 万元以上)，追征期可以延长到 10 年。纳税人、扣缴义务人和其他当事人因偷税未缴或者少缴的税款或者骗取的退税款，税务机关可以无限期追征。

(三)减税、免税

减税、免税是一种税收优惠，是国家根据一定时期的政治、经济、社会政策的要求而对某些纳税人给予免除部分或全部纳税义务的一种特殊措施。办理减税、免税应注意诸多事项。

(1) 纳税人申请减税、免税，应向主管税务机关提出书面申请，并按规定附送有关资料。

(2) 减税、免税的申请须经法律、行政法规规定的减税、免税审查批准机关审批。

(3) 纳税人在享受减税、免税待遇期间，仍应按规定办理纳税申报，并按税务机关的规定报送减免税金统计报告。

(4) 纳税人必须按照法律、行政法规以及税务机关的规定使用减免税金，对不按规定用途使用的，税务机关有权取消其减税、免税，并追回已减免的税款。

(5) 纳税人享受减税、免税的条件发生变化时，应当及时向税务机关报告，经税务机关审核后，停止其减税、免税；对不报告的，税务机关有权追回已相应减免的税款。

(6) 减税、免税期满，纳税人应当自期满次日起恢复纳税。

(四)税收保全措施

税务机关在规定的纳税期限之前，对由于纳税人的行为或者某种客观原因，致使以后的税款征收不能保证或难以保证而采取的限制纳税人处理或转移商品、货物或其他财产的措施。

(1) 税收保全形式。税收保全通常采取两种形式：一是书面通知纳税人开户银行或其他金融机构暂停支付纳税人相当于应纳税款的存款；二是扣押、查封纳税人相当于应纳税款的财产。

(2) 税收保全具备的条件。税收保全措施的实施必须具备一定的条件，具体包括：①只适用于从事生产、经营的纳税人；②必须有根据认为纳税人有明显的转移、隐匿其应纳税财产等行为或迹象；③必须在规定的纳税期之前和责令限期缴纳之内；④必须在纳税人不肯或不能提供担保的前提下；⑤必须经县以上税务局(分局)局长批准。

(3) 税收保全措施的解除条件。纳税人在规定的期限内缴纳税款的，税务机关必须立即解除税收保全措施。纳税人在税务机关采取税收保全措施后，按照税务机关规定的期限缴纳税款的，税务机关应当自收到税款或者银行转回的完税凭证之日起1日内解除税收保全。纳税人在限期内已纳税款，税务机关未立即解除税收保全措施，使纳税人的合法利益受损失时，税务机关应承担赔偿责任。

(五)税收的强制执行制度

税收的强制执行制度是指在纳税主体未履行其纳税义务，经由征税机关采取一般的税收征管措施仍然无效的情况下，通过采取强制执行措施，以保障税收征纳秩序和税款入库的制度。实行强制执行措施是实现强制执行制度的目标的关键，但在具体实行时必须严格遵循税收程序法的有关规范。我国的税收强制执行措施有强制扣缴、扣押、查封、依法拍卖或者变卖。

第三节　税　务　代　理

一、税务代理的含义

税务代理是指代理人接受纳税主体的委托，在法定的代理范围内依法代其办理相关税务事宜的行为。税务代理人在其权限内，以纳税人(含扣缴义务人)的名义代为办理纳税申报，申办、变更、注销税务登记证，申请减免税，设置保管账簿凭证，进行税务行政复议和诉讼等纳税事项的服务活动。

二、税务代理人员与机构

从事税务代理活动的专业技术人员必须是注册税务师。国家对注册税务师实行注册登记制度，取得中华人民共和国注册税务师执业资格证书并注册的人员，方可从事税务代理活动。从事税务代理业务的中介机构是税务师事务所，税务师事务所由国家税务总局及其授权机构审批，税务师事务所必须具备一定数量的注册税务师，才能开展税务代理业务，但一个注册税务师不能同时在两个或两个以上税务师事务所执业。税务代理机构和人员必须与税务机关脱钩，税务代理机构作为社会的中介组织，必须独立、客观、公正地实施税务代理。但是，税务部门作为国家的行政执法机关，对税务代理有监督管理权，并可按照国家有关规定对其违规、违章行为进行处罚。为了加强对全国税务代理的管理，国家税务总局设立了注册税务师管理中心，负责全国注册税务师资格制度的组织实施工作。

三、税务代理的范围

注册税务师可以接受纳税人、扣缴义务人的委托，从事下列范围内的业务代理。

(1) 办理税务登记、变更税务登记和注销税务登记。

(2) 办理除增值税专用发票外的发票购领手续。

(3) 办理纳税申报或扣缴税款报告。

(4) 办理缴纳税款和申请退税。

(5) 制作涉税文书。

(6) 审查纳税情况。

(7) 建账建制、办理账务。

(8) 税务咨询、受聘税务顾问。

(9) 税务行政复议。

(10) 国家税务总局规定的其他业务。

四、税务代理的原则

税务代理应遵循的原则：一是自愿原则。税务代理发生的前提，必须是代理方与被代理方的自觉自愿，不得以任何方式强迫纳税人委托代理。二是优质服务原则。作为社会中介服务行业，税务代理机构和人员要为纳税人提供优质服务，以取得纳税人的信任。三是合理收费原则。税务代理是一种中介服务行为，代理人员付出的劳动理应得到相应的报酬，但代理收费必须按照国家的规定，做到合理合法，不能随意定标准，乱收费。四是自律原则。代理机构和代理人员要严格自律，依照国家法律从事中介服务，树立税务代理的良好社会形象。五是分离原则。作为社会中介行业，税务代理机构和人员必须与税务机关脱钩，以保证税务代理的独立性、客观性和公正性。

五、税务代理关系的确立和终止

注册税务师承办业务，由其所在地的税务师事务所统一受理与委托人签订委托代理协议书，按国家统一规定的标准收取代理费。委托代理协议书应当载明税务师事务所、注册税务师、委托人名称、代理事项、代理权限、代理期限以及其他应明确的内容，并由注册税务师及其所在的税务师事务所和委托人签名盖章，据以实施代理行为。注册税务师应按委托协议书约定的代理内容、代理权限和代理期限进行税务代理，超出协议书约定范围的业务需要代理时，必须先修订协议书。税务代理期限届满，自然终止代理关系。

第四节 税 务 检 查

税务检查是税务机关根据国家税法和财务会计制度的规定，对纳税人履行纳税义务的情况进行的监督、审查的一种制度。税务检查是税收征收管理的重要内容，也是税务监督的重要组成部分。搞好税务检查，对于加强依法治税，保证国家财政收入，有着十分重要的意义。

一、税务检查的形式

(一)重点检查

重点检查是指对公民举报、上级机关交办或有关部门转来的有偷税行为或偷税嫌疑的，纳税申报与实际生产经营情况有明显不符的纳税人及有普遍逃税行为的行业的检查。

(二)分类计划检查

分类计划检查是指根据纳税人历来纳税情况、纳税人的纳税规模及税务检查间隔时间的长短等综合因素，按事先确定的纳税人分类、计划检查时间及检查频率而进行的检查。

(三)集中性检查

集中性检查是指税务机关在一定时间、一定范围内，统一安排、统一组织的税务检查，这种检查一般规模比较大，如以前年度的全国范围内的税收、财务大检查就属于这类检查。

(四)临时性检查

临时性检查是指由各级税务机关根据不同的经济形势、偷逃税趋势、税收任务完成情况等综合因素,在正常的检查计划之外安排的检查。如行业性解剖、典型调查性的检查等。

(五)专项检查

专项检查是指税务机关根据税收工作实际,对某一税种或税收征收管理的某一环节进行的检查。比如增值税一般纳税专项检查、漏征漏管户专项检查等。

二、税务检查的方法

(一)全查法

全查法是对被查纳税人一定时期内所有会计凭证、账簿、报表及各种存货进行全面、系统检查的一种方法。

(二)抽查法

抽查法是对被查纳税人一定时期内的会计凭证、账簿、报表及各种存货,抽取一部分进行检查的一种方法。

(三)顺查法

顺查法与逆查法对称,是对被查纳税人按照其会计核算的顺序,依次检查会计凭证、账簿、报表,并将其相互核对的一种检查方法。

(四)逆查法

逆查法与顺查法对称,指逆会计核算的顺序,依次检查会计报表、账簿及凭证,并将其相互核对的一种稽查方法。

(五)现场检查法

现场检查法与调账检查法对称,指税务机关派人员到被查纳税人的机构办公地点对其账务资料进行检查的一种方法。

(六)调账检查法

调账检查法与现场检查法对称,指将被查纳税人的账务资料调到税务机关进行检查的一种方法。

(七)比较分析法

比较分析法是将被查纳税人检查期有关财务指标的实际完成数进行纵向或横向比较，分析其异常变化情况，从中发现纳税问题线索的一种方法。

(八)控制计算法

控制计算法也称逻辑推算法，指根据被查纳税人财务数据的相互关系，用可靠或科学测定的数据，验证其检查期账面记录或申报的资料是否正确的一种检查方法。

(九)审阅法

审阅法指对被查纳税人的会计账簿、凭证等账务资料，通过直观的审查阅览，发现在纳税方面存在问题的一种检查方法。

(十)核对法

核对法指通过对被查纳税人的各种相关联的会计凭证、账簿、报表及实物进行相互核对，验证其在纳税方面存在问题的一种检查方法。

(十一)观察法

观察法指通过被查纳税人的生产经营场所、仓库、工地等现场，实地观察看其生产经营及存货等情况，以发现纳税问题或验证账户可疑问题的一种检查方法。

(十二)外调法

外调法指对被查纳税人有怀疑或已掌握一定线索的经济事项，通过向与其有经济联系的单位或个人进行调查，予以查证核实的一种方法。

(十三)盘存法

盘存法指通过对被查纳税人的货币资金、存货及固定资产等实物进行盘点清查，核实其账实是否相符，进而发现纳税问题的一种检查方法。

(十四)交叉稽核法

国家为加强增值税专用发票管理，应用计算机将开出的增值税专用发票抵扣联与存根联进行交叉稽核，以查出虚开及假开发票行为，避免国家税款流失。目前这种方法通过"金税工程"体现，对利用增值税专用发票偷逃税款行为起到了极大的遏制作用。

三、税务检查的职责

(1) 税务机关有权进行下列税务检查。

① 检查纳税人的账簿、记账凭证、报表和有关资料，检查扣缴义务人代扣代缴、代收代缴税款账簿、记账凭证和有关资料。

因检查需要时，经县以上税务局(分局)局长批准，可以将纳税人、扣缴义务人以前会计年度的账簿、记账凭证、报表和其他有关资料调回税务机关检查，但是税务机关必须向纳税人、扣缴义务人开付清单，并在 3 个月内完整退还；有特殊情况的(指涉及增值税专用发票检查的，纳税人涉嫌税收违法行为情节严重的，纳税人和其他当事人可能毁灭、藏匿、转移账簿等证据资料等)，经设区的市、自治州、盟、地区和直辖市以上税务局局长批准，税务机关可以将纳税人、扣缴义务人当年的账簿、记账凭证、报表和其他有关资料调回检查，但是税务机关必须在 30 日内退还。

② 到纳税人的生产、经营场所和货物存放地检查纳税人应纳税的商品、货物或者其他财产，检查扣缴义务人与代扣代缴、代收代缴税款有关的经营情况。

③ 责成纳税人、扣缴义务人提供与纳税或者代扣代缴、代收代缴税款有关的文件、证明材料和有关资料。

④ 询问纳税人、扣缴义务人与纳税或者代扣代缴、代收代缴税款有关的问题和情况。

⑤ 到车站、码头、机场、邮政企业及其分支机构检查纳税人托运、邮寄、应税商品、货物或者其他财产的有关单据凭证和资料。

⑥ 经县以上税务局(分局)局长批准，凭全国统一格式的检查存款账户许可证明，查询从事生产、经营的纳税人、扣缴义务人在银行或者其他金融机构的存款账户余额和资金往来情况。税务机关在调查税收违法案件时，经设区的市、自治州、盟、地区和直辖市以上税务局(分局)局长批准，可以查询案件涉嫌人员的储蓄存款。税务机关查询所获得的资料，不得用于税收以外的用途。

(2) 税务机关对纳税人以前纳税期的纳税情况依法进行税务检查时，发现纳税人有逃避纳税义务的行为，并有明显的转移、隐匿其应纳税的商品、货物、其他财产或者应纳税收入的迹象的，可以按照批准权限采取税收保全措施或者强制执行措施。这里的批准权限是指县级以上税务局(分局)局长批准。税务机关采取税收保全措施的期限一般不得超过 6 个月；重大案件需要延长的，应当报国家税务总局批准。

(3) 纳税人、扣缴义务人必须接受税务机关依法进行的税务检查，如实反映情况，提供有关资料，不得拒绝、隐瞒。

(4) 税务机关依法进行税务检查时，有权向有关单位和个人调查纳税人、扣缴义务人和其他当事人与纳税或者代扣代缴、代收代缴税款有关的情况，有关单位和个人有义务向税务机关如实提供有关资料及证明材料。

(5) 税务机关调查税务违法案件时，对与案件有关的情况和资料，可以记录、录音、录像、照相和复制。

(6) 税务人员进行税务检查时，应当出示税务检查证和税务检查通知书；无税务检查证和税务检查通知书的，纳税人、扣缴义务人及其他当事人有权拒绝检查，税务机关对集贸市场及集中经营业户进行检查时，可以使用统一的税务检查通知书。

税务机关对纳税人、扣缴义务人及其他当事人处以罚款或者没收违法所得时，应当开付罚没凭证；未开付罚没凭证的，纳税人、扣缴义务人以及其他当事人有权拒绝给付。

对采用电算化会计系统的纳税人，税务机关有权对其会计电算化系统进行检查，并可复制与纳税有关的电子数据作为证据。税务机关进入纳税人电算化系统进行检查时，有责任保证纳税人会计电算化系统的安全性，并保守纳税人的商业秘密。

第五节　税收法律责任

所谓税收法律责任，是指税收法律关系的主体因违反税收法律规范所应承担的法律后果。税收法律责任依其性质和形式的不同，可分为经济责任、行政责任和刑事责任；依承担法律责任主体的不同，可分为纳税人的责任、扣缴义务人的责任、税务机关及其工作人员的责任。明确规定税收法律责任，不仅有利于维护正常的税收征纳秩序，确保国家的税收收入及时足额入库，而且有利于增强税法的威慑力，为预防和打击税收违法犯罪行为提供有力的法律武器，也有利于维护纳税人的合法权益。

一、违反税务管理基本规定行为的处罚

(1) 根据《中华人民共和国税收征收管理法》(以下简称《征管法》)第六十条和《中华人民共和国税收征收管理法实施细则》(以下简称《细则》)第九十条规定，纳税人有下列行为之一的，由税务机关责令限期改正，可以处 2000 元以下的罚款；情节严重的，处 2000 元以上 1 万元以下的罚款。

① 未按照规定的期限申报办理税务登记、变更或者注销登记的。

② 未按照规定设置、保管账簿或者保管记账凭证和有关资料的。

③ 未按照规定将财务、会计制度或者财务、会计处理办法和会计核算软件报送税务机关备查的。

④ 未按照规定将其全部银行账号向税务机关报告的。

⑤ 未按照规定安装、使用税控装置，或者损毁或擅自改动税控装置的。

⑥ 纳税人未按照规定办理税务登记证件验证或者换证手续的。

⑦ 纳税人通过提供虚假的证明资料等手段，骗取税务登记证的。

(2) 纳税人不办理税务登记的，税务机关应当自发现之日起 3 日内责令其限期改正；逾期不改正的，由工商行政管理机关吊销其营业执照。

(3) 纳税人未按照规定使用税务登记证件，或者转借、涂改、损毁、买卖、伪造税务登记证件的，处 2000 元以上 1 万元以下的罚款；情节严重的，处 1 万元以上 5 万元以下的罚款。

二、扣缴义务人违反账簿、凭证管理的处罚

《征管法》第六十一条规定："扣缴义务人未按照规定设置、保管代扣代缴、代收代缴税款账簿或者保管代扣代缴、代收代缴税款记账凭证及有关资料的，税务机关应当自发现之日起责令限期改正，可以处 2000 元以下的罚款；情节严重的，处 2000 元以上 5000 元以下的罚款。"

三、纳税人、扣缴义务人未按规定进行纳税申报的法律责任

《征管法》第六十二条规定："纳税人未按照规定的期限办理纳税申报和报送纳税资料的，或者扣缴义务人未按照规定的期限向税务机关报送代扣代缴、代收代缴税款报告表和有关资料的，由税务机关责令限期改正，可以处 2000 元以下的罚款；情节严重的，可以处 2000 元以上 1 万元以下的罚款。"

四、对偷税的认定及其法律责任

(1) 《征管法》第六十三条规定："纳税人伪造、变造、隐匿、擅自销毁账簿、记账凭证，或者在账簿上多列支出或者不列、少列收入，或者经税务机关通知申报而拒不申报或者进行虚假的纳税申报，不缴或者少缴应纳税款的，是偷税。对纳税人偷税的，由税务机关追缴其不缴或者少缴的税款、滞纳金，并处不缴或者少缴的税款 50%以上 5 倍以下的罚款；构成犯罪的，依法追究刑事责任。扣缴义务人采取前款所列手段，不缴或者少缴已扣、已收税款，由税务机关追缴其不缴或者少缴的税款、滞纳金，并处不缴或者少缴的税款 50%以上 5 倍以下的罚款；构成犯罪的，依法追究刑事责任。"

(2) 《中华人民共和国刑法》(以下简称《刑法》)第二百零一条规定："纳税人采取欺骗、隐瞒手段进行虚假纳税申报或者不申报，逃避缴纳税款数额较大并且占应纳税额 10%以上的，处三年以下有期徒刑或拘役，并处罚金；数额巨大并且占应纳税额 30%以上的，处三

年以上七年以下有期徒刑，并处罚金。"

五、在规定期限内不缴或者少缴税款的法律责任

《征管法》第六十八条规定："纳税人、扣缴义务人在规定期限内不缴或者少缴应纳或者应解缴的税款，经税务机关责令限期缴纳，逾期仍未缴纳的，税务机关除依照本法第四十条规定采取强制执行措施追缴其不缴或者少缴的税款外，可以处不缴或者少缴税款 50% 以上 5 倍以下的罚款。"

六、扣缴义务人不履行扣缴义务的法律责任

《征管法》第六十九条规定："扣缴义务人应扣未扣、应收而不收税款的，由税务机关向纳税人追缴税款，对扣缴义务人处应扣未扣、应收未收税款 50% 以上 3 倍以下的罚款。"

七、不配合税务机关依法检查的法律责任

(1) 《征管法》第七十条规定："纳税人、扣缴义务人逃避、拒绝或者以其他方式阻挠税务机关检查的，由税务机关责令改正，可以处 1 万元以下的罚款；情节严重的，处 1 万元以上 5 万元以下的罚款。"

逃避、拒绝或者以其他方式阻挠税务机关检查的情形如下。

① 提供虚假资料，不如实反映情况，或者拒绝提供有关资料的。

② 拒绝或者阻止税务机关记录、录音、录像、照相和复制与案件有关的情况和资料的。

③ 在检查期间，纳税人、扣缴义务人转移、隐匿、销毁有关资料的。

④ 有不依法接受税务检查的其他情形的。

(2) 税务机关依照《征管法》第五十四条第五项的规定，到车站、码头、机场、邮政企业及其分支机构检查纳税人有关情况时，有关单位拒绝的，由税务机关责令改正，可以处 1 万元以下的罚款；情节严重的，处 1 万元以上 5 万元以下的罚款。

八、非法印制发票的法律责任

(1) 《征管法》第七十一条规定："违反本法第二十二条规定，非法印制发票的，由税务机关销毁非法印制的发票，没收违法所得和作案工具，并处 1 万元以上 5 万元以下的罚款；构成犯罪的，依法追究刑事责任。"

(2) 《刑法》第二百零六条规定："伪造或者出售伪造的增值税专用发票的，处 3 年以下有期徒刑、拘役或者管制，并处 2 万元以上 20 万元以下罚金；数量较大或者有其他严重

情节的，处 3 年以上 10 年以下有期徒刑，并处 5 万元以上 50 万元以下罚金；数量巨大或者有其他特别严重情节的，处 10 年以上有期徒刑或者无期徒刑，并处 5 万元以上 50 万元以下罚金或者没收财产。

伪造并出售伪造的增值税专用发票，数量特别巨大，情节特别严重，严重破坏经济秩序的，处无期徒刑或者死刑，并处没收财产。

单位犯本条规定之罪的，对单位判处罚金，并对其直接负责的主管人员和其他直接责任人员，处 3 年以下有期徒刑、拘役或者管制；数量较大或者有其他严重情节的，处 3 年以上 10 年以下有期徒刑；数量巨大或者有其他特别严重情节的，处 10 年以上有期徒刑或者无期徒刑。"

(3) 《刑法》第二百零九条规定："伪造、擅自制造或者出售伪造、擅自制造的可以用于骗取出口退税、抵扣税款的其他发票的，处 3 年以下有期徒刑、拘役或者管制，并处 2 万元以上 20 万元以下罚金；数量巨大的，处 3 年以上 7 年以下有期徒刑，并处 5 万元以上 50 万元以下罚金；数量特别巨大的，处 7 年以上有期徒刑，并处 5 万元以上 50 万元以下罚金或者没收财产。

伪造、擅自制造或者出售伪造、擅自制造的前款规定以外的其他发票的，处 2 年以下有期徒刑、拘役或者管制，并处或者单处 1 万元以上 5 万元以下罚金；情节严重的，处以 2 年以上 7 年以下有期徒刑，并处 5 万元以上 50 万元以下罚金。"

(4) 非法印制、转借、倒卖、变造或者伪造完税凭证的，由税务机关责令改正，处 2000 元以上 1 万元以下的罚款；情节严重的，处 1 万元以上 5 万元以下的罚款；构成犯罪的，依法追究刑事责任。

九、有税收违法行为而拒不接受税务机关处理的法律责任

《征管法》第七十二条规定："从事生产、经营的纳税人、扣缴义务人有本法规定的税收违法行为，拒不接受税务机关处理的，税务机关可以收缴其发票或者停止向其发售发票。"

十、银行及其他金融机构拒绝配合税务机关依法执行职务的法律责任

(1) 银行和其他金融机构未依照《征管法》的规定在从事生产、经营的纳税人的账户中登录税务登记证件号码，或者未按规定在税务登记证件中登录从事生产、经营的纳税人的账户账号的，由税务机关责令其限期改正，处 2000 元以上 2 万元以下的罚款；情节严重的，处 2 万元以上 5 万元以下的罚款。

(2) 为纳税人、扣缴义务人非法提供银行账户、发票、证明或者其他方便，导致未缴、少缴税款或者骗取国家出口退税款的，税务机关除没收其违法所得外，可以处未缴、少缴

或者骗取的税款1倍以下的罚款。

(3)《征管法》第七十三条规定："纳税人、扣缴义务人的开户银行或者其他金融机构拒绝接受税务机关依法检查纳税人、扣缴义务人存款账户，或者拒绝执行税务机关做出的冻结存款或者扣缴税款的决定，或者在接到税务机关的书面通知后帮助纳税人、扣缴义务人转移存款，造成税款流失的，由税务机关处 10 万元以上 50 万元以下的罚款，对直接负责的主管人员和其他直接责任人员处 1000 元以上 1 万元以下的罚款。"

十一、擅自改变税收征收管理范围的法律责任

《征管法》第七十六条规定："税务机关违反规定擅自改变税收征收管理范围和税款入库预算级次的，责令限期改正，对直接负责的主管人员和其他直接责任人员依法给予降级或者撤职的行政处分。"

十二、不移送的法律责任

《征管法》第七十七条规定："纳税人、扣缴义务人有本法规定的第六十三条、第六十五条、第六十六条、第六十七条、第七十一条规定的行为涉嫌犯罪的，税务机关应当依法移送司法机关追究刑事责任。税务人员徇私舞弊，对依法应当移送司法机关追究刑事责任的不移送，情节严重的，依法追究刑事责任。"

十三、税务人员不依法行政的法律责任

《征管法》第八十条规定："税务人员与纳税人、扣缴义务人勾结，唆使或者协助纳税人、扣缴义务人有本法第六十三条、第六十五条、第六十六条规定的行为，构成犯罪的，按照《刑法》关于共同犯罪的规定处罚；尚不构成犯罪的，依法给予行政处分。

税务人员私分扣押、查封的商品、货物或者其他财产，情节严重，构成犯罪的，依法追究刑事责任；尚不构成犯罪的，依法给予行政处分。"

十四、渎职行为的法律责任

(1)《征管法》第八十一条规定："税务人员利用职务上的便利，收受或者索取纳税人、扣缴义务人财物或者谋取其他不正当利益，构成犯罪的，依法追究刑事责任；尚不构成犯罪的，依法给予行政处分。"

(2)《征管法》第八十二条规定："税务人员徇私舞弊或者玩忽职守，不征收或者少征应征税款，致使国家税收遭受重大损失，构成犯罪的，依法追究刑事责任；尚不构成犯罪

的，依法给予行政处分。

税务人员滥用职权，故意刁难纳税人、扣缴义务人的，调离税收工作岗位，并依法给予行政处分。

税务人员对控告、检举税收违法违纪行为的纳税人、扣缴义务人以及其他检举人进行打击报复，依法给予行政处分；构成犯罪的，依法追究刑事责任。"

(3)《刑法》第四百零四条规定："税务机关的工作人员徇私舞弊，不征或者少征应征税款，致使国家税收遭受重大损失的，处5年以下有期徒刑或者拘役；造成特别重大损失的，处5年以上有期徒刑。"

(4)《刑法》第四百零五条规定："税务机关的工作人员违反法律、行政法规的规定，在办理发售发票、抵扣税款、出口退税工作中，徇私舞弊，致使国家利益遭受重大损失的，处5年以下有期徒刑或者拘役；致使国家利益遭受特别重大损失的，处5年以上有期徒刑。"

十五、不按规定征收税款的法律责任

《征管法》第八十三条规定："违反法律、行政法规的规定提前征收、延缓征收或者摊派税款的，由其上级机关或者行政监察机关责令改正，对直接负责的主管人员和其他直接责任人员依法给予行政处分。"

《征管法》第八十四条规定："违反法律、行政法规的规定，擅自做出税收的开征、停征或者减税、免税、退税、补税以及其他同税收法律、行政法规相抵触的决定的，除依照本法规定撤销其擅自做出的决定外，补征应征未征税款，退还不用征收而征收的税款，并由上级机关追究直接负责的主管人员和其他直接责任人员的行政责任；构成犯罪的，依法追究刑事责任。"此外，《征管法》第七十四条还对行政处罚的权限做出了规定，指出："罚款额在2000元以下的，可以由税务所决定。"

十六、违反税务代理的法律责任

税务代理人违反税收法律、行政法规，造成纳税人未缴或者少缴税款的，除由纳税人缴纳或者补缴应纳税款、滞纳金外，对税务代理人处纳税人未缴或者少缴税款50%以上3倍以下的罚款。

复习思考题

一、名词解释

税务登记　纳税申报　税款征收　税务代理　税务检查　税收法律责任

二、问答题

1. 纳税人如何办理税务开业登记？

2. 在哪些情况下纳税人应办理税务变更注销登记？

3. 税款征收方式有哪些？

4. 税务检查的形式有哪些？

5. 税务代理的原则是什么？

6. 税务代理的主要业务范围有哪些？

7. 税务检查的方法有哪些？

8. 违反税务管理基本规定行为的处罚有哪些？

9. 如何认定偷税，偷税的法律责任有哪些？

第十四章 税务行政法制

【知识要点】

税收行政法制是指税务机关或司法机关对纳税人在履行纳税义务或税务人员在税务执法中的违法行为，以及纳税人同税务机关在税收征纳中的争议进行处理的相关规定。通过本章的学习，在重点掌握税务行政处罚和税务行政诉讼原则的同时，从常识性角度掌握税务行政处罚、税务行政复议和税务行政诉讼的法律程序和法律规范，并且要学会应用。

第一节 税务行政处罚

一、税务行政处罚的概念及内容

(一)税务行政处罚的概念

税务行政处罚，是指公民、法人或者其他组织有违反税收征收管理秩序的违法行为，尚未构成犯罪，依法应当承担行政责任的，由税务机关给予行政处罚。

(二)税务行政处罚的内容

税务行政处罚具体包括以下内容。

(1) 当事人行为违反了税收法律规范，侵犯的客体是税收征收管理秩序，应承担税务行政责任。

(2) 从当事人主观方面说，并不区分是否具有主观故意或者过失，只要有税务违法行为存在，并有法定依据给予行政处罚的，就要承担行政责任，依法给予税务行政处罚。

(3) 当事人行为一般是尚未构成犯罪，依法应当给予行政处罚的行为。

(4) 给予行政处罚的主体是税务机关。

二、税务行政处罚的原则

(一)法定原则

法定原则包括以下四个方面的内容。

(1) 对公民和组织实施税务行政处罚必须有法定依据，无明文规定不得处罚。

(2) 税务行政处罚必须由法定的国家机关在其职权范围内设定。

(3) 税务行政处罚必须由法定的税务机关在其职权范围内实施。

(4) 税务行政处罚必须由税务机关按照法定程序实施。

(二)公正、公开原则

公正就是要防止偏听偏信，要使当事人了解其违法行为的性质，并给其申辩的机会。公开，一是指税务行政处罚的规定要公开，凡是需要公开的法律规范都要事先公布。二是指处罚程序要公开，如依法举行听证会等。

(三)以事实为依据原则

(四)过罚相当原则

过罚相当是指在税务行政处罚的设定和实施方面，都要根据税务违法行为的性质、情节、社会危害性的大小而定，防止畸轻畸重或者"一刀切"的行政处罚现象发生。

(五)处罚与教育相结合原则

税务行政处罚的目的是纠正违法行为，教育公民自觉守法，处罚只是手段。因此，税务机关在实施行政处罚时，要责令当事人改正或者限期改正违法行为，对情节轻微的违法行为也不一定都实施处罚。

(六)监督、制约原则

对税务机关实施行政处罚实行两方面的监督制约：一是内部的，如对违法行为的调查与处罚决定的分开，决定罚款的机关与收缴的机构分离，当场做出的处罚决定向所属行政机关备案等。二是外部的，包括税务系统上下级之间的监督制约和司法监督，具体体现主要是税务行政复议和诉讼。

三、税务行政处罚的设定和种类

(一)税务行政处罚的设定

税务行政处罚的设定，是指由特定的国家机关通过一定形式首次独立规定公民、法人或者其他组织的行为规范，并规定违反该行为规范的行政制裁措施。我国现行税收法制的原则是税权集中、税法统一，税收的立法权主要集中在中央。

(1) 全国人民代表大会及其常务委员会可以通过法律的形式设定各种税务行政处罚。

(2) 国务院可以通过行政法规的形式设定除限制人身自由以外的税务行政处罚。

(3) 国家税务总局可以通过规章的形式设定警告和罚款。税务行政规章对非经营活动中的违法行为设定罚款不得超过 1000 元；对经营活动中的违法行为，有违法所得的，设定罚款不得超过违法所得的 3 倍，且最高不得超过 3 万元，没有违法所得的，设定罚款不得超过 1 万元；超过限额的，应当报国务院批准。

(二)税务行政处罚的种类

根据税务行政处罚的设定原则，税务行政处罚的种类是可变的，它将随着税收法律、法规、规章设定的变化而变化。根据税法的规定，现行执行的税务行政处罚种类主要有罚款、没收财务非法所得和停止出口退税权三种。

四、税务行政处罚的程序

(一)税务行政处罚的简易程序

税务行政处罚的简易程序，是指税务机关及其执法人员对于公民、法人或者其他组织违反税收征收管理秩序的行为，当场做出税务行政处罚决定的行政处罚程序。简易程序的适用条件：一是案情简单、事实清楚、违法后果比较轻微且有法定依据应当给予处罚的违法行为。二是给予的处罚较轻，仅适用于对公民处以 50 元以下和对法人或者其他组织处以 1000 元以下罚款的违法案件。

符合上述条件，税务行政执法人员当场做出税务行政处罚决定应当按照下列程序进行。

(1) 向当事人出示税务行政执法身份证件。

(2) 告知当事人受到税务行政处罚的违法事实、依据和陈述申辩权。

(3) 听取当事人陈述申辩意见。

(4) 填写具有预定格式、编有号码的税务行政处罚决定书，并当场交付当事人。

(二)税务行政处罚的一般程序

适用一般程序的案件一般是情节比较复杂、处罚比较重的案件。对这类案件，税务机关在做出处罚决定之前要经过调查与审查、听证、决定等程序，即税务行政处罚的一般程序。

1. 调查与审查

对税务违法案件的调查取证由税务机关内部设立的调查机构(如管理、检查机构)负责。调查机构进行调查取证后，对依法应当给予行政处罚的，应及时提出处罚建议，以税务机关的名义制作"税务行政处罚事项告知书"并送达当事人，告知当事人做出处罚建议的事实、理由和依据，以及当事人依法享有的陈述申辩或要求听证的权利。调查终结，调查机构应当制作调查报告，并及时将调查报告连同所有案卷材料移交审查机构审查。

对税务违法案件的审查由税务机关内部设立的比较超脱的机构(如法制机构)负责。审查机构收到调查机构移交的案卷后，应对案卷材料进行登记，填写"税务案件审查登记簿"。审查机构应对案件的下列事项进行审查。

(1) 调查机构认定的事实、证据和处罚建议适用的处罚种类、依据是否正确。

(2) 调查取证是否符合法定程序。

(3) 当事人陈述申辩的事实、证据是否成立。

(4) 听证人、当事人听证申辩的事实、证据是否成立。

审查机构应在自收到调查机构移交案卷之日起 10 日内审查终结，制作审查报告，并连同案卷材料报送税务机关负责人审批。

2. 听证

听证是指税务机关在对当事人某些违法行为做出处罚决定之前，按照一定形式听取调查人员和当事人意见的程序。税务行政处罚听证的范围是对公民做出 2000 元以上，或者对法人或其他组织做出 1 万元以上罚款的案件。税务行政处罚听证主持人应由税务机关内设的非本案调查机构的人员(如法制机构工作人员)担任。税务行政处罚听证程序如下。

(1) 凡属听证范围的案件，在做出处罚决定之前，应当首先向当事人送达"税务行政处罚事项告知书"，告知当事人已经查明的违法事实、证据、处罚的法律依据和拟给予的处罚，并告知有要求举行听证的权利。

(2) 要求听证的当事人，应当在收到"税务行政处罚事项告知书"后 3 日内向税务机关书面提出听证要求，逾期不提出的，视为放弃听证权利。

(3) 税务机关应当在当事人提出听证要求后的 15 日内举行听证，并在举行听证的 7 日前将税务行政处罚听证通知书送达当事人，通知当事人举行听证的时间、地点、主持人的情况。

(4) 除涉及国家秘密、商业秘密或者个人隐私的不公开听证的以外，对于公开听证的案件，应当先期公告案情和听证的时间、地点并允许公众旁听。

(5) 听证会开始时，主持人应首先声明并出示税务机关负责人授权主持听证的决定，然后查明当事人或其代理人、调查人员及其他人员是否到场；宣布案由和听证会的组成人员名单；告知当事人有关的权利义务；记录员宣读听证会纪律。

(6) 听证会开始后，先由调查人员就当事人的违法行为进行指控，并出示事实证据材料，提出处罚建议，再由当事人或其代理人就所指控的事实及相关问题进行申辩和质证，然后控辩双方辩论，辩论终结，当事人进行最后陈述。

(7) 听证的全部活动，应当由记录员制作笔录并交当事人审核、签章。

(8) 完成听证任务或有听证终止情形发生时，主持人宣布终止听证。

听证结束后，主持人应当制作听证报告并连同听证笔录附卷移交审查机构审查。

3. 决定

审查机构做出审查意见并报送税务机关负责人审批后，应当在收到审批意见之日起 3 日内，根据不同情况分别制作以下处理决定书再报税务机关负责人签发。

(1) 有应受行政处罚的违法行为的，根据情节轻重及具体情况予以处罚。

(2) 违法行为轻微，依法可以不予行政处罚。

(3) 违法事实不能成立，不得予以行政处罚。

(4) 违法行为已构成犯罪的，移送公安机关。

税务机关做出罚款决定的行政处罚决定书应当载明罚款代收机构的名称、地址和当事人应当缴纳罚款的数额、期限等，并明确当事人逾期缴纳是否加处罚款。

五、税务行政处罚的执行

税务机关做出行政处罚决定后，应当依法送达当事人执行。税务行政处罚的执行是指履行税务机关依法做出的行政处罚决定的活动。税务机关依法做出行政处罚决定后，当事人应当在行政处罚决定规定的期限内，予以履行。当事人在法定期限内不申请复议又不起诉，并且在规定期限内又不履行的，税务机关可以依法强制执行或者申请法院强制执行。

税务机关对当事人做出罚款行政处罚决定的，当事人应当在收到行政处罚决定书之日起 15 日内缴纳罚款，到期不缴纳的，税务机关可以对当事人超期每日按罚款数额的 3%加处罚款。

(一)税务机关行政执法人员当场收缴罚款

税务机关对当事人当场做出行政处罚决定，具有依法给予 20 元以下罚款或者不当场收缴罚款事后难以执行情形的，税务机关行政执法人员可以当场收缴罚款。税务机关行政执法人员当场收缴罚款的，必须向当事人出具合法罚款收据，并应当自收缴罚款之日起 2 日内将罚款交至税务机关。税务机关应当在 2 日内将罚款交付指定的银行或者其他金融机构。

(二)税务行政罚款决定与罚款收缴分离

除了依法可以当场收缴罚款的情形以外，税务机关做出罚款的行政处罚决定的执行，应当按照国务院制定的《罚款决定与罚款收缴分离实施办法》的规定执行，实现做出罚款决定的税务机关与收缴罚款的机构分离。

税务机关做出的罚款处罚决定,代收罚款的银行或其他金融机构(代收机构)由国家税务总局与财政部、中国人民银行研究确定。各级地方税务机关的代收机构也可以由各地地方税务局与当地财政部门、中国人民银行分支机构研究确定。

税务机关应当同代收机构签订代收罚款协议。代收罚款协议应当包括下列事项。

(1) 税务机关、代收机构名称。

(2) 具体代收网点。

(3) 代收机构上缴罚款的预算科目、预算级次。

(4) 代收机构告知税务机关代收罚款情况的方式、期限。

(5) 需要明确的其他事项。

自代收罚款协议签订之日起 15 日内,税务机关应当将代收罚款协议报上一级税务机关和同级财政部门备案;代收机构应当将代收罚款协议报中国人民银行或当地分支机构备案。代收机构代收罚款,应当向当事人出具财政部规定的罚款收据。

第二节 税务行政复议

一、税务行政复议的概念和特点

税务行政复议是我国行政复议制度的一个重要组成部分。税务行政复议是指当事人(纳税人、扣缴义务人、纳税担保人及其他税务当事人)不服税务机关及其工作人员做出的税务具体行政行为,依法向上一级税务机关(复议机关)提出申请,复议机关经审理对原税务机关具体行政行为依法做出维持、变更、撤销等决定的活动。

我国税务行政复议具有以下特点。

(1) 税务行政复议以当事人不服税务机关及其工作人员做出的税务具体行政行为为前提。

(2) 税务行政复议因当事人的申请而产生。当事人提出申请是引起税务行政复议的重要条件之一。当事人不申请,就不可能通过行政复议这种形式获得救济。

(3) 税务行政复议案件的审理一般由原处理税务机关的上一级税务机关进行。

(4) 税务行政复议与行政诉讼相衔接。

二、税务行政复议的受案范围

税务行政复议的受案范围仅限于税务机关做出的税务具体行政行为。税务具体行政行为是指税务机关及其工作人员在税务行政管理活动中行使行政职权,针对特定的公民、法人或者其他组织,就特定的具体事项,做出的有关该公民、法人或者其他组织权利、义务

的单方行为。主要包括:

(1) 税务机关做出的征税行为,包括确认纳税主体、征税对象、征税范围、减税、免税及退税、适用税率、计税依据、纳税环节、纳税期限、纳税地点以及税款征收方式等具体行政行为和征收税款、加收滞纳金及扣缴义务人、受税务机关委托征收的单位做出的代扣代缴、代收代缴行为。

(2) 税务机关做出的税收保全措施。

(3) 行政许可、行政审批行为。

(4) 税务机关做出的强制执行措施。

(5) 税务机关做出的行政处罚行为。

(6) 收缴发票、停止发售发票。

(7) 税务机关责令纳税人提供纳税担保或者不依法确认纳税担保有效的行为。

(8) 税务机关不依法给予举报奖励的行为。

(9) 不依法履行下列职责的行为:颁发税务登记,开具、出具完税凭证、外出经营活动税收管理证明,行政赔偿,行政奖励,其他不依法履行职责的行为。

(10) 资格认定行为。

(11) 政府信息公开工作中的具体行政行为。

(12) 纳税信用等级评定行为。

(13) 通知出入境管理机关阻止出境行为。

(14) 其他具体行政行为。

三、税务行政复议申请

(1) 申请人可以在知道税务机关做出具体行政行为之日起 60 日内提出行政复议申请。因不可抗力或者被申请人设置障碍等其他正当理由耽误法定申请期限的,申请期限自障碍消除之日起继续计算。

(2) 扣缴义务人及纳税担保人对税务行政复议的受案范围中的相关行为不服的,应当先向复议机关申请行政复议,对行政复议决定不服,可以再向人民法院提起行政诉讼。申请人按前款规定申请行政复议的,必须先依照税务机关根据法律、行政法规确定的税额、期限,缴纳或者解缴税款及滞纳金或者提供相应的担保,才可以在缴清税款以后或者自提供的担保得到做出具体行政行为的税务机关确认之日起 60 日以内提出行政复议申请。对有些具体行政行为不服的,可申请行政复议,也可以直接向人民法院提起行政诉讼。

(3) 申请人申请行政复议,可以书面申请,也可以口头申请;口头申请的,复议机关应当当场记录申请人的基本情况,行政复议请求,申请行政复议的主要事实、理由和时间。

(4) 依法提起行政复议的纳税人及其他当事人为税务行政复议申请人,具体是指纳税义务人、扣缴义务人、纳税担保人和其他当事人。

有权申请行政复议的公民死亡的，其近亲属可以申请行政复议；有权申请行政复议的公民为无行为能力人或者限制行为能力人，其法定代理人可以代理申请行政复议。

有权申请行政复议的法人或者其他组织发生合并、分立或终止的，承受其权利义务的法人或者其他组织可以申请行政复议。

与申请行政复议的具体行政行为有利害关系的其他公民、法人或者其他组织，可以作为第三人参加行政复议。

虽非具体行政行为的相对人，但其权利直接被该具体行政行为所剥夺、限制或者被赋予义务的第三人，在行政管理相对人没有申请行政复议时，可以单独申请行政复议。

申请人、第三人可以委托代理人代为参加行政复议。被申请人不得委托代理人代为参加行政复议。

(5) 纳税人及其他当事人对税务机关的具体行政行为不服申请行政复议的，做出具体行政行为的税务机关是被申请人。

(6) 申请人向复议机关申请行政复议，复议机关已经受理的，在法定行政复议期限内申请人不得再向人民法院提起行政诉讼；申请人向人民法院提起行政诉讼，人民法院已经依法受理的，不得申请行政复议。

四、税务行政复议受理

(1) 复议机关收到行政复议申请后，应当在 5 日内进行审查，决定是否受理。对不符合本规则规定的行政复议申请，决定不予受理，并书面告知申请人。

(2) 对符合规定的行政复议申请，自复议机关法制工作机构收到之日起即为受理；受理行政复议申请，应当书面告知申请人。

(3) 对应当先向复议机关申请行政复议，对行政复议决定不服再向人民法院提起行政诉讼的具体行政行为，复议机关决定不予受理或者受理后超过复议期限不作答复的，纳税人及其他当事人可以自收到不予受理决定书之日起或者行政复议期满之日起 15 日内，依法向人民法院提起行政诉讼。

(4) 纳税人及其他当事人依法提出行政复议申请，复议机关无正当理由而不予受理且申请人没有向人民法院提起行政诉讼的，上级税务机关应当责令其受理；必要时，上级税务机关也可以直接受理。

(5) 行政复议期间具体行政行为不停止执行；但有下列情形之一的，可以停止执行。

① 被申请人认为需要停止执行的。

② 复议机关认为需要停止执行的。

③ 申请人申请停止执行，复议机关认为其要求合理，决定停止执行的。

④ 法律规定停止执行的。

(6) 行政复议期间，有下列情形之一的，行政复议中止。

① 申请人死亡，须等待其继承人表明是否参加行政复议的。

② 申请人丧失行为能力，尚未确定法定代理人的。

③ 作为一方当事人的行政机关、法人或者其他组织终止，尚未确定其权利义务承受人的。

④ 因不可抗力原因，致使复议机关暂时无法调查了解情况的。

⑤ 申请人、被申请人因不可抗力，不能参加行政复议的。

⑥ 案件的结果须以另一案件的审查结果为依据，而另一案件尚未审结的。

⑦ 申请人请求被申请人履行法定职责，被申请人正在履行的。

⑧ 案件涉及法律适用问题，需要有权机关做出解释或者确认的。

⑨ 其他应当中止行政复议的情形。

行政复议中止应当书面告知当事人。中止行政复议的情形消除后，应当立即恢复行政复议。

(7) 行政复议期间，有下列情形之一的，行政复议终止。

① 行政复议决定做出前，申请人要求撤回行政复议申请的。

② 行政复议申请受理后，发现其他复议机关或者人民法院已经先于本机关受理的。

③ 申请人死亡，没有继承人或者继承人放弃行政复议权利的。

④ 作为申请人的法人或者其他组织终止后，其权利义务的承受人放弃行政复议权利的；因前条第 1、2 项原因中止行政复议满 60 日仍无人继续复议的，行政复议终止，但有正当理由的除外。

⑤ 行政复议申请受理后，发现不符合受理条件的。

行政复议终止应当书面告知当事人。

五、税务行政复议决定

(1) 行政复议原则上采用书面审查的办法，但是申请人提出要求或者法制工作机构认为有必要时，应当听取申请人、被申请人和第三人的意见，并可以向有关组织和人员调查了解情况。

(2) 复议机关对被申请人做出的具体行政行为所依据的事实证据、法律程序、法律依据及设定的权利义务内容之合法性、适当性进行全面审查。

(3) 复议机关法制工作机构应当自受理行政复议申请之日起 7 日内，将行政复议申请书副本或者行政复议申请笔录复印件发送被申请人。被申请人应当自收到申请书副本或者申请笔录复印件之日起 10 日内，提出书面答复，并提交当初做出具体行政行为的证据、依据和其他有关材料。

(4) 行政复议决定做出前，申请人要求撤回行政复议申请的，可以撤回，但不得以同一基本事实或理由重新申请复议。

(5) 申请人在申请行政复议时，依据本规则第九条规定一并提出对有关规定的审查申请的，复议机关对该规定有权处理的，应当在30日内依法处理；无权处理的，应当在7日内按照法定程序转送有权处理的行政机关依法处理，有权处理的行政机关应当在60日内依法处理。处理期间，中止对具体行政行为的审查。

(6) 复议机关在对被申请人做出的具体行政行为进行审查时，认为其依据不合法，本机关有权处理的，应当在30日内依法处理；无权处理的，应当在7日内按照法定程序转送有权处理的国家机关依法处理。处理期间，中止对具体行政行为的审查。

(7) 法制工作机构应当对被申请人做出的具体行政行为进行合法性与适当性审查，提出意见，经复议机关负责人同意，按照下列规定做出行政复议决定。

① 具体行政行为认定事实清楚，证据确凿，适用依据正确，程序合法，内容适当的，决定维持。

② 被申请人不履行法定职责的，决定其在一定期限内履行。

③ 具体行政行为有下列情形之一的，决定撤销、变更或者确认该具体行政行为违法；决定撤销或者确认该具体行政行为违法的，可以责令被申请人在一定期限内重新做出具体行政行为：a.主要事实不清、证据不足的。b.适用依据错误的。c.违反法定程序的。d.超越或者滥用职权的。e.具体行政行为明显不当的。

复议机关责令被申请人重新做出具体行政行为的，被申请人不得以同一事实和理由做出与原具体行政行为相同或者基本相同的具体行政行为；但复议机关以原具体行政行为违反法定程序而决定撤销的，被申请人重新做出具体行政行为的，不受限制。

④ 被申请人不按照规定提出书面答复，提交当初做出具体行政行为的证据、依据和其他有关材料的，视为该具体行政行为没有证据、依据，决定撤销该具体行政行为。重大、疑难的行政复议申请，复议机关应当集体讨论决定。重大、疑难行政复议申请的标准，由复议机关自行确定。

(8) 申请人在申请行政复议时可以一并提出行政赔偿请求，复议机关对符合国家赔偿法的有关规定应当给予赔偿的，在决定撤销、变更具体行政行为或者确认具体行政行为违法时，应当同时决定被申请人依法给予赔偿。

申请人在申请行政复议时没有提出行政赔偿请求的，复议机关在依法决定撤销或者变更原具体行政行为确定的税款、滞纳金、罚款以及对财产的扣押、查封等强制措施时，应当同时责令被申请人退还税款、滞纳金和罚款，解除对财产的扣押、查封等强制措施，或者赔偿相应的价款。

(9) 复议机关应当自受理申请之日起 60 日内做出行政复议决定。情况复杂，不能在规定期限内做出行政复议决定的，经复议机关负责人批准，可以适当延长，并告知申请人和被申请人。但延长期限最多不超过 30 日。

复议机关做出行政复议决定，应当制作行政复议决定书，并加盖印章。行政复议决定书一经送达，即发生法律效力。

(10) 被申请人应当履行行政复议决定。被申请人不履行或者无正当理由拖延履行行政复议决定的，复议机关或者有关上级行政机关应当责令其限期履行。

(11) 申请人逾期不起诉又不履行行政复议决定的，或者不履行最终裁决的行政复议决定的，按照下列规定分别处理：

① 维持具体行政行为的行政复议决定，由做出具体行政行为的行政机关依法强制执行，或者申请人民法院强制执行。

② 变更具体行政行为的行政复议决定，由复议机关依法强制执行，或者申请人民法院强制执行。

六、税务行政复议的其他规定

(1) 复议机关、复议机关工作人员及被申请人在税务行政复议活动中，有违反行政复议法及本规则规定的行为，按《中华人民共和国行政复议法》第六章的规定，追究法律责任。

(2) 复议机关受理税务行政复议申请，不得向申请人收取任何费用。

(3) 复议机关在受理、审查、决定税务行政复议案件过程中，可使用行政复议专用章。行政复议专用章与行政机关印章在行政复议中具有同等效力。

(4) 行政复议期间的计算和行政复议文书的送达，依照民事诉讼法关于期间、送达的规定执行。关于行政复议期间有关"5 日"、"7 日"的规定是指工作日，不含节假日。

(5) 税务机关办理行政复议案件应当适用规定的文书格式。

第三节　税务行政诉讼

一、税务行政诉讼的概念

税务行政诉讼，是指公民、法人和其他组织认为税务机关及其工作人员的具体税务行政行为违法或者不当，侵犯了其合法权益，依法向人民法院提起行政诉讼，由人民法院对具体税务行政行为的合法性和适当性进行审理并做出裁决的司法活动。其目的是保证人民法院正确、及时审理税务行政案件，保护纳税人、扣缴义务人等当事人的合法权益，维护和监督税务机关依法行使行政职权。

二、税务行政诉讼的原则

除共有原则外(如人民法院独立行使审判权,实行合议、回避、公开、辩论、两审、终审等),税务行政诉讼还必须和其他行政诉讼一样,遵循以下几个特有原则。

(1) 人民法院特定主管原则。即人民法院对税务行政案件只有部分管辖权。根据《行政诉讼法》第十一条的规定,人民法院只能受理因具体行政行为引起的税务行政争议案。

(2) 合法性审查原则。除审查税务机关是否滥用权力、税务行政处罚是否显失公正外,人民法院只对具体税务行为是否合法予以审查。与此相适应,人民法院原则上不直接判决变更。

(3) 不适用调解原则。税收行政管理权是国家权力的重要组成部分,税务机关无权依自己意愿进行处置,因此,人民法院也不能对税务行政诉讼法律关系的双方当事人进行调解。

(4) 起诉不停止执行原则。即当事人不能以起诉为理由而停止执行税务机关所做出的具体行政行为,如税收保全措施和税收强制执行措施。

(5) 税务机关负举证责任原则。由于税务行政行为是税务机关单方依一定事实和法律做出的,只有税务机关最了解做出该行为的证据。如果税务机关不提供或不能提供证据,就可能败诉。

(6) 由税务机关负责赔偿的原则。依据《中华人民共和国国家赔偿法》(以下简称《国家赔偿法》)的有关规定,税务机关及其工作人员因执行职务不当,给当事人造成人身及财产损害,应负担赔偿责任。

三、税务行政诉讼的管辖

税务行政诉讼管辖,是指人民法院受理第一审税务案件的职权分工。《行政诉讼法》第十三条至第二十三条详细具体地规定了行政诉讼管辖的种类和内容,这对税务行政诉讼当然也是适用的。

具体来讲,税务行政诉讼的管辖分为级别管辖、地域管辖和裁定管辖。

(一)级别管辖

级别管辖是上下级人民法院之间受理第一审税务案件的分工和权限。根据《行政诉讼法》的规定,基层人民法院管辖一般的税务行政诉讼案件;中高级人民法院管辖本辖区内重大、复杂的税务行政诉讼案件;最高人民法院管辖全国范围内重大、复杂的税务行政诉讼案件。

(二)地域管辖

地域管辖是同级人民法院之间受理第一审行政案件的分工和权限,分一般地域管辖和特殊地域管辖两种。

1. 一般地域管辖

一般地域管辖,是指按照最初做出具体行政行为的机关所在地来确定管辖法院。凡是未经复议直接向人民法院提起诉讼的,或者经过复议,复议裁决维持原具体行政行为,当事人不服向人民法院提起诉讼的,根据《行政诉讼法》第十七条的规定,均由最初做出具体行政行为的税务机关所在地人民法院管辖。

2. 特殊地域管辖

特殊地域管辖,是指根据特殊行政法律关系或特殊行政法律关系所指的对象来确定管辖法院。税务行政案件的特殊地域管辖主要是指:经过复议的案件,复议机关改变原具体行政行为的,由原告选择最初做出具体行政行为的税务机关所在地的人民法院,或者复议机关所在地人民法院管辖。原告可以向任何一个有管辖权的人民法院起诉,最先收到起诉状的人民法院为第一审法院。

(三)裁定管辖

裁定管辖,是指人民法院依法自行裁定的管辖,包括移送管辖、指定管辖及管辖权的转移三种情况。

1. 移送管辖

移送管辖是指人民法院将已经受理的案件,移送给有管辖权的人民法院审理。根据《行政诉讼法》第二十一条的规定,移送管辖必须具备三个条件:一是移送人民法院已经受理了该案件;二是移送法院发现自己对该案件没有管辖权;三是接受移送的人民法院必须对该案件确有管辖权。

2. 指定管辖

指定管辖是指上级人民法院以裁定的方式,指定某下一级人民法院管辖某一案件。根据《行政诉讼法》第二十二条的规定,有管辖权的人民法院因特殊原因不能行使对行政诉讼的管辖权的,由其上级人民法院指定管辖;人民法院对管辖权发生争议且协商不成的,由它们共同的上级人民法院指定管辖。

3. 管辖权的转移

根据《行政诉讼法》第二十三条的规定，上级人民法院有权审理下级人民法院管辖的第一审税务行政案件，也可以将自己管辖的第一审行政案件移交下级人民法院审判；下级人民法院对其管辖的第一审税务行政案件，认为需要由上级人民法院审判的，可以报请上级人民法院决定。

四、税务行政诉讼的受案范围

税务行政诉讼的受案范围，是指人民法院对税务机关的哪些行为拥有司法审查权。换言之，公民、法人或者其他组织对税务机关的哪些行为不服可以向人民法院提起税务行政诉讼。

具体来说，税务行政诉讼的受案范围与税务行政复议的受案范围基本一致。

五、税务行政诉讼的起诉和受理

(一)税务行政诉讼的起诉

税务行政诉讼起诉，是指公民、法人或者其他组织认为自己的合法权益受到税务机关具体行政行为的侵害，而向人民法院提出诉讼请求，要求人民法院行使审判权，依法予以保护的诉讼行为。起诉，是法律赋予税务行政管理相对人，用以保护其合法权益的权利和手段。在税务行政诉讼等行政诉讼中，起诉权是单向性的权利，税务机关不享有起诉权，只有应诉权，即税务机关只能作为被告；与民事诉讼不同，作为被告的税务机关不能反诉。

纳税人、扣缴义务人等税务管理相对人在提起税务行政诉讼时，必须符合下列条件：

(1) 原告是认为具体税务行为侵犯其合法权益的公民、法人或者其他组织。

(2) 有明确的被告。

(3) 有具体的诉讼请求和事实、法律根据。

(4) 属于人民法院的受案范围和受诉公民法院管辖。

此外，提起税务行政诉讼，还必须符合法定的期限和必经的程序。根据《征管法》第八十八条及其他相关规定，对税务机关的征税行为提起诉讼，必须先经过复议；对复议决定不服的，可以在接到复议决定书之日起15日内向人民法院起诉。对其他具体行政行为不服的，当事人可以在接到通知或者知道之日起15日内直接向人民法院起诉。

税务机关做出具体行政行为时，未告知当事人诉权和起诉期限，致使当事人逾期向人民法院起诉的，其起诉期限从当事人实际知道起诉或者起诉期限时计算。但最长不得超过2年。

(二)税务行政诉讼的受理

原告起诉，经人民法院审查，认为符合起诉条件并立案审理的行为，称为受理。对当事人的起诉，人民法院一般从以下几方面进行审查并做出是否受理的决定：一是审查是否属于法定的诉讼受案范围。二是审查是否具备法定的起诉条件。三是审查是否已经受理或者正在受理。四是审查是否有管辖权。五是审查是否符合法定的期限。六是审查是否经过必经复议程序。根据法律规定，人民法院接到诉状，经过审查，应当在 7 日内立案或者做出裁定不予受理。原告对不予受理的裁定不服的，可以提起上诉。

六、税务行政诉讼的审理和判决

(一)税务行政诉讼的审理

人民法院审理行政案件实行合议、回避、公开审判和两审终审的审判制度。审理的核心是审查被诉具体行政行为是否合法，即做出该行为的税务机关是否依法享有该税务行政管理权；该行为是否依据一定的事实和法律做出；税务机关做出该行为是否遵照必备的程序等。

根据《行政诉讼法》第五十二条、第五十三条的规定，人民法院审查具体行政行为是否合法，应依据法律、行政法规和地方性法规(民族自治地方的自治条例和单行条例)；参照部门规章和地方性规章。

(二)税务行政诉讼的判决

人民法院对受理的税务行政案件，经过调查、收集证据、开庭审理之后，分别做出如下判决。

(1) 维持判决。适用于具体行政行为证据确凿，适用法律、法规正确，符合法定程序的案件。

(2) 撤销判决。被诉的具体行政行为主要证据不足，适用法律、法规错误，违反法定程序，或者超越职权、滥用职权，人民法院应判决撤销或部分撤销，同时可判决税务机关重新做出具体行政行为。

(3) 履行判决。税务机关不履行或拖延履行法定职责的，判决其在一定期限内履行。

(4) 变更判决。税务行政处罚显失公正的，可以判决变更。

对一审人民法院的判决不服，当事人可以上诉。对发生法律效力的判决，当事人必须执行，否则人民法院有权依对方当事人的申请予以强制执行。

复习思考题

一、名词解释

税务行政处罚　税务行政复议　税务行政诉讼

二、问答题

1. 税务行政处罚的原则有哪些?

2. 税务行政复议的特点是什么?

3. 对纳税人欠税应如何进行处罚?

4. 简要说明税务行政复议的范围。

5. 税务行政诉讼的原则有哪些?

6. 税务行政诉讼受案范围是如何规定的?

附　　录

1. 税务总局税收法规库

该库可查询各种税收法规及其变动的各种最新信息。以下链接和二维码分别是税收法规库网址及使用说明网址。

http://hd.chinatax.gov.cn/guoshui/main.jsp

http://hd.chinatax.gov.cn/guoshui/faguiresource/html/help.html

2. "国家税务总局"微信公众号

该微信公众号由国家税务总局新闻宣传办公室提供，主要发布税收新闻、税收案例，宣传税收知识和最新税收政策的解读。

3. "财政部"微信公众平台

该平台由财政部办公厅主办，第一时间权威发布财政新闻、重要政策文件、财政数据、重要会议活动等政务信息。

4. 《每日税讯》

由中国税网向会员发送的原创电子税务杂志，分为公众版(每日发送)、手机版(周一发送)、邮件版(每日发送)三个版本。

5. 和讯税务平台(http://tax.hexun.com/csdt)

和讯税务平台是国内首个专业实用税务平台。提供各类税种知识；及时提供每日各类财税信息；提供与个人税务相关的税率查询、税金计算等服务；提供各类纳税方法和避税理财技巧。